Retrouvez nos prochaines parutions, les ouvrages du catalogue et les événements à ne pas rater. Votre avis nous intéresse : dialoguez avec nos auteurs et nos éditeurs. Tout cela et plus encore sur Internet à :

http://blog.editionsleduc.com

Traduit de l'anglais (États-Unis) par Sabine Rolland
Titre de l'édition originale : *Spousonomics*

Published in the United States by Random House

Maquette : Sébastienne Ocampo

17, rue du Regard
75006 Paris – France
E-mail : info@editionsleduc.com
ISBN : 978-2-84899-534-2

PAULA SZUCHMAN JENNY ANDERSON

COUPLONOMICS

à contre courant

SOMMAIRE

À nos maris

PRÉFACE DE MICHAEL FERRARI

Qu'ont en commun le fait d'avoir horreur de perdre et celui de ne rien faire si l'on n'y est pas incité ? Ce sont deux comportements que l'on observe sur le marché économique mais aussi dans le couple… et il y en a bien d'autres. Vous vous souvenez de Lehman Brothers, cette banque que l'on pensait trop importante pour qu'elle fasse faillite ? Faites le parallèle avec ce couple d'amis que vous pensiez si solide et dont tout le monde croyait qu'ils resteraient ensemble à vie.

Voilà ce que les amoureux ne veulent souvent pas reconnaître : les comportements dans le couple sont similaires à ceux de l'économie parce qu'à chaque fois, ce sont des êtres humains qui interagissent et que la façon de penser est la même.

Aussi étonnant que cela puisse paraître, c'est en étudiant les lois économiques que vous serez en mesure d'ajouter une corde à votre arc de conjoint et ainsi surprendre celui ou celle qui partage votre vie en lui parlant du choix intertemporel ou de la loi de l'offre et de la demande pour expliquer ce que vous ressentez et exprimer vos besoins.

Et si l'on jette un œil sur un sujet qui me tient à cœur, l'argent, vous remarquerez que là encore, les biais humains font que l'on a tant de mal à préparer notre avenir financier et que la plupart des gens ne font rien pour gérer leur argent : l'inaction est plus facile car nous avons du mal à nous motiver lorsque les bénéfices ne sont pas immédiats. Nous pensons que nous sommes meilleur que les autres pour gérer notre pécule alors que nous ne faisons rien et, au final, on se raconte des histoires pour se justifier ce que l'on ne fait pas. Pire encore, si nous perdons un peu d'argent, nous devenons parfois obnubilé par cela au lieu de passer à autre chose.

Quand on parle d'argent*, le même commentaire revient souvent : « Je ne savais pas que c'était si simple de gérer son argent. » C'est un autre biais classique : on veut tout faire parfaitement alors on ne fait rien, pourtant il suffit de prendre quelques décisions pour avoir fait 85 % du chemin. Et parmi les recommandations folles que je fais, voici celle qui laisse le plus songeur : automatisez vos finances. Programmez tous vos virements pour ne plus avoir à prendre les mêmes décisions chaque mois (et bien entendu oublier régulièrement). Là encore, c'est pour corriger un biais humain.

S'il y a bien un sujet conflictuel dans le couple (si vous êtes en train de vous dire qu'il y en a bien plus qu'un, sautez l'introduction et lisez directement le livre), c'est celui des tâches ménagères et de l'intendance générale.

En tant qu'éternel étudiant de ce qui fonctionne le mieux, j'ai observé comment les couples autour de moi gèrent ce sujet. Chez les uns, il y a un planning fait chaque semaine qui liste les grands thèmes – ménage, lessive, courses –, qui doit faire quoi et à quelle date. Je vous le dis tout de suite, cela ne marche pas, en plus de rendre le conjoint totalement fou. Chez les autres, rien n'est organisé. Chacun fait un peu en fonction des besoins et de ses envies. Cela fonctionne mais chacun est en permanence en train d'évaluer si l'un ne fait pas plus que l'autre. L'équilibre est trop fragile pour tenir durablement.

Alors vous pensez toujours que le couple et l'économie sont si différents ?

Dans ma famille, mes parents ont toujours fonctionné selon un modèle que je qualifie de « traditionnel » simplement parce que je l'ai observé pendant des années.

Mes parents ont ce fonctionnement : à ma mère reviennent toutes les tâches d'intérieur (ménage, cuisine) et à mon père celles de l'extérieur (travaux, jardinage). Lorsqu'il s'agit de cuisiner à l'extérieur, c'est-à-dire faire un barbecue, c'est naturellement le rôle de mon père. Lorsqu'il s'agit de peindre l'intérieur, ma mère s'en occupe volontiers. C'est un brin rétro, plutôt simple, mais ça marche !

* Voir sur ce point le livre *Devenez riche*, de Ramit Sethi, aux éditions Leduc.s.

Bien des années plus tard, j'ai compris les multiples avantages d'une telle répartition. La première, c'est que chacun possède son domaine d'expertise. Ma mère est une excellente cuisinière et je préfère manger ses repas plutôt que ceux de mon père (désolé Papa). D'un autre côté, mon père peut construire à peu près n'importe quoi (je soupçonne que ça l'amuse), ce qui n'est pas le cas de ma mère. Imaginez que vous occupez un poste de comptable dans une entreprise, personne ne vous recommanderait de faire à mi-temps la gestion des ressources humaines et vice-versa avec votre homologue du service RH ! Ce fonctionnement crée donc une « saine dépendance » à l'autre.

Le second intérêt que procure cette organisation, c'est le gain de temps grâce à la spécialisation. Pendant que l'un cuisine, l'autre range le garage. Pendant que l'un s'occupe de passer l'aspirateur, l'autre s'occupe du jardin. Autrement dit, tout le monde gagne car cela libère du temps pour tous les participants.

Enfin, cela laisse à chacun la possibilité de faire plaisir à l'autre et donc de créer des incitations intelligentes. Chacun sait que préparer un bon repas pour soi est moins motivant que préparer un repas pour des amis ou de la famille, tout comme entretenir et rénover est souvent un moyen de rendre fier sa moitié. Ainsi cela crée un écosystème qui s'ajuste en permanence.

Voilà comment Adam Smith va rendre votre couple plus heureux !

Michael Ferrari,
auteur du blog Esprit-riche.com

INTRODUCTION

Robert, un bel homme de 38 ans, chef d'entreprise à San Francisco, voulait faire l'amour ce soir-là. Ses dernières semaines avaient été particulièrement mouvementées : un investisseur de poids dans sa société de boissons énergisantes l'avait lâché, son directeur marketing était parti rejoindre une start-up concurrente et, cet après-midi, l'un de ses principaux fournisseurs menaçait de revoir ses coûts à la hausse.

Malheureusement, Joanne, son épouse, n'était pas d'humeur à faire l'amour. Elle était claquée après avoir passé la journée en téléconférence avec des traders new-yorkais grincheux, elle avait sauté son déjeuner, failli emboutir l'arrière d'une Cadillac en se dépêchant pour aller chercher ses enfants au foot et, une fois rentrée chez elle, avait dû régler une pile de factures impayées. Tout ce qu'elle voulait, c'était regarder un navet à la télé, manger quelques biscuits au chocolat et aller se coucher.

Joanne aurait-elle dû faire l'amour avec son mari ?

Oui, à en croire celui-ci. Enfin, bon sang ! Joanne est son épouse, non ? Est-ce trop demander à sa propre femme de bien vouloir coïter avec lui de temps en temps, surtout lorsqu'il a des soucis et n'a pas eu un seul rapport sexuel avec elle depuis trois semaines ? Ne voit-elle pas qu'il a des besoins ?

Non, à en croire ses amies. Joanne n'a pas à ouvrir à Robert à chaque fois qu'il frappe à la porte. Elle ne fait pas partie de son harem. Elle doit fixer des limites, écouter ce que sa propre libido lui dit. Ne voit-il pas qu'elle a eu une rude journée, elle aussi ?

Mais il existe une troisième réponse à cette question : celle de l'économiste qui conseillerait à Joanne d'oublier toutes ses rancœurs, de cesser de tenir les comptes, d'arrêter de jouer à « qui est plus fatigué » ou « qui en a moins envie » et d'opter pour la simplicité en étudiant le rapport coûts/avantages.

Autrement dit, le faible coût d'un rapport sexuel avec Robert – neuf minutes de sommeil et un troisième biscuit au chocolat – est-il supérieur aux avantages – un orgasme, un mari heureux et un foyer paisible* ?

Bienvenue dans la ***couplonomique*** : l'art d'utiliser les lois de l'économie pour minimiser les conflits et maximiser le retour sur le plus gros investissement de votre vie – votre mariage.

Pourquoi l'économie (et pas… l'aromathérapie, par exemple) ?

La plupart des gens considèrent l'économie comme une discipline ennuyeuse, difficile et inutile au quotidien. Ils n'ont pas entièrement tort. L'économie n'est-elle pas appelée la « science funeste » ? Il est vrai que les économistes sont connus pour rédiger des articles truffés d'équations mystérieuses, de lettres grecques et de termes sibyllins tels que l'autarcie, le *satisficing* et le monopsone**. Mais c'est juste pour être les seuls à comprendre ce qu'ils racontent.

À la base, l'économie est quelque chose de bien plus simple : c'est analyser comment les particuliers, les entreprises et les sociétés gèrent des ressources rares. Le même casse-tête que votre partenaire et vous essayez de résoudre jour après jour, à savoir comment gérer des ressources limitées – votre temps, votre énergie, votre argent et votre libido – en gardant le sourire et votre vie conjugale au beau fixe ?

Regardez votre couple : vous êtes deux adultes ambitieux, volontaires et passablement stressés qui tentent de vivre à deux dans le même logement, ensemble ; de réussir leur vie, ensemble ; peut-être d'élever des enfants, ensemble ; et, avec un peu de chance, de prendre plaisir à passer le restant

* Il n'y a pas de bonne ou de mauvaise réponse à cette question. La réponse dépend d'un ensemble de facteurs – de celui ou celle qui la formule, du cycle lunaire, etc. Mais si vous êtes curieux de savoir comment Joanne a réagi, sachez qu'elle a jugé que le coût n'était pas supérieur aux avantages. Elle a donc accepté de faire l'amour vite fait après le dîner, s'est endormie aussitôt et a laissé Robert terminer la vaisselle.

** L'autarcie est l'autosuffisance, le *satisficing* est un néologisme créé par l'économiste Herbert Simon pour désigner une solution satisfaisante bien que non optimale, et le monopsone est un marché comportant un seul acheteur face à un grand nombre de vendeurs.

de leurs jours ensemble. C'est loin d'être facile. Tout bien considéré, votre mariage est une entreprise, une affaire qui, tantôt se porte comme un charme, tantôt pédale dans la semoule, comme si vous couriez un marathon au petit matin après une soirée trop arrosée. La vie conjugale est un vrai boulot. Avec ses différentes tâches et les efforts qu'elle réclame.

D'abord, le boulot administratif qui consiste à gérer le ménage, une besogne beaucoup plus compliquée quand on est deux. L'un range systématiquement ses affaires, tandis que l'autre ne fait jamais le lit et laisse toujours traîner des trognons de pomme et des vêtements de gym qui sentent la sueur. S'il y a des enfants, il faut bien quelqu'un pour veiller à ce qu'ils aient fait leurs devoirs, pris leur bain, dîné et soient couchés à 20 heures, et ce quelqu'un se retrouve parfois à gérer cette tâche tout seul parce que sa moitié est partie prendre l'apéro avec des collègues, que cet apéro s'est transformé en dîner, et que ce dîner a dégénéré en beuverie jusqu'au petit jour.

Ensuite, le boulot psychologique et émotionnel qu'implique la vie avec quelqu'un qui n'est pas soi et qui, par conséquent, n'a pas les mêmes préférences ni les mêmes modes de communication. Madame peut discuter trois jours de suite s'il le faut pour résoudre un conflit, tandis que monsieur peut préférer le mutisme et une balade dans la campagne. Madame peut aimer l'opéra et monsieur le camping, et comme ils n'ont qu'un week-end de libre ce mois-ci, soit l'un des deux cède, soient ils restent ensemble à la maison pour regarder une émission de télé-réalité.

Il y a les petites choses de la vie conjugale – trouver un compromis sur la maison de ses rêves, calculer sur quoi tirer quand les fins de mois sont difficiles, décider s'il est cruel de donner à son premier enfant le prénom de l'arrière-grand-tante. Et les grandes choses, celles qui réclament de grands efforts – se réconcilier après une terrible dispute où l'on s'est dit des choses atroces, rester debout toute la nuit à se demander si l'on a bien fait de déménager en ville pour être plus près du nouveau job de sa femme, laisser son mari punir les enfants, couper la poire en deux ou céder.

Assumer toutes ces tâches nécessite de puiser dans les ressources rares évoquées précédemment. Trouver le temps, mobiliser son énergie, entretenir sa libido, évaluer les coûts de se montrer souple et les avantages de camper sur ses positions.

C'est là que connaître quelques rudiments d'économie peut se révéler utile. En raisonnant comme un économiste, vous pouvez avoir une vie conjugale qui, non seulement réclame moins de travail, mais ressemble à des vacances. L'essentiel est de développer ces ressources rares et de les affecter plus intelligemment. Essayez, et votre vie de couple ne tardera pas à devenir une affaire prospère.

Nous croyons dans l'économie parce qu'elle ne fait pas de différence entre les sexes, entre qui a raison et qui a tort, qui sait manier la rhétorique et qui peine à exposer ses arguments. L'économie ne cherche pas à vous parler comme si vous étiez trop bête pour comprendre, ni à vous prouver par A + B que vous devriez aller voir un psy. Elle n'a que faire de savoir lequel de vous deux a remporté la dernière bataille, ou à qui vient le tour d'avoir la télécommande. Au contraire, elle propose des solutions logiques et impartiales à ce qui apparaît souvent comme des conflits domestiques irrationnels et à forte charge émotionnelle.

Dans ce livre, nous allons vous montrer comment appliquer des principes économiques fondamentaux pour tirer le meilleur parti de vos ressources. Comment faire davantage l'amour, faire moins la vaisselle, débattre plus efficacement, faire davantage l'amour, survivre aux années difficiles, négocier avec succès, faire davantage l'amour et, croyez-le ou non, amener votre partenaire à faire des choses qu'il n'a jamais faites auparavant, comme nettoyer la gouttière ou écouter ce qu'on lui dit.

Pourquoi nous ?

Parce que nous avons passé l'essentiel de ces dix dernières années à bosser dur dans les tranchées du *Wall Street Journal* et du *New York Times* où les nouvelles économiques et financières sont notre pain quotidien. Parce que nous avons couvert de nombreuses fusions-acquisitions, traité une foule de données relatives au PIB, épluché une montagne de documents enregistrés auprès de la Securities and Exchange Commission*, analysé à la loupe des

* L'équivalent de l'Autorité des marchés financiers (AMF) en France.

acronymes financiers à coucher dehors tels que le TARP*, les RMBS**, les ABS*** et les CDO****, et discuté avec les personnages les plus influents du monde économique et financier, dont Tim Geithner, l'actuel secrétaire d'État au Trésor américain ; Hank Paulson, ancien secrétaire d'État au Trésor américain et ancien président de la banque Goldman Sachs ; Lloyd Blankfein, l'actuel PDG de Goldman Sachs ; et Buzz Aldrin (certes, Buzz n'est pas un financier, mais le deuxième homme à avoir marché sur la Lune !).

Et aussi parce qu'un jour, nous avons pris la décision de nous marier avec l'homme de notre vie.

À partir de ce jour-là, nous nous sommes frottées aux problèmes avec lesquels se débattaient depuis longtemps nos couples d'amis, mais que nous ne comprenions pas ou pensions naïvement faciles à surmonter. Du style comment trouver du temps l'un pour l'autre quand vous travaillez tous les deux 60 heures par semaine. Comment s'entendre quand l'un (l'une, en l'occurrence) vomit toute la journée durant ses premiers mois de grossesse… et pas l'autre. Comment se répartir les corvées ménagères et les factures à régler sans s'entre-tuer. Comment aboutir à un compromis quand c'est forcément la faute de l'autre. Comment rester civilisée face à vos beaux-parents maintenant qu'ils sont officiellement vos beaux-parents. Comment accepter de ne pas s'entendre, entre parents, sur ce qui est « trop dangereux », en matière de deux-roues, par exemple. Comment entretenir la flamme. Comment se laisser un espace de liberté suffisant quand on vit sous le même toit. Comment cesser de se disputer en voiture.

Nous voulions des solutions.

* Troubled Assets Relief Program, programme de délestage des actifs à problème. Le TARP fut la réponse des autorités américaines face à la crise de 2008.

** Residential Mortage-Backed Securities. Il s'agit de titres représentatifs d'un portefeuille de prêts hypothécaires liés au financement de biens immobiliers résidentiels.

*** Asset-Backed Securities. Il s'agit de titres représentatifs d'un portefeuille d'actifs financiers hors prêts hypothécaires (prêts à la consommation, encours de cartes de crédit, etc.).

**** Collateralized Debt Obligations. Il s'agit de titres représentatifs de portefeuilles composés de créances bancaires, et/ou d'instruments financiers négociables (obligations, etc.), et/ou de dérivés de crédit.

Quelle fut notre démarche ?

Nous avons décidé d'adopter une double approche : d'abord économique, puis affective.

Pour ce qui est de l'économie, nous avons joué les rats de bibliothèque, lu les grands classiques, englouti jusqu'au moindre sou sur Amazon, sondé les profondeurs de l'éconosphère (oui, les blogs d'économistes) et potassé les dernières études publiées sur tout ce qui pouvait nous intéresser, des incitations à la théorie des jeux en passant par l'art du compromis. Nous nous sommes immergées dans différentes écoles de pensée économique, y compris l'école néoclassique, selon laquelle les êtres humains sont censés agir de façon raisonnée, et le béhaviorisme, qui s'inspire fortement de la psychologie et affirme que les individus ne sont absolument pas rationnels. Nous avons interrogé des dizaines d'économistes, dont certains assez connus, pour qu'ils nous livrent tout leur savoir, nous parlent de leurs travaux de recherche et de la manière dont ces travaux pourraient être appliqués à la vie maritale. Ces spécialistes nous ont donné des conseils, certains romantiques, d'autres moins, du style : « Ne laissez jamais votre propre bonheur dépasser celui de votre époux. » « Essayez toujours d'anticiper sa prochaine manœuvre avant de vous lancer dans une négociation. » « Ne partagez pas les tâches domestiques 50/50, mais en fonction des talents de chacun. » « N'hésitez pas à agiter la carotte pour parvenir à vos fins. » « Acceptez de perdre une bataille. » « Parfois, allez vous coucher en colère. »

Une fois que nous maîtrisions le chapitre économique, nous avons exploré l'amour. Nous avons sollicité des professionnels pour mener une enquête complète sur le mariage. Près d'un millier de personnes a bien voulu répondre à une soixantaine de questions très personnelles sur les hauts et les bas de la vie conjugale. En voici un avant-goût : « Comment faites-vous pour inciter votre conjoint à faire quelque chose qu'il n'a pas envie de faire ? » (Réponse : Je lui fais l'amour.) « Pourquoi faites-vous l'amour quand vous n'en avez pas envie ? » (Réponse : Pour inciter mon conjoint à faire quelque chose qu'il n'a pas envie de faire.) « Avez-vous grossi ou maigri depuis votre mariage ? » (Réponse : J'ai grossi.) « Combien épargnez-vous pour votre retraite ? » (Réponse : Pas assez.) « Combien aimeriez-vous épargner pour votre retraite ? » (Réponse : Beaucoup plus.)

Enfin, nous avons sillonné le pays pour recueillir un maximum de témoignages, passé des heures dans l'avion et en voiture pour le bien de nos recherches, rencontré des couples de New York à San Francisco, de Minneapolis à Miami. Nous avons participé à un séminaire sur la vie conjugale à Seattle, à l'occasion duquel nous avons interrogé des spécialistes de renom tels que John Gottman et Julie Schwartz Gottman sur les secrets d'un mariage réussi (une de leurs réponses : surmonter les « incidents regrettables »). Nous avons discuté avec des banquiers, des médecins, des coaches, des écrivains, des agents immobiliers, des comédiens, des avocats, des enseignants, des architectes, des chefs cuisiniers, des professeurs d'anglais, des ouvriers du bâtiment, des musiciens, des mères au foyer et des pères au foyer. Nous avons demandé à des centaines d'individus – parfaits étrangers ou amis proches – de nous révéler des aspects intimes de leur vie privée. Et ils l'ont fait ! (Aidés, il est vrai, par une bonne bière et quelques victuailles sympathiques…*)

Après tout cela, nous étions convaincues : l'économie est bel et bien la voie royale pour parvenir au bonheur conjugal. Par exemple, une fois que vous comprenez le concept de la division du travail, vous pouvez résoudre définitivement vos conflits à propos du partage des tâches domestiques. Vous trouvez que votre cher et tendre se laisse aller depuis quelque temps et vous considère comme faisant partie des meubles ? Le risque moral est certainement le coupable. Vous avez du mal à tenir vos promesses et à envisager les choses à long terme ? Il suffit de faire de meilleurs choix intertemporels et de vous y tenir. La solution à des disputes interminables ? Cesser d'avoir une telle aversion pour la perte. Et le sexe, l'une des plus grandes énigmes de la vie maritale ? Une simple question d'offre et de demande.

Le résultat de tous nos efforts : ce livre sur la relation de couple, unique en son genre. C'est du moins ce que nous pensons sincèrement. La couplonomique n'a rien de mièvre. Elle ne vous demande pas de vous regarder l'un l'autre au fond des yeux jusqu'à éclater en sanglots, rongés par les remords. Elle ne vous demande pas de tenir un journal de tous vos états d'âme. La couplonomique est sans détours et pleine de bon sens. Seules les solutions l'intéressent. Et elle donne des résultats. Elle est faite pour tous les couples mariés qui désirent renforcer leurs liens, mener une vie plus heureuse et s'éclater davantage

* Techniques redoutablement efficaces pour inciter les couples à vous parler de leur vie conjugale : 1) la bière ; 2) une pizza ; 3) des sushis ; 4) parler à chacun séparément ; 5) leur demander comment ils se sont rencontrés et ce qui leur a plus chez l'autre ; 6) leur offrir des récompenses.

dans leur quotidien – tout en ne rechignant pas à apprendre au passage quelques petites choses fort intéressantes sur le fléchissement de la courbe de la demande dans le domaine des rapports sexuels et la destruction créatrice si chère à Joseph Schumpeter.

Remarque sur la méthodologie

Toutes les études de cas présentées dans ce livre sont vraies. Mais nous avons modifié les noms, les dates et tout ce qui permettrait d'identifier les couples étudiés. Ce sont des centaines d'hommes et de femmes qui ont eu la gentillesse de nous confier des détails extrêmement intimes de leur vie de couple, et comme nous ne voulions pas être responsables d'une vague de divorces ou d'amitiés brisées, nous leur avons promis l'anonymat. En revanche, nous n'avons rien promis de tel à nos époux respectifs qui font de brèves apparitions dans ce livre. Mais, solidement attachées que nous sommes à une pratique loyale de la couplonomique, nous avons laissé chacun d'eux évaluer le rapport coûts/avantages de leurs témoignages à visage découvert et en conclure que le bénéfice de nous voir heureuses (traduction : faire ce qu'il fallait pour nous aider à écrire notre livre) dépassait largement le coût de ne pas divulguer leurs idiosyncrasies (traduction : leurs admirables qualités).

1 LA DIVISION DU TRAVAIL *(OU POURQUOI C'EST À VOUS DE FAIRE LA VAISSELLE)*

Le principe (1)

Qui doit faire quoi ?

C'est l'une des premières questions auxquelles les grandes entreprises, les gouvernements et les stations-service doivent répondre s'ils envisagent une action quelconque.

Prenez la station-service la plus proche de chez vous. Elle n'existerait pas sans les routiers qui ont livré le béton nécessaire à la construction des fondations, ni sans les ouvriers qui les ont réalisées. Ni sans une autre équipe d'ouvriers chargée de construire la boutique attenante où vous trouvez à boire et à manger. Ni sans le personnel qui tient cette boutique. Ni sans le type qui remplit les réservoirs de stockage souterrains. Ni sans le grutier qui doit hisser le gars chargé de changer l'affichage des prix à la pompe de manière à ce qu'en passant devant l'enseigne lumineuse, vous puissiez décider si vous êtes prêt à débourser 1,5388 euro pour un litre de super sans plomb 95.

À chaque personne sa tâche pour créer le produit final : une station-service qui fonctionne, bien, de préférence. L'ouvrier du bâtiment ne peut pas se substituer au caissier du magasin, tout comme le grutier ne peut pas remplacer l'ouvrier. Quant à l'afficheur des prix à la pompe, il risquerait de provoquer un énorme trou dans le toit de la boutique où est assis le caissier en train d'indiquer aux clients la direction du restaurant le plus proche, s'il prenait la place du grutier.

C'est ce qu'on appelle la division du travail et c'est ce qui fait fonctionner l'économie.

Regardez autour de vous. Chaque élément de votre mobilier, les cuisses de poulet désossées que vous mangez au dîner, la voiture que vous conduisez et les vêtements que vous portez – tous doivent leur existence à une division du travail. Même le livre que vous tenez dans vos mains à cet instant a vu le jour grâce à des bûcherons, des fabricants d'encre, des opérateurs de presse typographique, des producteurs de colle, des directeurs artistiques, des directeurs de publication grincheux, des auteurs talentueux, des types en costard qui signent des chèques et un groupe de riches éditeurs allemands qui paient les salaires de ceux qui signent des chèques. Impossible pour ces auteurs talentueux (notamment les auteures talentueuses que nous sommes… osons l'autopromotion !) d'abattre un arbre ou de payer des salaires. Un jour, les fabricants d'encre pourraient peut-être apprendre l'art de fabriquer de la colle, mais le métier ne rentrerait pas d'un coup de baguette magique et la qualité de la colle ne serait probablement jamais aussi bonne. Inutile d'aller plus loin, vous avez saisi l'idée.

Avancer que les entreprises prospèrent quand leurs salariés ont des tâches spécialisées ne date pas d'hier. L'idée remonte probablement aux temps préhistoriques où certains chasseurs étaient appréciés parce qu'ils visaient bien leur cible, d'autres parce qu'ils excellaient à dépouiller et désosser le bison. Mais plus récemment, le concept est souvent attribué à Adam Smith, le père de l'économie moderne.

En 1776, Adam Smith a publié son œuvre majeure, *Recherches sur la nature et les causes de la richesse des nations*. Il y affirmait, parmi d'autres réflexions originales qui constituent les fondements de la théorie économique, que le secret de la richesse d'une nation n'était pas l'argent, mais le travail et, plus précisément, une division du travail fondée sur la spécialisation. Il avait constaté le gain de productivité prodigieux qu'entraînaient la division et la spécialisation des tâches.

Pour étayer son propos, il prenait l'exemple d'une usine d'épingles, soutenant qu'une quantité bien supérieure d'épingles pouvait être produite en une seule journée si chacune des 18 tâches nécessaires à la fabrication d'une épingle était attribuée à des ouvriers spécialisés au lieu de confier à chaque ouvrier la fabrication d'une épingle de A à Z. Selon lui, 10 ouvriers pouvaient produire 48 000 épingles par jour s'ils se spécialisaient, contre peut-être seulement une dizaine d'épingles s'ils ne se spécialisaient pas : « Un homme tire le fil, un autre le tend, un troisième le coupe, un quatrième l'ajuste, un cinquième en affûte le bout pour qu'il puisse recevoir la tête », écrit-il.

Cela nous semble évident aujourd'hui, à une époque où la spécialisation va de soi. Quoi de plus normal que d'acheter à New York un iPod assemblé en Chine avec des pièces fabriquées au Japon et aux Philippines ? Quoi de plus naturel que de travailler dans une entreprise où certains sont chargés de décorer les murs du hall et d'autres de nettoyer les toilettes ? Mais avant qu'Adam Smith prenne sa plume et du parchemin, personne n'avait exposé par écrit les avantages de diviser le travail en ses différents constituants, ni avancé des arguments aussi convaincants pour faire tourner le monde de cette manière.

ADAM SMITH : DES IDÉES NOVATRICES SUR L'ÉCONOMIE… ET L'AMOUR

Adam Smith est né en 1723 en Écosse. Philosophe, professeur et précepteur, il est resté célibataire toute sa vie. Il vivait avec sa mère et adorait se parler à lui-même. Il a inventé le concept de la « main invisible » pour expliquer que les marchés étaient naturellement efficaces et parfaitement capables de s'autoréguler. Bien qu'il ne se soit jamais marié, Adam Smith n'était pas à court d'idées sur la nature souvent paradoxale de l'amour. Par exemple, il était convaincu que l'homme était engagé dans une lutte intérieure éternelle entre l'acteur qui vivait ses passions et le spectateur impartial et objectif qui les regardait. Il croyait également dur comme fer que l'être humain était à la fois mû par son intérêt personnel et capable d'altruisme, motivé par le besoin d'améliorer sa propre existence tout en faisant le bien autour de lui. Vous collez sans le savoir aux théories d'Adam Smith quand vous voulez vous arrêter sur le chemin du retour pour acheter des fleurs à votre épouse mais, finalement, restez tard au bureau pour impressionner votre patron.

Le principe (2)

Revenons à la question : qui doit faire quoi ? La division du travail n'est qu'une partie de la réponse. Elle nous dit que ce n'est pas à une seule personne de tout faire et que chaque personne doit avoir une spécialité. Mais elle ne dit rien sur une question fondamentale, à savoir comment nous décidons qui est le plus à même de décorer les murs ou de tenir la caisse, de piloter une grue ou de faire le plein d'essence. Ou quel pays doit fabriquer l'écran de l'iPod et quel autre son disque dur. Pour le savoir, nous allons nous tourner vers l'économiste britannique David Ricardo qui, quarante ans après *La Richesse des nations* d'Adam Smith, a mis au point la « théorie des avantages comparatifs ».

Que nous dit cette théorie ? Que vous n'avez aucun intérêt à assumer toutes les tâches que vous savez effectuer, mais seulement celles que vous effectuez relativement mieux que d'autres. (La carrière éclair de Michael Jordan dans le base-ball en est un bon exemple.) Pour parler en langage économique, ce n'est pas votre capacité absolue à réaliser une tâche qui importe, mais votre capacité à réaliser une tâche par rapport à une autre. Autrement dit, ce ne sont pas les avantages absolus qui comptent, mais les avantages comparatifs.

Les avantages comparatifs sont les fondements du libre-échange. Au lieu que chaque pays produise tout ce dont il a besoin pour ses habitants, il doit se spécialiser dans les biens ou les services qu'il produit relativement mieux, puis les échanger avec d'autres pays. Les pays développent des spécialisations pour de multiples raisons. Ils peuvent contrôler des ressources rares, comme l'Arabie saoudite avec le pétrole. Ils peuvent avoir une main-d'œuvre pléthorique prête à fabriquer des téléviseurs à écran plat pour un salaire de misère, comme la Chine. Ils peuvent bénéficier de conditions météorologiques uniques, comme l'Espagne avec ses plaines ventées et son entrée fracassante sur le marché des éoliennes. Ou ils peuvent être au milieu de nulle part, comme la Nouvelle-Zélande, qui a vu affluer les touristes après les attaques du 11 septembre – des touristes en quête de destinations auxquelles les terroristes ne penseraient jamais.

Pour l'économiste anglais David Ricardo, installé au début du XIXe siècle dans son paisible comté du Gloucestershire et méditant sur la notion des avantages comparatifs, les éoliennes et les téléviseurs à écran plat appartenaient à la science-fiction. Sa théorie reposait sur un exemple beaucoup plus rustique : celui de l'Angleterre et du Portugal échangeant du vin et des *knickers**. Ricardo soutenait que, même si le Portugal pouvait produire à la fois du vin et des *knickers* plus rapidement que l'Angleterre, c'était dans son intérêt de se spécialiser dans la production du bien où il était relativement meilleur (où son avantage relatif était le plus élevé) et de commercer avec l'Angleterre pour l'autre bien.

Soyez très attentif, car nous allons vous dire exactement comment et pourquoi il est dans votre intérêt de pratiquer le libre-échange. D'abord, jetez un œil au temps (hypothétique) qu'il faut à l'Angleterre et au Portugal pour produire une bouteille de vin et un *knicker* en autarcie.

SANS ÉCHANGES COMMERCIAUX		
Produit	Portugal	Angleterre
Un *knicker*	20 minutes	30 minutes
Une bouteille de vin	10 minutes	60 minutes
Temps total	30 minutes	90 minutes

Vu avec quelle rapidité le Portugal produit du vin et des *knickers*, vous pensez que ce pays devrait produire son vin et ses *knickers* lui-même, sans commercer avec l'Angleterre, n'est-ce pas ? Eh bien vous avez tort. Voici pourquoi :

En économie fermée, le Portugal met une demi-heure pour produire une bouteille de vin et un *knicker* ; l'Angleterre, trois fois plus de temps pour produire les mêmes biens.

Supposons que ces deux pays décident de faire du commerce ensemble. Le Portugal produit deux bouteilles de vin puisqu'il est relativement plus rapide à fabriquer du vin que des *knickers* et que la vigne pousse bien sur ses terres. L'Angleterre fabrique deux *knickers* puisqu'elle possède davantage de moutons que de vignobles. Puis ils commercent – un *knicker* contre une bouteille de vin… Avec ce système, le Portugal se rend vite compte qu'il gagne 10 minutes

* Sorte de pantalon arrivant sous le genou, très à la mode en Europe au XIXe siècle.

(20 minutes contre 30 minutes auparavant) et l'Angleterre, qu'elle réalise une économie de temps de 30 minutes.

AVEC ÉCHANGES COMMERCIAUX		
Produit	Portugal	Angleterre
2 *knickers*	Ø	60 minutes
2 bouteilles de vin	20 minutes	Ø
Temps total	20 minutes	60 minutes

Magique ! Non, arithmétique. De l'arithmétique très simplifiée puisqu'elle ne tient pas compte de tous les autres biens produits par ces deux pays, ni des prix qu'ils pourraient fixer pour leurs biens sur le marché. Il faut également noter que les ouvriers anglais continuent de faire plus d'heures que les ouvriers portugais pour une rémunération identique, mais il est indéniable qu'ils ont gagné du temps par rapport à leur charge de travail antérieure.

Le modèle de Ricardo illustre une vérité universelle : on peut obtenir de belles récompenses en commerçant intelligemment et de belles pertes de temps et d'énergie en essayant de faire tout soi-même, voire en partageant le travail 50/50.

Ce qui nous ramène à nos moutons : la vie conjugale. Considérez votre mariage comme une entreprise où vous êtes deux. Vous n'êtes pas seulement des partenaires financiers au sens où vous travaillez ensemble pour le bien de votre entreprise, mais également des partenaires commerciaux qui échangent des services, souvent sous la forme de corvées ménagères. Comment allez-vous décider qui fait quoi ? Qui doit se spécialiser dans l'achat du jus d'orange et qui doit s'occuper du nettoyage des vitres ? Qui doit se charger de la lessive et du repassage et qui doit préparer le dîner ? Nous voudrions tous pouvoir répondre le plus simplement du monde à ces différents points mais, malheureusement, la question du partage des corvées domestiques est souvent celle qui divise le plus les couples. Pourtant, elle n'a pas lieu d'être. L'économie propose des solutions claires et nettes. Vous allez faire connaissance avec trois couples qui ont failli se séparer à cause d'une question aussi bête que le partage des corvées ménagères. Diagnostic : mauvaise répartition des tâches.

Un premier couple, pensant agir équitablement avec un partage 50/50, a commis l'erreur de n'avoir aucune spécialisation. Un deuxième a mal évalué les avantages comparatifs respectifs, et un troisième a découvert que les spécialisations n'étaient pas définies une fois pour toutes et pouvaient changer avec l'évolution de la relation conjugale elle-même.

Étude de cas n° 1

Les acteurs : Éric et Nadia

Éric et Nadia n'avaient jamais entendu parler de David Ricardo lorsqu'ils sont tombés amoureux et ont décidé de s'unir par ce qu'on appelle en économie une opération de fusion. Ils ne connaissaient pas la théorie des avantages comparatifs, et si cette dernière avait été évoquée lors d'une soirée – ce qui ne s'est jamais produit –, leur regard serait soudain devenu absent. Éric était photographe pour des revues gastronomiques et Nadia dessinait des lignes de vêtements ados pour l'une de ces chaînes d'habillement présentes dans tous les centres commerciaux des États-Unis. Bref, un couple plutôt artiste. À mille lieues de l'univers économique.

Pourtant, l'économie – une économie en dysfonctionnement – dominait leur vie. Sans le savoir, ils étaient devenus l'illustration parfaite de la manière dont une mauvaise division du travail pouvait nuire à un couple pourtant bien assorti par ailleurs. Pourquoi ? Parce qu'ils ne se partageaient pas le travail sur la base de « qui fait mieux dans quoi », pour parler familièrement, mais dans un souci d'équité. Et pour eux, un partage équitable était un partage 50/50.

Ils divisaient tout en deux. Ils avaient un compte joint sur lequel ils déposaient directement leurs salaires, quasi équivalents, et sur lequel ils retiraient tous les mois la même somme pour la verser sur leurs comptes courants personnels et la dépenser *ad libitum*. Ils avaient un chien qu'ils promenaient tous les matins, chacun son tour. Lorsque Éric cuisinait, Nadia faisait le ménage. Lorsque Nadia cuisinait, Éric faisait le ménage. À tour de rôle, ils faisaient la lessive, réglaient les factures, téléphonaient aux beaux-parents et sortaient la poubelle. Éric était chargé de nettoyer la salle de bains à l'étage, Nadia celle d'en bas.

Vu de l'extérieur, le système qu'ils avaient choisi donnait d'eux l'image du couple moderne parfait. Leurs amis s'étonnaient de leur capacité à briser les stéréotypes : « Éric sait se servir d'une serpillière ! Nadia lui laisse tant d'espace de liberté ! Il est si accommodant ! Elle va chez Castorama sans lui ! »

Il y avait juste un hic : Éric et Nadia n'étaient pas heureux.

Le problème : le système 50/50

Voici une question difficile : réfléchissez à une entreprise prospère dont les salariés travaillent exactement le même nombre d'heures et remplissent exactement la même charge de travail pour exactement la même paie.

Vous ne voyez pas ?

Le travail à la chaîne, pardi !

De votre supérette à votre banque en passant par le site Web sur lequel vous vous tenez au courant de l'actualité, les entreprises appliquent la division du travail et la spécialisation. Les salariés se voient attribuer des tâches spécifiques qui réclament différents types de compétences et donnent lieu à une grille des salaires. Les courtiers en obligations connaissent le marché obligataire sur le bout des doigts, alors que les courtiers en actions sont incollables sur le marché actions. Il y a ceux qui vendent les annonces publicitaires apparaissant sur le site Internet du *Wall Street Journal* et ceux qui rédigent les articles de ce même journal. Les premiers ne savent pas vraiment ce que font les seconds toute la journée, et vice versa.

Imaginez ce qui se passerait si les vendeurs d'annonces publicitaires se mettaient à passer la moitié de leur temps à rédiger des articles et les journalistes à vendre de la publicité – au nom de l'équité. Ce serait un désastre.

Le modèle de la spécialisation ne s'applique pas qu'aux entreprises, mais à l'économie en général. Certains pays font pousser des bananes, d'autres construisent des voitures, d'autres encore fabriquent des débardeurs.

La même logique vaut pour la vie conjugale. En voulant instaurer une « juste » division du travail, Éric et Nadia avaient engendré un monstre. Certains jours, la situation pouvait même être un peu trop égalitaire.

Comme quand le panier à linge débordait d'affaires sales et que Nadia, épuisée, disait à son mari, alors occupé à faire du shopping en ligne : « J'ai fait la lessive la dernière fois, c'est ton tour. »

Ou quand Éric, assidu à éplucher des oignons pour un tagine d'agneau, voyait Nadia regarder sa série télé préférée et se disait : « Attends, pourquoi est-ce que je passe tout mon temps à préparer un plat compliqué alors qu'elle me sert presque tous les soirs du gratin de macaronis ? »

Ou quand les parents de Nadia devaient venir dîner et que le couple avait passé la journée à se disputer pour savoir si le fait qu'Éric essuie son bureau comptait comme une corvée domestique à part entière – puisque, selon Nadia, le bureau de son époux n'était pas un « espace de vie commun ».

Tel était le quotidien d'Éric et de Nadia. Chacun surveillant constamment la charge de travail de l'autre, tenant minutieusement les comptes de « qui en avait fait plus » et de « qui en avait fait moins » et tirant la sonnette d'alarme de l'injustice à chaque fois que le rapport 50/50 menaçait de tourner à un rapport 40/60. « Tout était matière à discussion, disait Nadia. Nous passions tellement de temps à nous disputer pour essayer de déterminer qui en faisait plus que l'autre et qui devait fournir davantage d'efforts que nous finissions par ne plus rien faire. »

« Nous en étions arrivés à une situation telle que si j'époussetais les meubles pendant que Nadia se faisait les ongles, je lâchais le chiffon à ménage pour aller consulter mes e-mails et me prouver que je n'en faisais pas plus qu'elle », avouait Éric.

Ils avaient affiché deux listes de tâches domestiques à l'entrée de la cuisine et les consultaient fréquemment pour vérifier que l'autre ne passait pas entre les mailles du filet.

Comme vous pouvez le voir dans la « liste de base » ci-dessous mise au point par Nadia, même ouvrir le courrier comptait pour une tâche. D'ailleurs, après s'être rendu compte du temps qu'elle mettait pour prendre connaissance du courrier, Nadia avait décidé de laisser Éric faire le lit – après tout, ce n'était que justice, non ?

Pour ne pas être en reste, Éric avait renchéri en élaborant une « liste complémentaire » incluant les tâches ponctuelles, souvent plus longues à effectuer et plus intenses. Il avait trouvé particulièrement judicieux de diviser ces tâches ponctuelles en trois rubriques : « facile », « difficile » et « casse-pieds », de crainte que Nadia ne pense qu'il choisissait toujours la solution de facilité.

Éric et Nadia savaient, dans une certaine mesure, qu'ils pouvaient être « pointilleux » (pour parler gentiment) avec les tâches domestiques, mais leur paranoïa l'emportait systématiquement. Nadia redoutait par-dessus tout de devenir le stéréotype de la « bonne petite femme d'intérieur » qui faisait tout pour plaire à son mari – le rôle qu'elle avait vu sa mère jouer avec son père. Et que lui avait rapporté ce rôle ? Un dos en compote et un mari qui ne disait jamais merci.

Éric craignait, lui aussi, de se faire marcher sur les pieds. Il avait été échaudé – d'anciennes petites amies qui avaient profité de son caractère accommodant pour satisfaire tous leurs caprices. Nadia n'était pas comme ça, mais il restait sur ses gardes. Avec les femmes, on ne sait jamais…

Malheureusement, en s'habituant à tenir les comptes de cette façon, Éric et Nadia devenaient de plus en plus infects et intraitables de jour en jour.

D'autant qu'un autre problème est venu se greffer sur leur souci d'équité pathologique : ils n'aimaient pas les mêmes tâches domestiques à égalité. Éric, par exemple, détestait promener le chien. Quoi de plus répugnant que de ramasser des crottes ? Alors que Nadia y voyait là un bon moyen de se détendre et de méditer. S'agissant de la lessive, Éric aimait que le blanc et les couleurs foncées soient séparés, alors que Nadia mettait tout ensemble, ce qui l'agaçait profondément.

Alors pourquoi Nadia continuait-elle à faire la lessive et Éric à promener le chien ?

Si vous leur posiez la question, vous obteniez une mauvaise réponse. D'ailleurs, nous leur avons posé la question et voici ce qu'ils nous ont répondu :

Nadia : « Éric n'est pas ouvert à l'idée que promener le chien peut être agréable. Et puis il pense que s'il se plaint suffisamment, je vais céder et lui dire que, désormais, c'est moi qui promènerai le chien. Et je ne veux pas de cela ! Il n'y a aucune raison qu'il profite des bons côtés apportés par la présence d'un animal sans lever le petit doigt. »

Éric : « Nadia ne mettrait pas plus de deux minutes à trier le linge. Deux minutes ! Mais non. Elle ne le fait pas. Si je lui disais quelque chose, elle me répondrait que je n'ai qu'à le faire moi-même, et il n'en est pas question ! »

Au début, Éric et Nadia s'étaient considérés comme des « partenaires » – ils voulaient vivre ensemble, fusionner leurs univers, créer une union solide. Mais avec le temps, ils ne fonctionnaient plus comme des partenaires, mais comme des comptables chipoteurs. Un fonctionnement contraire aux lois de l'économie.

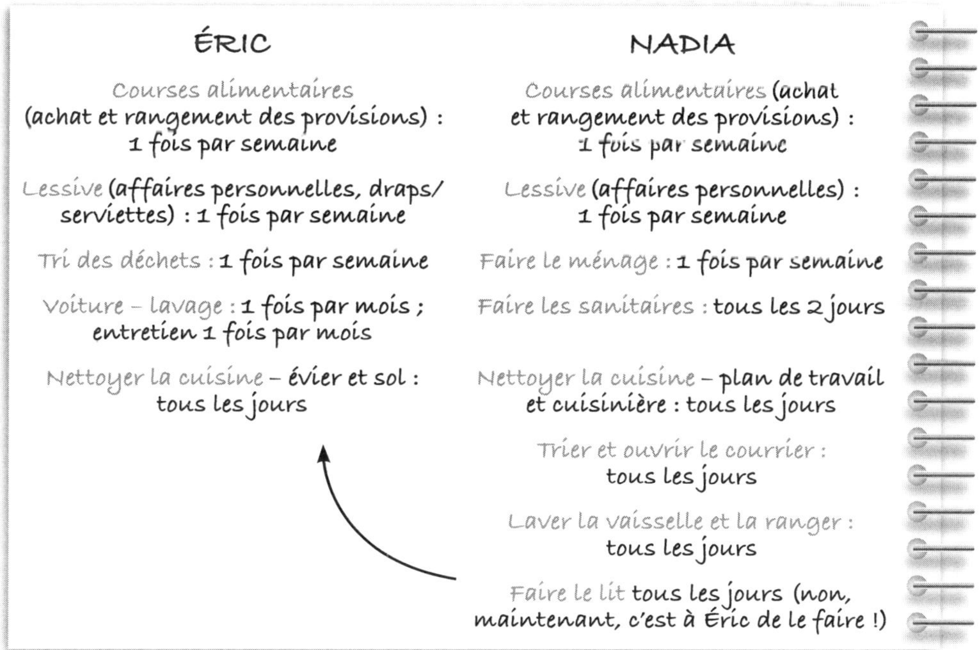

Figure 1 : Liste de base des tâches domestiques

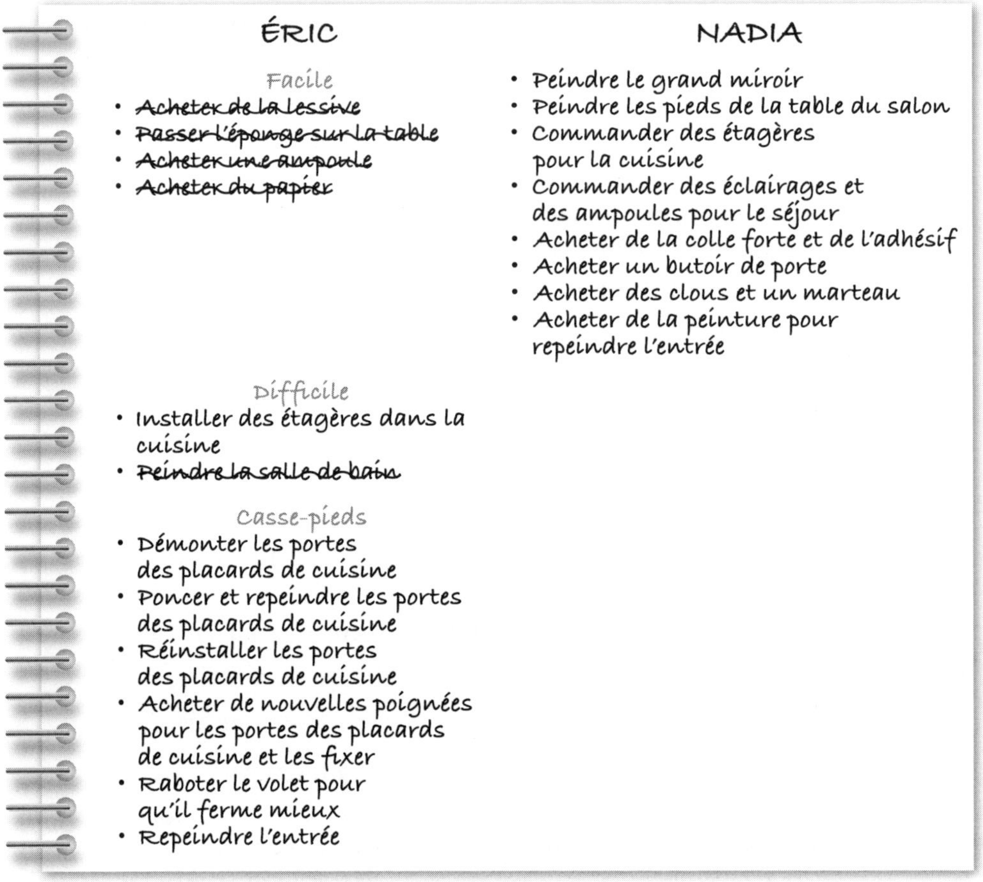

Figure 2 : Liste complémentaire de tâches domestiques

La solution : la spécialisation des tâches et les avantages comparatifs

Éric et Nadia devaient revenir aux racines économiques du mariage. Pendant des siècles, les mariages ont prospéré grâce à la spécialisation. Le mari et la femme se répartissaient les tâches en fonction de leurs avantages comparatifs respectifs. Les hommes se sont spécialisés dans la vente d'encyclopédies et les petits verres de blanc entre copains. Les femmes se sont spécialisées dans les casseroles et la colère sublimée. Comment auraient-ils pu se chamailler pour décider qui devait faire la lessive cette semaine-là alors que le mari était parti toute la journée pour affaires et ne savait même pas distinguer une planche à laver d'un échiquier ?

Au cours de ces cinquante dernières années, l'évolution de l'institution du mariage a suivi celle de l'économie de marché. Grâce à des innovations technologiques comme le lave-linge, les femmes ne passaient plus des journées entières à faire la lessive. Ni à coudre, car elles trouvaient dans les centres commerciaux un large choix de vêtements. Avec les aliments surgelés et le micro-ondes, les dîners ont été prêts en un clin d'œil. La gent féminine a investi massivement le marché du travail, obligeant le sexe dit fort à s'initier aux tâches domestiques, notamment à se faire des œufs sur le plat de temps en temps et à apprendre à changer une couche.

Comme le soulignaient les économistes Betsey Stevenson et Justin Wolfers, le mariage est passé d'un forum de production partagée à un forum de consommation partagée. Tandis qu'un homme et une femme unissaient leur vie par nécessité, aujourd'hui ils convolent parce qu'ils le veulent. Le mariage moderne repose sur l'amour et la compagnie. La plupart des choses de la vie sont simplement mieux à deux : de plaisirs simples, comme aller au cinéma ou pratiquer une activité sportive ensemble, à des liens sociaux partagés, comme aller à la même église en passant par le projet commun d'élever des enfants. Pour revenir au langage économique, l'heure est à la complémentarité de consommation – des activités non seulement agréables, mais plus agréables à deux.

Donc, nous nous marions pour le plaisir. Pour passer de bons moments ensemble. Et nous en passons. Parfois. Mais la vie conjugale réclame encore et toujours du travail et des efforts. Le problème, c'est qu'il n'y a plus de frontière clairement définie entre les différentes tâches. Qui s'occupe de la maison, des enfants, des factures : bref, de « l'entreprise maritale » ? Grande question. Malgré tous les progrès réalisés, nous sommes encore trop nombreux, comme Éric et Nadia, à nous chamailler pour savoir qui doit faire la vaisselle.

Si les disputes à propos du partage des tâches domestiques vous semblent bien insignifiantes dans une relation conjugale, considérez les résultats d'une étude réalisée en 2007 par le Pew Research Center. On a posé la question suivante à des couples mariés : « Qu'est-ce qui détermine la réussite d'un mariage, à votre avis ? » Réponse n° 1 : la fidélité. Réponse n° 2 : la sexualité. Rien de surprenant. Mais réponse n° 3 : partager les corvées ménagères. Avant les enfants, l'argent et la religion.

D'autres recherches confirment ce résultat. Selon une étude menée en 2009 par le Boston Consulting Group sur des femmes exerçant une activité professionnelle, la pomme de discorde la plus courante au sein d'un couple après l'argent, mais avant les rapports sexuels, le travail et l'éducation des enfants, tient en deux mots : tâches domestiques. Dans le cadre de notre propre enquête sur la vie conjugale, 73 % des femmes interrogées affirmaient qu'elles effectuaient plus de 50 % des corvées domestiques, contre seulement 40 % des hommes interrogés (vous pouvez au moins reconnaître à ces messieurs le mérite de l'honnêteté). Et qu'est-ce qui les incitait à participer aux tâches ménagères à hauteur de plus de 50 % ? Les motivations étaient différentes chez les hommes et les femmes. Les femmes répondaient le plus souvent : « Parce que si je ne le fais pas, il ne le fera pas. » Et les hommes : « Parce que cela me donne le sentiment d'être un bon mari. »

Nous trouvons un peu gênant que les femmes soient prêtes à se sacrifier alors que les hommes veulent simplement se sentir utiles, mais peu importe. Tout cela pour dire qu'Éric et Nadia n'étaient pas le seul couple aux États-Unis à tenir les comptes. Et, heureusement, à avoir trouvé une solution au problème.

« Si nous voulions parvenir à nous entendre, je savais que nous serions obligés de cesser de compter ainsi les points », nous disait Éric. Pour cela, ils ont adopté l'une des approches les plus anciennes de la pensée économique : diviser les tâches en fonction des avantages comparatifs.

De la même manière que deux pays, deux personnes mariées échangent des biens et des services, et chacune apporte ses propres compétences et intérêts. Après avoir déterminé qui possède un avantage comparé dans telle ou telle tâche, de la vaisselle à la promenade du chien en passant par les plantations, Éric et Nadia pouvaient décider qui allait se spécialiser dans quoi. Et peut-être passer de la guerre froide à la détente.

Illustration : Nadia effectuait mieux et plus rapidement deux tâches domestiques, faire la vaisselle et ranger la maison. Elle était concentrée et particulièrement douée pour effectuer ces deux corvées ménagères en un clin d'œil. Elle n'était pas particulièrement fière de ces compétences, mais elle savait qu'elle les possédait. Éric aussi. En langage économique, Nadia détenait un avantage absolu pour la vaisselle et le rangement. Étrange coïncidence, le temps qu'il fallait à Éric et Nadia pour faire la vaisselle et ranger la maison équivalait au temps qu'il fallait au Portugal et à l'Angleterre pour produire du vin et des *knickers*.

Temps quotidien investi

TÂCHE	NADIA	ÉRIC
Faire la vaisselle	20 minutes	30 minutes
Ranger la maison	10 minutes	60 minutes
Temps total	30 minutes	90 minutes

Temps hebdomadaire investi

TÂCHE ET SA FRÉQUENCE *	NADIA	ÉRIC
Faire la vaisselle 3 fois par semaine	60 minutes	90 minutes
Ranger la maison 3 fois par semaine	30 minutes	180 minutes
Temps total	90 minutes	270 minutes

* Le dimanche, jour de repos, n'est pas compté.

Étant donné que Nadia est beaucoup plus rapide pour faire la vaisselle et ranger la maison, des tâches ménagères répétées six fois dans la semaine, est-il logique que le couple se les partage équitablement ? Pas vraiment, mais il n'est pas plus logique que ce soit uniquement Nadia qui s'en charge pendant qu'Éric se tourne les pouces.

Ce qu'il est logique de faire ici, c'est d'établir un système fondé sur les avantages comparatifs. Nadia possède l'avantage comparatif le plus élevé dans le rangement, Éric le désavantage comparatif le moins grand dans la vaisselle.

Si, au lieu de se répartir équitablement les tâches, ils se spécialisaient, Nadia rangerait systématiquement la maison (six fois par semaine) et Éric ferait systématiquement la vaisselle (six fois par semaine). Voilà à quoi ressemblerait leur planning domestique :

Système des avantages comparatifs

TÂCHE ET SA FRÉQUENCE	NADIA	ÉRIC
Faire la vaisselle 6 fois par semaine	Ø	180 minutes
Ranger la maison 6 fois par semaine	60 minutes	Ø
Temps total	60 minutes	180 minutes

Nadia économise 30 minutes et Éric 90 minutes par semaine. Leur nouveau système n'est pas « équitable » au sens où ils l'entendent parce que, techniquement, Éric passe plus de temps à travailler que Nadia. Mais leur ancien système 50/50, où Éric passait au total trois heures de plus par semaine que Nadia, était-il plus équitable ? Les conjoints étaient simplement partis du principe que leur système était juste parce que ni l'un ni l'autre ne faisaient toute la vaisselle ou tout le rangement. En réalité, ils perdaient un temps précieux qu'ils n'auraient jamais rattrapé.

« Ce qu'il y a de formidable avec les avantages comparatifs, c'est que tout le monde a un avantage comparatif à produire quelque chose, affirme l'économiste Lauren F. Landsburg. Le résultat est assez extraordinaire : tout le monde peut profiter du commerce. Même ceux qui sont désavantagés sur tout ont quelque chose de valable à proposer. »

En langage économique, le temps total supplémentaire dont dispose le couple, à savoir deux heures, représente le gain collectif issu de la spécialisation, comme le montre le graphique ci-contre. D'habitude, un graphique « travail contre loisirs » illustre une logique économique élémentaire : plus vous travaillez (travail), plus vous gagnez d'argent, mais moins vous avez de temps libre (loisirs). Inversement, plus vous vous la coulez douce, moins vous avez de temps à consacrer au travail et moins vous gagnez d'argent. Et, dans un graphique de ce type, l'usage veut que l'axe des ordonnées (vertical) illustre la quantité d'argent que vous tirez de votre travail et l'axe des abscisses (horizontal) la quantité de temps libre dont vous disposez. Dans notre exemple, le travail consiste à avoir une maison propre toutes les semaines (pas totalement nickel, mais rangée et sans vaisselle sale qui traîne). Plus Éric et Nadia passent de temps à ranger la maison et faire la vaisselle, moins ils ont de temps pour regarder la télévision.

Si Éric et Nadia n'appliquent pas le système des avantages comparatifs, ils consacrent tout leur temps libre à avoir une maison impeccable six jours par semaine, ce qui ne leur laisse pas une minute pour regarder la télé. S'ils se contentent d'une maison propre, mais pas rutilante, il leur reste deux heures de temps libre pour regarder la télé.

Mais s'ils décident d'adopter le système des avantages comparatifs, il leur faut deux heures de moins pour avoir une maison impeccable, ce qui leur laisse davantage de temps pour regarder la télé. Ou faire d'autres choses qu'ils aiment – par exemple, jouer au *Mastermind*, regarder un coucher de soleil ou faire l'amour. Morale de l'histoire : faire la vaisselle tous les soirs multiplie les rapports sexuels. Merci David Ricardo !

TRAVAIL CONTRE LOISIRS

Comment les avantages comparés peuvent augmenter le temps libre

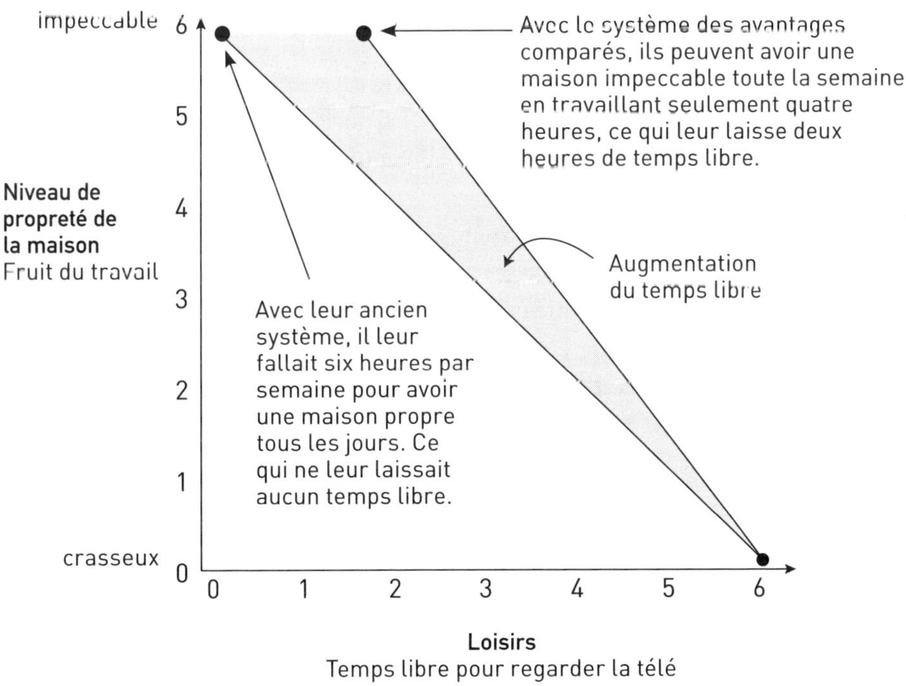

Figure 3 : Ce qu'Éric et Nadia gagnent à se spécialiser

Étude de cas n° 2

Les acteurs : Nora et Charles

Que se passe-t-il quand la situation d'un couple change et qu'un système d'avantages comparatifs, jusque-là parfaitement rodé, s'arrête soudain de fonctionner ?

Ce sont les enfants qui ont changé l'équation pour ce couple. Ils se sont rencontrés vers 25 ans, lorsqu'ils vivaient à Philadelphie. Charles était né dans l'ouest de la Pennsylvanie et n'avait jamais vécu ailleurs. Contrairement à Nora qui, enfant, déménageait tous les deux à trois ans et avait souvent vécu à l'étranger. Charles était adroit de ses mains, allait dans les bars pour regarder les matchs des Eagles de Philadelphie, l'équipe locale de football américain, et avait gardé des copains de lycée avec lesquels il traînait tous les week-ends. Nora parlait français et allemand, avait des amis artistes et/ou chômeurs, et pensait que les Eagles étaient une équipe de base-ball.

Ils habitaient dans le même quartier et, tous les matins, Charles croisait Nora qui achetait du café et le journal à la supérette du coin. La trouvant mignonne, il commençait toujours par la saluer, puis lui parler du temps qu'il faisait. Un beau jour, il finit par lui demander si elle voulait sortir avec lui.

À l'occasion de l'une de leurs premières sorties ensemble, Charles demanda à Nora ce qu'elle aimait faire avec ses amies. Elle lui répondit qu'elles aimaient se retrouver très souvent au café et fut extrêmement surprise, quoique charmée, qu'il lui dise qu'il n'avait jamais mis les pieds dans un café, mais ferait volontiers l'expérience avec elle.

« Au début, je me demandais d'où venait ce type, mais sa sincérité et sa franchise m'ont plu. Nous avions vécu des expériences tellement différentes, mais même s'il n'avait pas vu autant de choses que moi, il était très curieux de nature », racontait Nora. Au fil du temps, ce qui l'avait vraiment décidée, c'était sa conviction que Charles ferait un père formidable. « Je le voyais jouer avec ses neveux, il adorait ça. Et il ne faisait pas semblant. On voyait qu'il y prenait vraiment du plaisir. »

Charles voyait également dans Nora une excellente mère et espérait qu'elle s'occuperait aussi bien de ses enfants que sa mère s'était occupée de lui et de ses frères et sœurs. « Nora avait cette indépendance que j'admirais, mais sans excès. Elle voulait aussi fonder une famille et faire partie de quelque chose de plus grand qu'elle. »

Durant leurs trois premières années de mariage, ils ont travaillé tous les deux à l'extérieur – lui comme analyste au sein d'une compagnie aérienne et elle comme développeur de sites Web. À la maison, ils avaient créé un système de division du travail qui fonctionnait – un système qui tenait compte de leurs compétences et de leurs intérêts, et donc très axé sur la théorie des avantages comparatifs.

Par exemple, Nora faisait les courses parce qu'elle avait des idées très arrêtées sur la qualité des produits, tandis que Charles balayait les sols et essuyait les meubles et les appareils domestiques, ce qui convenait très bien à son souci du détail quasi obsessionnel. Nora organisait leur vie sociale (sorties, événements), alors que Charles téléphonait régulièrement à ses parents et beaux-parents. Certaines tâches étaient réparties de façon assez traditionnelle – Charles était chargé de descendre la poubelle, de trier les déchets et de s'occuper des réparations dans la maison ; Nora, de faire la lessive, de nettoyer la salle de bains et de planter des fleurs dans les jardinières.

Au cours de ces années, que Nora appelle « les Trois Glorieuses », le couple a mené une vie citadine très active et très heureuse, sans voiture et sans enfant ; ils allaient à pied ou à vélo à leur travail, échappant ainsi aux transports en commun bondés. S'ils s'apercevaient qu'ils n'avaient plus de café ou s'il leur prenait l'envie de faire une orgie de glaces Häagen-Dazs tard le soir, ils n'avaient qu'à faire un saut à la supérette du coin, celle où Charles avait vu Nora pour la première fois. Mais lorsque Nora est tombée enceinte, ils ont commencé à voir la ville différemment. Monter trois étages pour atteindre leur appartement grand comme un mouchoir de poche n'avait plus rien de romantique. La perspective de manier une poussette sur des rues pavées manquait tout autant de charme. Quant au choix de l'école – une école publique gratuite dans un quartier populaire du centre-ville ou une école privée inabordable –, ils espéraient ne jamais y être confrontés. Certes, ils voulaient que leurs enfants grandissent dans un quartier vivant et agréable à vivre, mais sans y laisser leur santé et tout l'argent du ménage.

C'est pourquoi ils ont fini par faire comme tout le monde : six mois avant l'accouchement de Nora, ils ont déménagé en banlieue. Ils ont déniché une vieille maison qu'ils ont entrepris de retaper. Bien que Nora se soit sentie de plus en plus lourde et fatiguée de jour en jour, elle avait pris un plaisir fou à rénover cette maison.

Puis le bébé est arrivé, suivi de jumeaux deux ans plus tard. Nora a décidé d'arrêter son travail et de consacrer l'essentiel de son temps à s'occuper des enfants. Charles gagnait suffisamment bien sa vie pour entretenir son épouse et ses trois bambins, et préférait voir ses enfants élevés par Nora que par une nounou.

Mais ce que ce couple a oublié de considérer, c'est si Nora possédait un avantage comparatif dans l'éducation des enfants en termes de capacité, de patience et de plaisir. La décision prise d'un commun accord était motivée davantage par l'argent (le travail de Charles rapportait plus que celui de Nora et l'abandonner aurait représenté un coût supplémentaire pour le ménage) et les normes sociales : prenant modèle sur leur propre famille, Charles et Nora sont partis du principe que les mères étaient naturellement plus aptes à élever des enfants que les pères.

Pour compliquer les choses, ils n'ont pas réalisé que Nora finirait par assumer la plupart des corvées domestiques qui, jusque-là, revenaient à Charles, tout simplement parce qu'elle restait davantage à la maison. Ni que le volume de travail dans la maison allait quintupler. Ils s'étaient attribué de nouvelles spécialisations fondées essentiellement sur de la spéculation.

« Toutes mes amies restées à la maison pour s'occuper des enfants m'ont dit que les tâches domestiques étaient devenues une énorme source de friction entre elles et leurs maris parce que l'équilibre des forces avait basculé, expliquait Nora. C'était la même chose chez nous. Charles gagnait l'argent du ménage et remboursait le prêt. Même s'il n'a jamais rien dit ouvertement, il était clair pour lui que, puisque je restais à la maison, j'assumais les tâches ménagères. »

En théorie, Nora était parfaitement d'accord. Mais en pratique, des tensions ont surgi très vite. En général, elle s'en sortait plutôt bien, mais il suffisait d'un enfant malade ou d'une journée sans école pour que la machine parfaitement huilée de Nora se grippe. Elle sautait sur Charles pour lui demander de l'aide dès qu'il franchissait le pas de la porte. « Je n'arrêtais pas de me plaindre, de lui faire des remarques. Je devenais vraiment une épouse acariâtre ! » avouait Nora.

Cette jeune mère reconnaissait qu'elle ne savait plus où donner de la tête et que rien de ce qu'elle faisait ne l'enthousiasmait. Pour elle, la vie de femme au foyer était tout sauf gratifiante. Obligée de donner à manger aux enfants avant le retour de Charles, elle se retrouvait à devoir préparer deux dîners chaque soir : un pour les enfants et un pour les adultes. Elle faisait la lessive avec les affaires des enfants, les siennes et celles de Charles, puis il fallait repasser ce qui devait être repassé, tout plier et tout ranger. Il fallait faire les courses pour cinq personnes, organiser les activités des enfants, ranger des choses, puis les reranger lorsqu'elles réapparaissaient, nettoyez des baskets boueuses, répondre aux coups de fil des parents et des beaux-parents, et même recoudre des boutons. Recoudre des boutons ? Comme en 1952 ?

QU'EST-CE QUE LA SPÉCULATION ?

Une mauvaise idée. En finance, les gens qui spéculent sont typiquement ceux qui veulent dégager rapidement un profit. Le problème avec la spéculation, c'est qu'elle ne voit pas beaucoup plus loin que le bout de son nez et ne s'appuie pas sur des faits, mais sur des hypothèses. Des hypothèses optimistes.

Le mariage constitue l'un des plus gros risques spéculatifs de l'existence. Vous n'avez aucune bonne raison de penser qu'il va être payant – près de la moitié des mariages ne sont pas rentables –, mais vous y croyez, espérant, supposant, pariant que vous ferez partie des 50 % pour lesquels il rapporte. Malheureusement, votre seule chance de succès est de considérer votre mariage comme un investissement à long terme et de serrer les dents quand les temps deviennent difficiles, quand les profits stagnent et quand les actionnaires se révoltent.

Le problème : la défaillance du marché

Le système que Nora et Charles ont mis en place sans en discuter vraiment au préalable était le suivant : le travail assumé par Nora, à savoir s'occuper des enfants et de la maison, avait la même valeur que le salaire de Charles. Le travail à l'extérieur de Charles équivalait au travail à la maison de Nora, et vice versa*.

Mais Nora acceptant de plus en plus mal de devoir tout assumer – il faut bien dire que la charge de travail penchait nettement plus d'un côté que de l'autre –, le système d'échange de biens et de services (le marché) mis au point par le couple menaçait de s'effondrer. Pour employer le langage de l'économie, on observait une défaillance de leur marché. Un signe qui ne trompe pas : Nora était presque toujours de mauvaise humeur et devenait irascible.

Dans la réalité, quand des marchés semblent avoir été défaillants, les économistes disent parfois qu'il ne faut pas blâmer le marché, mais l'absence de marché.

Steven Landsburg, économiste à l'université de Rochester, donne l'exemple d'usines qui polluent. Dans une économie de marché, les industriels vont polluer l'air, avec des conséquences sur l'environnement et les riverains. Mais s'agit-il d'une défaillance de l'économie de marché ou de l'absence de marché pour l'air ? S'il n'existe pas de marché de l'air, vous ne pouvez pas taxer sa pollution, ce qui signifie qu'on n'incite pas les industriels à utiliser une source d'énergie propre. Créez un marché de l'air, taxez la pollution de l'air et vous inciterez les industriels, soit à ne pas polluer, soit à payer pour avoir le privilège de polluer. Comme l'écrit Landsburg : « La défaillance est due à une absence de marché. Partout où vous observez un échec, il y a fort à parier qu'il manque un marché. »

Dans notre couple en question, comme dans beaucoup de relations conjugales, il n'existait pas vraiment de marché pour l'éducation des enfants. Contrairement aux tâches ménagères qu'ils avaient évaluées avec soin et

* Il s'agit d'un résumé très simplifié d'une relation profonde et complexe, faite d'amour, de bienveillance, d'attention et d'engagement, entre deux êtres à trois dimensions. Mais il n'en demeure pas moins vrai.

échangées à l'époque où ils n'avaient pas encore d'enfants, tout le travail lié aux enfants n'avait jamais fait l'objet d'une discussion ni d'une évaluation. Et, du coup, leur division du travail ne tenait plus debout.

LES 10 SIGNES D'UNE DÉFAILLANCE DU « MARCHÉ CONJUGAL »

1. Ampoules grillées dans la cuisine et non remplacées depuis six semaines.
2. Faire des pompes plutôt que faire l'amour.
3. Une bouteille de vin. Par personne et par soir.
4. Dos-d'âne sous la couette au milieu du lit (le dos à dos étant privilégié au bouche-à-bouche) et draps qui n'ont pas été lavés depuis le dernier exercice sexuel imposé, il y a sept mois.
5. Indécision – notamment, quoi faire à manger pour ce soir, quoi faire vendredi soir, aller se coucher à 21 h 30 ou 21 h 45.
6. Poignées d'amour chez madame, roberts chez monsieur et poils pubiens bons à tresser.
7. Empressement à aller chez le dentiste un samedi.
8. Repasser *Les Frères Karamazov* pour écarter toute tentative de rapprochement.
9. Intérêt nouveau pour le travail du bois.
10. N'avoir goût à rien.

La solution : un marché plus efficace

Nora et Charles avaient différentes possibilités. La première : Nora pouvait reprendre son travail et embaucher une nounou. La deuxième : Nora pouvait reprendre son travail et Charles rester à la maison pour s'occuper des enfants. La troisième : Nora et Charles pouvaient travailler à mi-temps et se partager l'éducation des enfants. Seul hic : toutes ces possibilités signifiaient une baisse du revenu disponible. Et ni l'un ni l'autre n'étaient ravis de cette perspective.

Une quatrième – et, selon nous, bien meilleure – solution pour eux consistait à garder leurs rôles respectifs mais en créant un, voire plusieurs marchés pour certaines tâches spécifiques assumées par Nora. Cela impliquait d'attribuer une valeur à ces tâches, puis d'échanger avec Charles des tâches de valeur similaire. Exemple : selon Nora, une semaine à faire les courses pour cinq, à cuisiner pour cinq et à faire la lessive et le repassage pour cinq équivalait au moins à une soirée de libre pour aller au cinéma et voir ses amies – deux choses qu'elle ne faisait plus. Charles pouvait rentrer du travail plus tôt un soir par semaine, ce qui permettait à Nora de respirer un peu à l'extérieur.

« Je devais exprimer davantage mes besoins, expliquait Nora. Et en y réfléchissant, je n'avais pas tant de besoins que ça. Juste des besoins du style : "Au fait, Charles, samedi je vais voir ma copine Anna et il faudrait que tu sois à la maison." »

Tel était le prix que Nora jugeait tout à fait raisonnable de faire payer à Charles au vu de la charge de travail qu'elle assumait au sein du foyer. Et ce prix, Charles était ravi de le payer. L'échange conclu les aidait à former une équipe plus efficiente.

Lorsque nous parlons d'efficience, nous voulons désigner un type particulier d'efficience économique baptisé « l'optimum de Pareto ». Un optimum de Pareto est une situation dans laquelle on ne peut améliorer la situation de l'un sans détériorer celle de l'autre. En général, elle n'est pas parfaite, mais aussi parfaite que possible au vu des conditions données. S'il est possible pour l'une des parties d'être plus heureuse sans rendre l'autre moins heureuse, alors la situation n'est pas encore un optimum de Pareto.

Prenons une pizza. Nous décidons de nous la partager à parts égales – disons quatre parts chacun. Après avoir mangé trois de mes parts, je cale. Vous mangez vos quatre parts et vous avez encore faim. Dois-je vous donner ma quatrième part ? Si je ne le fais pas, vous aurez faim alors que je ne serai pas plus satisfaite que je ne le suis déjà. Sur papier, je reste parfaitement équitable si je choisis de garder ma part puisque je respecte l'accord initial 50/50. Mais en réalité mon choix n'est pas optimum. Pourquoi ? Parce qu'il existe une possibilité de vous rendre plus heureux sans me rendre plus malheureuse – vous donner ma part. Si je vous la donne, nous sommes dans l'optimum de Pareto. Autrement dit, l'optimum n'est atteint que si l'hypothèse se concrétise.

VILFREDO PARETO : UN AMOUREUX... DES CHATS

L'optimum de Pareto doit son nom à Vilfredo Pareto, un économiste italien de la fin du XIXe siècle. Il fut un pionnier dans le domaine de la microéconomie, mais beaucoup moins précoce en matière amoureuse. Sa première femme le plaqua pour leur cuisinier. Vilfredo se remaria et partagea sa villa avec, bien sûr sa seconde épouse, mais aussi... deux douzaines de chats angoras. Ce n'est pas sa chère femme qui lui inspira ses idées géniales, mais ses chats, étendus confortablement sur ses épaules pendant qu'il travaillait.

Les couples divisent trop souvent leurs tâches sans considérer ce type d'efficacité. Ils restent rivés à un système, même s'il serait facile de le changer pour permettre à l'un d'être plus heureux sans nuire au bonheur de l'autre, voire aux deux d'être plus heureux.

Nora et Charles étaient dans ce cas. Avec pour conséquence que Nora se sentait submergée de travail, d'où son ressentiment, et que Charles se sentait frustré et complètement démonté de savoir que son épouse avait le sentiment d'être exploitée.

« J'étais toujours prêt à arranger les choses, mais je n'avais aucune idée de ce qu'elle voulait. À tel instant elle voulait que je mette au lit l'un de nos enfants et l'instant d'après elle voulait que je sorte de la chambre et que je la laisse faire », expliquait Charles.

Pour Nora, la solution n'était pas de voir Charles mettre les enfants au lit, mais d'avoir plus de temps pour elle. « Tant que je serai toute la journée à la maison, ce ne sera jamais 50/50. Mais je peux avoir l'impression que ça l'est. Ou du moins que c'est plus équitable qu'auparavant. Et c'est ce qui compte. »

Une vie conjugale n'a pas besoin d'être un partage 50/50 pour être heureuse. Elle peut être un partage 60/40, 70/30 ou même 99/1. Tout dépend des couples et de leur situation. Et s'ils sont prêts à ranger la calculette pour donner et recevoir en fonction de ce qui marche le mieux pour eux, et non de l'idée qu'ils se font de ce qui devrait marcher le mieux pour eux.

Dans le monde difficile des tâches domestiques, rechercher l'optimum de Pareto est une autre façon de rediviser le travail pour vivre mieux (du moins jusqu'à ce que la vie vous apporte son nouveau lot de surprises, par exemple un autre enfant). Nora et Charles, tout comme Éric et Nadia, ont réalisé le rêve de tout économiste : ils ont créé de nouvelles ressources – dans ce cas n° 2, du temps pour madame et la paix au foyer – à partir d'une apparente pénurie.

Étude de cas n° 3

Les acteurs : Tom et Laura

Tom et Laura ont été très amis pendant cinq ans avant de sortir ensemble. Comme dans le film *Quand Harry rencontre Sally*. Quelques mois plus tard, ils parlaient déjà mariage. Pourquoi attendre encore, se disaient-ils, puisqu'ils se connaissaient déjà sur le bout des doigts ? Ils sont allés acheter une bague de fiançailles et deux alliances. Laura proposa à Tom qu'ils participent ensemble à un atelier de conseil prémarital pour envisager leur mariage dans les meilleures conditions. Laura et Tom étaient convaincus que leur vie maritale serait un simple prolongement de leur longue amitié et de leur vie amoureuse naissante, mais que ça ne pouvait pas leur faire de mal d'obtenir quelques conseils avisés.

L'atelier se révéla inutile, « une perte de temps totale », selon Tom. La dernière heure de l'atelier fut la plus pénible, celle où ils échouèrent à leur « test de compatibilité ». Les conseillers leur ont dit qu'ils étaient tous les deux issus de familles tellement désunies qu'ils ne réussiraient pas à fonder ensemble une famille unie, et que le mariage était une mauvaise idée, à moins qu'ils soient prêts à suivre une thérapie de couple pendant des années avant de l'envisager.

Tom et Laura se marièrent une semaine après – une petite cérémonie dans le jardinet de l'un de leurs amis.

Bien qu'elle ait toujours entendu dire que la première année de mariage était la plus difficile, Laura nous a confié que pour leur couple, ce fut le contraire : « C'était le bonheur total. C'était comme passer une soirée avec sa meilleure amie tous les jours, sauf que là, ce n'est pas votre meilleure amie, mais votre mari ! » Elle se rappelle seulement une dispute, sans se souvenir de sa cause – l'un avait lancé une chaussure à la tête de l'autre, l'autre était sorti de la chambre comme un ouragan, puis ils étaient revenus l'un vers l'autre, s'enlaçant très fort, s'embrassant fougueusement et s'excusant de s'être rendus malheureux. Dans leur vie quotidienne, ils faisaient ce qu'ils avaient toujours fait ensemble : aller écouter des concerts, participer à des dîners, faire des pâtes, excursionner en voiture, regarder les maisons à vendre et, depuis qu'ils étaient sortis ensemble, faire l'amour plusieurs fois par semaine.

La deuxième année de mariage ne fut pas aussi idyllique. Ni l'un ni l'autre ne sauraient expliquer comment et pourquoi les choses se sont progressivement détériorées, mais Tom et Laura ont commencé à se disputer à tout bout de champ pour des futilités – notamment parce que Tom avait toujours du retard et se fichait pas mal de faire attendre les autres (Laura en l'occurrence). Laura engueulait Tom lorsqu'il rentrait du travail à plus de 20 heures, et Tom lui répondait qu'il n'avait pas le choix. « Le boulot, c'est le boulot ! » lui rétorquait-il. Et Laura continuait : « Si, tu as toujours le choix. Et je vois que ton choix, c'est de faire passer le boulot avant moi. » Mais Laura piquait surtout des crises en constatant à quel point Tom laissait les choses aller : il laissait traîner ses vêtements aux quatre coins de la chambre, il ne lavait pas son bol au petit déjeuner, il ne s'occupait jamais des factures, il laissait la voiture jonchée de canettes de soda et de paquets de chips vides, et il ne lui venait pas à l'idée en voyant le panier de linge qui débordait qu'il était grand temps de faire la lessive.

Tom avait lui aussi des griefs contre Laura. Il en avait marre qu'elle soit toujours sur son dos, à faire le gendarme dans la maison. Depuis quand attachait-elle une aussi grande attention à un bol sale qui traîne dans l'évier ou à la propreté de la voiture ? Elle ne semblait même pas se rendre compte de tout ce qu'il faisait, lui – tondre leur stupide gazon toutes les semaines, par exemple, alors qu'il détestait cela, faire la vidange de leur voiture (Laura était-elle même au courant que la voiture avait besoin d'huile pour fonctionner ?) et s'arrêter régulièrement au supermarché sur le chemin du retour pour faire les courses du dîner. Et qui se levait le dimanche matin pour faire des pancakes pendant que madame dormait ?

Tom et Laura n'avaient rien en commun avec Éric et Nadia, excepté une chose : eux aussi devenaient « le couple infernal ».

Désespérée, Laura s'est tournée à nouveau vers le conseil conjugal. Elle s'est inscrite à un atelier hebdomadaire pendant treize semaines avec les thérapeutes qui lui avaient dit avant son mariage que son couple allait être un échec. Et elle comptait bien y emmener Tom.

D'où l'étonnement de Tom lorsque sa femme lui a demandé de l'accompagner. Non seulement il avait juré de ne plus revoir ces gens, mais il ne voulait pas passer des heures à expliquer le pourquoi et le comment de ses disputes avec Laura. Mais comme il ne voulait pas non plus passer des heures à expliquer à Laura qu'il ne voulait pas expliquer le pourquoi et le comment de ses disputes avec elle, il finit par capituler.

Le problème : un manque d'incitation

Outre le fait d'apprendre des tas de choses surprenantes sur leur profil psychologique – par exemple, que Tom voulait plaire à tout prix et redoutait de décevoir, alors que Laura avait une âme de « sauveuse » et craignait d'être abandonnée –, les conjoints ont mis le doigt sur un problème qu'ils ne pensaient absolument pas avoir : celui des tâches domestiques.

En effet, ils avaient la même approche à l'égard de la division du travail dans la maison qu'à l'égard des autres domaines de la vie conjugale : agir et poser des questions après. Il ne leur serait jamais venu à l'esprit de prendre le temps de s'asseoir pour établir une liste des tâches et se les partager soigneusement. La question des corvées ménagères était insignifiante à leurs yeux. « On s'en débarrasse, et puis c'est tout. » Seuls l'amour et l'amitié comptaient.

Laura disait toujours : « Si tu vois quelque chose qui doit être fait, fais-le. » Cela s'appliquait aussi bien à elle qu'à Tom. « Nous sommes des adultes, non ? »

Des adultes, oui. De bons partenaires commerciaux, non.

Le principal aspect du problème était le suivant : la plupart de ces tâches domestiques réclamaient beaucoup plus d'efforts pour un couple marié que pour des célibataires. Tom s'embêtait rarement à tondre le gazon lorsqu'il était célibataire et Laura avait beaucoup moins de factures à payer et de linge à ranger lorsqu'elle vivait seule. Ce n'est pas parce que chacun possédait un avantage comparatif pour ces tâches – Tom tondait le gazon plus vite que Laura parce que Laura ne savait pas trop comment mettre en route la tondeuse, et Laura pliait et rangeait le linge en un clin d'œil parce qu'elle avait travaillé dans un magasin de prêt-à-porter – qu'il aimait les effectuer. Et parce qu'ils n'aimaient pas forcément les corvées domestiques, ils ne les faisaient pas, contrairement à ce que Laura prétendait.

Puisque le travail était divisé en fonction des avantages comparatifs, le système aurait dû fonctionner. Mais en pratique, le manque d'enthousiasme de Tom et de Laura ne leur donnait pas la motivation nécessaire pour le réaliser – du coup, leurs avantages comparatifs ne servaient à rien.

Dans la réalité, aussi bon qu'un salarié soit dans son travail, il a besoin d'être motivé pour le faire. Ce n'est pas pour rien qu'un travail s'appelle un « travail », et non une croisière. Cette incitation peut être un salaire, une lettre de félicitations du patron ou une promotion. Si l'une de ces incitations encourage le salarié à travailler dur, on dit que le système est incitatif.

S'agissant de la vie maritale, un système incitatif ne peut pas impliquer des salaires ou des lettres de recommandation. Et il n'existe pas de promotion dans l'entreprise de l'amour. Une incitation peut être la sécurité : la certitude de savoir que l'autre va faire ce qu'il y a à faire sans qu'on le lui demande, qu'on le pousse, qu'on le secoue ou qu'on lui mette la pression. Chacun doit savoir que l'autre va remplir sa tâche parce qu'il attache de l'importance au résultat. Dans la vie conjugale, se soucier des résultats obtenus est la seule incitation qui marche.

Malheureusement, nous ne savons pas toujours à quoi nous attacherons de l'importance tant que nous ne vivons pas en couple. Laura, par exemple, ignorait qu'elle attachait autant d'importance à contempler une pelouse bien tondue jusqu'à ce qu'elle ait des voisins dont le gazon ressemblait à celui d'un terrain de golf. Tom ignorait à quel point il aimait les bons petits plats maison lorsqu'il était célibataire et n'était jamais chez lui à l'heure du dîner.

Maintenant que Tom et Laura vivaient ensemble depuis un bon moment, ils découvraient sans cesse de nouvelles choses dont ils se souciaient – et d'autres dont ils se fichaient éperdument. Et ils se sont rendu compte que les tâches domestiques n'étaient pas un aspect insignifiant de la vie conjugale.

La solution : acquérir de nouvelles spécialisations

À l'époque où David Ricardo était assis dans sa grande pièce à tenter de comprendre les mystères de l'économie mondiale, les avantages comparatifs semblaient une approche assez simple du commerce. Certes, l'Angleterre aurait pu installer des serres et devenir le premier producteur mondial de vin, mais cela aurait nécessité des investissements si colossaux que les coûts auraient largement dépassé les avantages. Mieux valait s'en tenir aux moutons. Et le Portugal aurait pu recruter une équipe de généticiens hors pair pour cloner une super-race de moutons capables de fournir une nouvelle laine toutes les heures, mais le clonage n'existait pas à l'époque et l'ADN n'allait être découvert que cinquante ans plus tard.

Les temps ont changé. Grâce à la technologie, les pays n'ont jamais eu autant de facilité à trouver de nouvelles spécialisations. Exemple classique : le miracle sud-coréen. Après la guerre de Corée, la pauvreté et le chômage faisaient rage en Corée du Sud, et Séoul était totalement dépourvue d'infrastructures. Les ressources naturelles étaient rares. Résultat : aucune spécialisation. Mais au cours des trente années qui ont suivi, la Corée du Sud est devenue l'une des grandes économies mondiales. Son secret ? Les dirigeants ont trouvé dans quel domaine leur pays pouvait exceller et ont consacré toute leur énergie à la réalisation de cet objectif d'excellence. Le pays a investi dans le secteur industriel, courtisé les investisseurs étrangers pour l'aider à payer la note, et a fini par devenir l'un des principaux exportateurs de produits manufacturés, notamment de voitures, d'électronique, de textile, de produits chimiques et de navires.

La Corée a obtenu un avantage comparatif dans un domaine où elle n'avait aucun avantage, tout cela parce qu'elle a investi avec une conviction inébranlable. Autrement dit, vous pouvez apprendre de nouveaux tours à un vieux chien.

L'économiste Jagdish Bhagwati a inventé l'adjectif « kaléidoscopique » pour qualifier un avantage comparatif : « Aujourd'hui, vous l'avez ; mais dans notre état d'équilibre instable, vous pouvez le perdre demain et le reprendre le surlendemain. Boeing peut gagner aujourd'hui, Airbus demain, et Boeing reprendre l'avantage à Airbus après-demain. C'est comme si le dessin de la structure des échanges que vous voyez à l'instant T était aussitôt remplacé par un nouveau, comme si vous manipuliez un kaléidoscope. »

À l'ère de l'égalité dans le couple, les vieilles spécialisations qui ont longtemps défini les rapports entre époux peuvent s'en trouver bouleversées de la même manière. Pour Tom et Laura, leurs avantages comparatifs s'étaient transformés en maux de tête comparatifs. Ils devaient investir dans de nouvelles spécialisations. Si l'économie agricole de la Corée avait pu devenir une économie manufacturière, Tom pouvait certainement développer un talent pour régler les factures, et Laura pour apprendre à faire fonctionner une tondeuse. C'est ce qui s'appelle se mettre dans la peau de son conjoint pour améliorer la division du travail.

Shelly Lundberg, professeur à l'université de Washington et spécialisée dans l'étude de l'économie des ménages, nous a confié que son mari, économiste également, avait réalisé un investissement stratégique en apprenant à donner le bain à leurs enfants. Une tâche effrayante lorsque vous n'avez jamais baigné un nouveau-né ! Mais cet époux s'est dit que s'il ne devenait pas expert dans une tâche clé – au moins une – de l'éducation des enfants, sa femme finirait par détenir un avantage comparatif dans tout ce qui relève des enfants, alors qu'il pourrait tirer profit de cette situation. « Sa technique, qu'il recommande aujourd'hui à tous les jeunes pères, coupait court aux discours traditionnels du style : "Je ne peux pas le faire parce que je ne sais pas le faire." Il suffit d'apprendre. »

Le premier investissement stratégique dans la vie de Tom et Laura s'est opéré le jour où Tom a montré à Laura comment utiliser la tondeuse. D'abord intimidée par la machine, Laura s'est très vite habituée à tondre le gazon et ressentait une satisfaction immense après chaque passage. De plus, elle a gagné en confiance. Puisque Tom n'aimait pas accomplir cette tâche, Laura s'en est chargée.

En échange, Tom s'est occupé des factures. Pourtant, au départ, il avait horreur de tout ce qui touchait à l'argent et répétait à sa femme qu'il était nul dans ce domaine. Mais Laura, très patiente, s'est assise avec lui devant l'ordinateur et lui a montré comment elle réglait les factures en ligne et calculait les impôts tous les ans.

Il n'a fallu que quelques mois à Laura pour voir qu'elle pouvait faire confiance à son mari, que les factures étaient bien réglées en temps voulu. Et elle savourait sa nouvelle liberté. Elle qui détestait la paperasserie et aurait voulu faire quelque chose de ses mains, de préférence en plein air, au lieu de rester devant l'écran, elle jubilait ! Et nous avions oublié de vous dire que Tom était un fou d'Internet. Autrement dit, rester assis devant l'écran ne lui déplaisait pas, bien au contraire.

Grâce à ce nouveau système, Tom veillait à ce que les dépenses du couple ne dépassent pas les rentrées et Laura à ce que le jardin ne se transforme pas en forêt vierge. Avec quelques efforts, ils avaient acquis de nouvelles spécialisations – et, encore mieux, ils étaient motivés pour les améliorer sans cesse.

2 L'AVERSION POUR LA PERTE *(OU L'AVANTAGE D'ALLER SE COUCHER EN COLÈRE)*

Le principe

Lundi, 13 heures. Les marchés grimpent depuis l'ouverture. Valeurs technologiques en hausse de 1 %. Valeurs financières en hausse de 2 %. Valeurs de consommation : en hausse, en hausse, toujours en hausse ! Alléluia ! « Un rallye avec une sacrée vélocité ! » lance un trader.

Vous appelez votre interlocuteur chez Goldman Sachs et hurlez un ordre – difficile de vous faire entendre dans tout ce brouhaha : « Je veux cent *knock-out* à une limite de 54 avec 500 de discrétion. » (Traduction : « Achète-moi 100 000 actions Coca-Cola, code boursier "KO", alias "*knock-out*", à 54 dollars plus ou moins 500. ») Vous raccrochez et observez sur votre écran l'évolution des cours. Coca-Cola s'envole et vous vous sentez assez génial. Et très riche. En une demi-heure, vous avez gagné le pactole.

Puis, avant que vous puissiez dire ouf, l'action Coca-Cola commence à baisser. De 25 cents, de 50 cents, de 1 dollar. Bizarre, bizarre… Vous demandez au type à côté de vous s'il voit ce que vous voyez. « Ouais, il est question d'une taxe sur les sodas. D'après certains, le passage de la loi devrait être imminent. »

Merde !

Mais vous vous rassurez en vous disant que ces rigolos chargés de faire passer les lois ne joignent jamais le geste à la parole. Vous rappelez votre interlocuteur de chez Goldman Sachs : « Continuez d'acheter. Cinquante mille actions de plus. »

L'action Coca-Cola poursuit sa dégringolade. Une baisse de 1 dollar, puis de 2 dollars. Les analystes froncent les sourcils. Trois dollars. Vous êtes en très mauvaise posture. L'action est maintenant à 51 dollars.

Vous devez absolument récupérer ces pertes. Vous voulez à tout prix revoir la couleur de cet argent. Alors que faites-vous ? Vous continuez d'acheter. Et d'acheter encore. L'action va rebondir, elle ne peut pas ne pas rebondir. C'est Coca-Cola, quand même !

Elle ne rebondit pas.

À 16 heures, vous avez perdu plus de 400 000 dollars. Il ne s'agit pas de votre argent, mais de celui de votre patron. Un collègue s'approche de vous : « Aïe ! Pourquoi t'as acheté autant d'actions Coca ? T'as flairé le mauvais coup aujourd'hui, on dirait ! Pourtant, c'était évident que ça allait se casser la gueule ! »

Peut-être cela aurait-il été évident pour vous aussi si vous n'étiez pas devenu la proie de l'une des forces les plus destructrices en économie : l'aversion pour la perte, autrement dit une peur intense de perdre.

Qui ne déteste pas perdre ? On supporte toujours difficilement de perdre, que ce soit de l'argent, une relation amoureuse, un emploi ou un débat. Nous faisons tout notre possible pour éviter de ressentir ce sentiment désagréable. Vous n'avez pas besoin d'être économiste pour le savoir. Mais ces dernières années, les économistes se sont mis à poser des questions différentes : l'acte même de perdre – ou d'anticiper simplement une perte – peut-il affecter notre comportement ? Perdre peut-il nous rendre irrationnels, prompts à prendre des décisions irréfléchies, agressifs ou sur la défensive ?

Ce que les économistes ont découvert grâce à une foule d'expériences en laboratoire et de données recueillies sur le terrain, c'est que notre aversion pour la perte est si intense qu'elle nous conduit à nous comporter de façon étrange et souvent destructrice. Ce n'est pas tant que nous aimons gagner, mais que nous détestons perdre. Les économistes ont quantifié cette différence : perdre rend deux fois plus malheureux que gagner ne rend heureux. Ce qui signifie que vous devez gagner 200 dollars pour compenser la douleur d'en perdre 100.

L'aversion pour la perte peut expliquer pourquoi les individus prennent des décisions visiblement peu judicieuses, comme par exemple s'accrocher à des actifs financiers qui se déprécient, ou miser leur chemise alors qu'ils perdent au black-jack, ou encore s'entêter à refuser de négocier le prix de vente de leur maison même s'ils ne trouvent pas d'acheteur.

La figure n° 4 montre à quel point notre réaction aux gains et aux pertes peut être complètement déjantée. Le point d'intersection des lignes horizontale et verticale s'appelle le « point de référence », le point à partir duquel nous mesurons les gains et les pertes. Vous remarquez que, dans le quadrant en bas à gauche, une petite perte par rapport au point de référence entraîne une forte baisse de la satisfaction, tandis que dans le quadrant supérieur droit, un petit gain apporte une joie, mais plus modérée et moins immédiate.

Nul doute que l'état d'esprit de Jérôme Kerviel ressemblait fort à ce schéma. Vous ne pouvez pas ne pas vous rappeler Jérôme Kerviel, ce trader corrompu dont l'extrême aversion pour la perte a coûté des milliards à la Société générale en 2008. Bien sûr, il n'était pas supposé perdre autant d'argent. Il a outrepassé le cadre de son mandat en prenant des positions spéculatives à l'insu de la banque, et dans des proportions phénoménales. Il était censé couvrir des contrats à terme sur les indices des marchés d'actions européens et pratiquer le judo à ses heures perdues. Puis, un jour, il a encaissé son premier gros gain : 600 000 dollars en pariant sur la chute des marchés européens l'été 2005. Il a passé les 18 mois suivants à parier de plus en plus gros et à engranger çà et là de beaux succès financiers, dont 38 millions de dollars en février 2007 et 700 millions cinq mois plus tard.

Mais la chance a tourné pour lui début 2008 et l'a définitivement abandonné. Un vendredi, alors que les marchés s'effondraient, Jérôme spéculait frénétiquement pour tenter de récupérer ses pertes. À la fin de la journée, il n'avait rien récupéré du tout et… perdu 2,2 milliards de dollars. Lorsque le pot aux roses fut découvert ce week-end là, les pertes totales s'élevaient à 7,2 milliards de dollars. Oui, milliards.

Comme le résume très bien Andrew Lo, un professeur de finance au Massachusetts Institute of Technology, qui a étudié le rôle des émotions dans les transactions boursières : « Lorsque vous êtes menacé d'extinction, vous agissez sans avoir rien à perdre. À ce moment-là, rien ne compte plus. »

LA DOULEUR DE LA PERTE EST SUPÉRIEURE À L'EUPHORIE DU GAIN

Une petite perte entraîne une chute brutale de la satisfaction

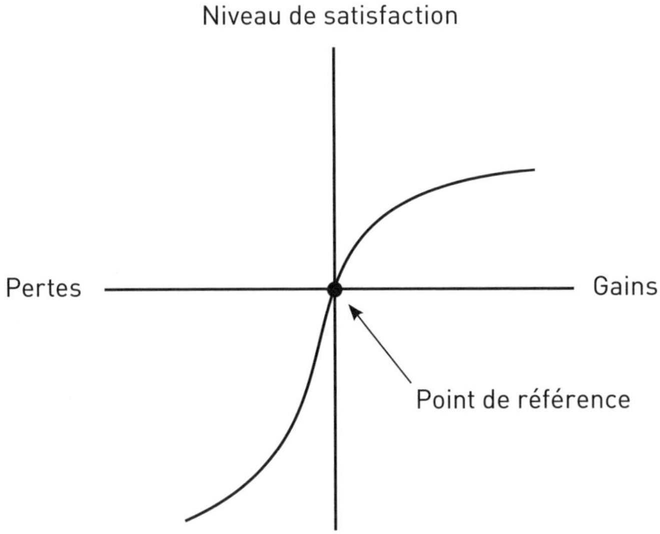

Figure 4 : Votre cerveau a horreur de perdre

C'est ce désespoir – et les milliards de dollars en jeu quotidiennement sur le marché boursier – qui fait de cette aversion pour la perte un sujet d'étude aussi fascinant et fertile pour les économistes béhavioristes.

À la fin des années 1970, dans le cadre d'une série d'expériences devenues légendaires, les psychologues Daniel Kahneman et Amos Tversky ont démontré comment fonctionnait l'aversion pour la perte. Lors d'une expérience, ils ont demandé à un groupe d'étudiants de choisir entre deux paris :
– un pari avec 100 % de chance de gagner 3 000 dollars ;
– un pari avec 80 % de chance de gagner 4 000 dollars et 20 % de chance de ne rien gagner.

80 % des étudiants optaient pour le premier pari, même si le second pouvait rapporter davantage. Ils préféraient un gain sûr à un gain possible. Autrement dit, ils ne voulaient pas risquer de repartir les poches vides.

Puis Kahneman et Tversky ont reformulé leur proposition, demandant aux étudiants de choisir entre les deux paris suivants :
– un pari avec 100 % de chance de perdre 3 000 dollars ;
– un pari avec 80 % de chance de perdre 4 000 dollars et 20 % de chance de ne rien perdre du tout.

Cette fois, 92 % des étudiants ont opté pour le second pari, même s'il sous-entendait des pertes potentiellement plus importantes. Le « risque de perdre à coup sûr » était si terrifiant qu'ils étaient prêts à se mettre en danger et à perdre davantage.

À présent, étudiez les deux scénarios. Vous remarquez que, lorsque les étudiants avaient à choisir entre deux gains (premier scénario), ils ne voulaient pas prendre de risque, alors que quand ils avaient à choisir entre deux pertes (second scénario), ils étaient plus enclins à adopter un comportement risqué qui pouvait potentiellement leur faire perdre davantage. C'est l'aversion pour la perte en pratique. Et elle fausse la réalité.

L'aversion pour la perte explique pourquoi le consommateur moyen remarque davantage les hausses que les baisses de prix. Avez-vous observé que le litre d'essence avait baissé par rapport à la dernière fois ? Mais il suffit qu'il grimpe de quelques centimes pour que vous soyez indigné. Ou quand vous êtes coincé dans les bouchons sur l'autoroute, en train de perdre des minutes précieuses pendant lesquelles vous pourriez boire l'apéro avec vos amis, et que vous décidez de prendre la prochaine sortie dans l'espoir que les routes seront moins chargées, mais que vous vous retrouvez arrêté à chaque feu rouge, ce qui vous fait perdre encore plus de temps ?

Si vous êtes comme nous, maintenant que vous savez ce qu'est l'aversion pour la perte, vous allez commencer à entrevoir tous ses effets délétères dans votre vie, y compris votre vie personnelle. Car vous ne le saviez peut-être pas, mais l'aversion pour la perte joue souvent de sales tours à votre vie conjugale. Elle vous rend capable de rester debout toute la nuit à vous disputer parce que vous ne voulez pas perdre le combat. Vous refusez tout compromis, car le compromis signifie céder, renoncer à ce que vous voulez. Vous ne vous excusez pas, parce que vous ne voulez pas perdre la face. Et vous passez à côté de tout le reste, de toutes les choses plus positives, parce que vous vous entêtez à vous répéter que votre vie de couple était bien mieux avant.

Le béhaviorisme (ou comportementalisme)

La doctrine béhavioriste étudie l'influence des facteurs psychologiques sur les décisions économiques. Selon les béhavioristes, les individus n'agissent pas de manière « rationnelle », contrairement à ce que soutiennent les néoclassiques, mais font des choses qui, soit n'ont pas de sens, soit sont contre-productives. Voici des principes clés du béhaviorisme économique :

- Nous changeons d'avis à tout bout de champ.

« J'ai dit que les Porsche étaient affreuses ? Je n'ai pas pu dire une telle chose. Je veux une Porsche, Samuel en a acheté une, et elle est géniale ! »

- Nous prenons des décisions ultrarapides lorsque nous sommes en train de perdre.

« Je ne peux pas croire que ce type a renchéri ! J'aurai ce sac en croco, même si je dois en offrir 1 million de dollars. »

- Nous préférons des gains moindres, mais immédiats, à des gains plus conséquents, mais futurs.

« Investir dans un fond destiné à financer les études de nos enfants ou dans un banc de musculation ? La sécurité des générations futures ou des abdos en béton ? Des abdos en béton. »

- Nous péchons par excès de confiance.

« Cet appartement de 2 millions de dollars est un bon placement. Qui se soucie de savoir que l'immeuble est sur un site contaminé ? L'immobilier en Floride est une valeur sûre. »

- Nous redoutons le changement.

« Pourquoi ont-ils changé l'étiquette sur le Tropicana ? Elle était bien, pourtant. »

→

L'économie béhavioriste semble être une doctrine économique mais, en réalité, elle est plus proche de la psychologie. Posez la question à un psychologue – ou ne la posez pas, car vous risquez de vous faire engueuler ! Le premier béhavioriste à avoir remporté le prix Nobel d'économie, Daniel Kahneman, est en fait un psychologue.

Étude de cas n° 1

Les acteurs : Kate et Ben

Kate et Ben sont mariés depuis plus de dix ans. Kate était directrice d'école privée et Ben associé dans un cabinet de conseil en immobilier commercial. L'un de ces couples new-yorkais qui ne ralentissaient jamais le rythme et semblaient capables de gérer des milliers de choses à la fois, y compris deux enfants, deux maisons (l'une en ville et l'autre sur la plage), une nounou, des beaux-parents, et même le conseil d'administration de deux associations caritatives. Ils se vantaient de ne jamais s'ennuyer ni être ennuyeux. Alors que certains de leurs amis restaient à la maison le vendredi soir pour regarder la télé en peignoir de bain, Kate et Ben recrutaient une baby-sitter pour passer la soirée à collecter des dons ou étrenner un nouveau restaurant.

« Quand les choses marchaient bien, nous avions tout le temps envie, avouait Kate, fière de nous révéler qu'elle et Ben trouvaient encore le temps de faire l'amour trois fois par semaine. Mais quand le torchon brûlait entre nous, c'était la Troisième Guerre mondiale. »

Kate se souvient d'une dispute particulièrement explosive. Ben était rentré du travail de mauvaise humeur parce qu'il avait passé la journée dans des réunions aussi interminables qu'inutiles et n'avait pas eu le temps de finir d'écrire un discours qu'il était censé tenir le lendemain à l'occasion d'un congrès professionnel. L'inquiétude l'avait envahi à l'idée de se retrouver comme un idiot devant 200 de ses pairs, et pour se détendre, il avait fait ce que tout homme fait en rentrant chez lui : se prendre une bière, s'enfoncer dans le canapé et regarder le sport à la télé.

Kate non plus n'avait pas vu le bout de cette journée. Une fois à la maison, elle avait préparé le dîner, rangé un peu la maison, donné le bain aux enfants, pris une douche, feuilleté un magazine et, finalement, comptait aller se coucher. En voyant Ben incapable de bouger de son canapé, se comportant comme s'il était seul au monde, elle eut envie de l'étrangler.

Après avoir couché les enfants, elle regagna le salon et se posta devant Ben, lui bouchant la vue. Ben poussa un soupir de détresse.

« Ce n'est pas parce que tu as eu une mauvaise journée que tu dois nous ignorer, non ? »
Ben grommela.
« Et la prochaine fois que les enfants auront faim, c'est toi qui leur prépareras le repas. »
Vous imaginez la suite.
« S'il te plaît, Kate, fiche-moi la paix !
– Non, Ben, je ne te ficherai pas la paix !
– Je te l'ai dit : j'ai eu une dure journée.
– Moi aussi. Mais j'en ai marre de me taper tout le travail. »
Ben éteignit la télé.
« Ça suffit. Je vais aller travailler sur ma présentation.
– Attends, qu'est-ce que tu me dis là ? Mais nous sommes en train de parler !
– Nous ne parlons pas. Tu me cries dessus.
– Ben, nous n'avons pas terminé. Je ne te crie pas dessus, je te demande d'assumer ta part du travail.
– Arrête, tu m'emmerdes », dit Ben en se levant du canapé et en se dirigeant vers la chambre. Kate le suivit, sentant la colère monter en elle. Plus il essayait de l'empêcher de marquer un point, plus elle lui en voulait. Elle se sentait envahie d'une rage impitoyable. Alors que Ben montait l'escalier, elle lui passa un de ces savons…
« Je lui ai dit qu'il était égocentrique, qu'il me considérait comme faisant partie des meubles, qu'il travaillait trop, qu'il n'écoutait jamais ce qu'on lui disait et qu'il était incapable de gérer un conflit », nous confiait Kate. Elle lui a balancé qu'il ne prenait jamais aucune initiative à l'heure de mettre les enfants au lit et que ces derniers auraient peut-être envie qu'il leur dise bonne nuit. Elle lui a envoyé en pleine poire qu'il marchait constamment à côté de ses pompes et, pour couronner le tout, qu'à chaque fois qu'elle essayait de lui mettre le nez dans la moutarde et de le faire réagir, il l'ignorait encore

plus, confirmant ainsi le bien-fondé de ses accusations et alimentant plus encore sa colère.

Fichtre !

Ben s'est quand même défendu. Il a répondu à Kate qu'elle était impatiente, coléreuse et agressive, et qu'elle lui parlait davantage comme un militaire que comme une épouse bienveillante. « Je lui ai dit qu'elle était condescendante, lui rappelant à quel point je détestais qu'elle adopte cette attitude méprisante à mon égard, qu'elle ne me laissait jamais en placer une et qu'elle ne se rendait pas compte combien mon travail était stressant. »

Leur dispute était partie d'un fait banal, d'un « petit rien », pourrait-on dire – Kate aurait pu prendre quelqu'un pour donner à manger aux enfants, après tout –, et avait pris des proportions gigantesques. Ce fut l'occasion d'un grand déballage, car tout ce qui n'allait pas dans leur vie conjugale depuis quelques années y est passé ! Ils se sont disputés pendant des heures, à tourner en rond physiquement et verbalement, chacun voulant convaincre l'autre à tout prix, lui faire voir LA vérité (rien d'autre que sa vérité, au fond). Résultat : Ben n'a pas terminé sa présentation et Kate était trop énervée pour dormir.

Le problème : une aggravation des pertes

Ce n'est pas tant qu'ils étaient sourds à leurs points de vue respectifs ou n'avaient aucune empathie l'un pour l'autre. Mais après avoir investi aussi massivement dans leur dispute, aucun des deux ne pouvait supporter l'idée de perdre. Ce qu'ils ne réalisaient pas, c'est qu'en se braquant, ils jouaient à un jeu perdu d'avance. Ils tenaient des propos diffamatoires qu'ils n'auraient pas tenus normalement, qu'ils ne pensaient pas nécessairement et qu'ils regretteraient plus tard.

Des disputes aussi explosives n'étaient pas rares au sein de leur couple. Elles étaient généralement suivies de quelques jours de silence mutuel, puis d'un lent dégel, et enfin d'un rapprochement inévitable qui aboutissait à un rapport sexuel « de rabibochage ». Ils n'échangeaient jamais sur ce qui s'était passé, préférant ne pas regarder en arrière. « En fait, nous finissions par être exténués de nous haïr », nous confiait Kate.

Puis, dès que le soleil semblait au beau fixe, une nouvelle confrontation épique faisait éclater un orage. Peu à peu, ce cercle vicieux d'intempéries érodait leur relation de couple. Leur aversion pour la perte durant leurs disputes – une aversion dont ils n'étaient même pas conscients – aggravait leurs pertes.

La plupart des traders, eux aussi, n'ont pas conscience de leur aversion pour la perte, ce qui leur fait souvent prendre de mauvaises décisions. Soit ils détiennent des actions dont le cours baisse et va probablement continuer de dégringoler au vu de la mauvaise santé de l'entreprise, soit ils vendent des actions dont le cours grimpe, de peur qu'il chute le lendemain.

Autrement dit, quand quelqu'un qui déteste perdre commence à s'enfoncer, il s'enfonce jusqu'au bout !

Vous vous souvenez de Lehman Brothers ? Cette banque d'investissement prestigieuse valait des milliards en 2007 et s'est effondrée comme un château de cartes moins d'un an plus tard. À l'époque, on cherchait des boucs émissaires et on a pointé du doigt sa surexposition aux actifs immobiliers. Lorsque les propriétaires de logements ou de bureaux ont commencé à ne plus honorer les échéances de leurs hypothèques, les investissements de la banque d'affaires se sont dépréciés. La fameuse crise des subprimes.

Mais la faillite de Lehman Brothers est partiellement imputable à une simple aversion pour la perte. Au printemps 2008, alors que la banque était clairement en difficulté, son PDG, Richard Fuld, s'était démené comme un diable pour stopper l'hémorragie. En coulisse, il avait cherché des repreneurs, envisagé des fusions et trouvé des capitaux pour rembourser ses dettes. Des repreneurs s'étaient montrés intéressés, mais leurs propositions n'étaient pas assez chères à son goût et il avait estimé que les accepter reviendrait à perdre trop d'argent. En septembre, Lehman se déclarait en faillite et son PDG perdait à la fois des centaines de millions de dollars et sa réputation.

Nous ne le saurons jamais, mais aujourd'hui de nombreuses voix s'élèvent pour affirmer que les choses auraient pu tourner autrement si Lehman Brothers avait admis ses pertes, procédé à des réductions de la valeur de ses actifs (une décision nécessaire quoique douloureuse) et trouvé un repreneur avant qu'il soit trop tard. Lehman Brothers aurait peut-être survécu et la récession aurait peut-être été atténuée.

QUAND LES COUPLES PARLENT DE LEURS DISPUTES...

Dans le cadre de notre étude sur les relations conjugales, 71 % des personnes interrogées ont répondu que lorsqu'elles se disputaient avec leur partenaire, elles avaient parfois l'impression d'une bataille perdue d'avance. Ce qui ne les empêche pas de batailler !

- 53 % avouent continuer à argumenter même si c'est pour se répéter.
- 34 % avouent continuer le combat, même si elles sont incapables de se rappeler l'objet initial de la discorde.
- 34 % avouent continuer à batailler même si elles savent qu'elles ont tort.

La solution : attendre le lendemain, car la nuit porte conseil

Voyons quelle solution Kate et Ben ont trouvée pour restaurer une certaine paix au sein de leur couple.

C'est Kate qui a initié le changement. Et il s'avère que son approche a été identique à celle adoptée par David Einhorn, président de Greenlight Capital, un fonds spéculatif pesant plusieurs milliards de dollars. Einhorn nous confiait que lorsqu'il est furieux contre les managers d'une entreprise dans laquelle il a investi des millions de dollars et voit que la société est en très mauvaise posture suite à des décisions managériales avec lesquelles il n'est pas d'accord, il range le dossier dans un tiroir et va se changer les idées. Au lieu de vendre aussitôt des actions de l'entreprise, ce qui serait une réaction émotionnelle suscitée en partie par une crainte de pertes imminentes, il se dit que la nuit va lui porter conseil. Et il a souvent les idées plus claires le lendemain matin. Certes, il sait que les problèmes de l'entreprise n'ont pas disparu comme par enchantement, mais il est plus ouvert à l'idée de trouver des solutions permettant d'éviter des pertes potentielles.

Surprenant de penser qu'une solution aussi démodée que le bon vieux proverbe « la nuit porte conseil » puisse répondre à un problème aussi actuel que la perte de millions de dollars.

Perdre de l'argent… ou perdre le combat. Après sa énième dispute mémorable avec Ben, Kate s'est dit que quelque chose n'allait pas. Même si elle jugeait avoir de bonnes raisons de se mettre dans tous ses états, elle constatait aussi que sa colère ne faisait qu'aggraver les choses : « Je pars convaincue que j'ai raison et que Ben ne peut pas ne pas le reconnaître et, des heures plus tard, je suis toujours là à m'égosiller pour l'en persuader. »

Sur le conseil de sa mère, Kate décida de mettre en place « la règle des 24 heures ». À chaque fois qu'elle était furieuse contre Ben et que son désir de remporter la bataille risquait d'être plus fort que tout, elle se mettait en sourdine pendant au moins 24 heures. Son objectif n'était pas de refouler ses émotions – elle en aurait été bien incapable même si elle l'avait voulu –, mais de suivre leur évolution et de voir, 24 heures après, ce qu'elle éprouvait. Si, au bout de ces 24 heures, elle fulminait toujours, elle mettait les pieds dans le plat, prenant de court un mari qui ne se doutait de rien. Mais si elle n'était plus vraiment en colère, elle laissait tomber.

Inutile de souligner l'importance de ce changement pour Kate qui, toute sa vie, avait pensé que les disputes devaient être résolues sur-le-champ et qu'il n'était jamais bon de garder sa colère pour soi.

La première fois qu'elle a essayé cette stratégie, elle a eu l'impression qu'elle allait littéralement exploser en se couchant à côté de son mari avec l'intention de ne pas lui faire remarquer qu'une fois de plus il avait oublié de retirer suffisamment d'espèces pour payer la baby-sitter. « C'était la seule chose qu'il ne devait pas oublier, mais comme d'habitude, il s'est comporté comme une tête percée. C'était bien là le problème. »

Pourtant, Kate n'a pas cédé à la tentation d'ouvrir les hostilités. Elle avait pris une bonne résolution, et elle voulait à tout prix s'y tenir. Alors elle n'a rien dit. Le lendemain matin non plus. À mille lieues de savoir ce qui se passait dans la tête de son épouse, Ben s'est retourné, encore à moitié endormi, et a serré fortement Kate contre lui en l'embrassant dans la nuque. Juste là où elle aimait. Ce soir-là, Ben lui a tendu l'argent sans qu'elle le lui demande et s'est excusé d'avoir oublié la veille. « Un miracle ! » s'est dit Kate.

Quelques mois plus tard, la règle des 24 heures avait considérablement diminué la fréquence et l'intensité de leurs disputes. Kate a remis en cause quelques idées bien enracinées qu'elle avait sur la résolution des conflits – à savoir que pour résoudre un problème, il faut entrer en conflit. Elle a également mis de côté toutes ses peurs – sa peur de ne pas avoir le dessus lors d'un désaccord, sa peur que Ben ne voie pas qu'elle en faisait plus que lui, sa peur qu'il la blesse par une parole ou un geste malheureux, sa peur qu'il ne s'excuse pas exactement de la manière dont elle attendait qu'il s'excuse – pour adopter une approche plus raisonnable. Après tout, Ben n'était pas totalement idiot et ce n'est pas pour rien qu'elle l'avait épousé. Mais il faut avouer que lui tomber dessus à tout bout de champ le rendait moins enclin à lui prêter une oreille attentive.

Et c'est là que les économistes et les psychologues se rejoignent : faire une pause pour ne pas réagir à chaud et laisser la nuit porter conseil est une idée formidable, surtout quand les couples sont incapables d'avoir des échanges rationnels. C'est ce qu'affirme le psychologue clinicien et thérapeute familial Gerald Weeks. D'ailleurs, il fixe quelques règles à ses patients concernant les délais de réflexion. Premièrement, chacune des parties est libre de faire une pause lorsqu'elle en ressent le besoin. Deuxièmement, cette pause doit être limitée dans le temps et ne pas dépasser 24 heures. Troisièmement, les deux parties doivent profiter de cette pause pour réfléchir au désaccord qui a provoqué leur colère. Il n'est pas question de désigner un coupable, mais de réfléchir aux raisons qui ont motivé les réactions de chacun. Enfin, lorsque les deux parties reviennent l'une vers l'autre après ce délai de réflexion, elles doivent se parler calmement, sans s'accuser mutuellement.

Kate et Ben continuent de se disputer – et Kate continue d'avoir de sérieuses raisons d'être en colère contre Ben au bout de 24 heures et de le lui faire savoir –, mais à chaque fois qu'ils se prennent le bec, Kate essaie de se ressaisir pour ne pas franchir la limite au-delà de laquelle elle sait que c'est son aversion pour la perte qui prendra le pas. L'instant où tout peut basculer, l'instant où elle sait que si elle continue de se disputer, ce n'est pas parce qu'elle se sent blessée, mais parce qu'elle veut gagner.

« C'est à ce moment-là que je demande à faire une pause, explique Kate. Même si tout mon corps me dit de continuer le combat jusqu'à la victoire finale, une petite voix dans ma tête me rappelle que si j'essaie de ne pas perdre, je risque de perdre beaucoup plus – à commencer par des heures de sommeil ! »

Étude de cas n° 2

Les acteurs : Paula et Nivi

En parlant de « lutteurs professionnels », impossible de ne pas prendre le cas de Paula (l'une des auteures de ce livre et qui fut longtemps très mal placée pour donner des conseils !) et de son mari Nivi : ils se sont disputés tout au long de leur première année de mariage. Au sujet d'un La-Z-Boy.

Rembobinons le film. Ce n'était pas seulement à cause du La-Z-Boy. Avant cela, il y avait le canapé que Paula avait acheté à une vente aux enchères. Elle lui trouvait du caractère. Nivi y voyait plutôt un instrument de torture, car lorsque vous vous allongiez sur ce canapé, ses ressorts proéminents s'enfonçaient dans votre colonne vertébrale comme des millions de petits clous. Et avant le canapé, il y avait la « folie des patères » de Nivi – malgré les protestations de Paula, ce brave mari tapissait les murs de patères pour y accrocher ses vêtements. Il disait que les placards ne servaient à rien, qu'il fallait les vider pour trouver la bonne chemise. Alors qu'il était si simple de choisir ses chemises en les voyant accrochées à leurs patères ! Sans parler d'une guerre d'usure à propos des figurines que Paula avait accumulées au cours de ses nombreux voyages à l'étranger et que Nivi renversait et cassait « accidentellement » à la chaîne. Et sans oublier la guerre de Trente Jours au sujet de l'armoire de toilette parce que Nivi prenait la liberté de bazarder tous les trucs qu'il jugeait « vieux » ou « inutiles » sans consulter Paula. C'est ainsi qu'il avait mis à la poubelle le kit de blanchiment des dents à 200 dollars que son épouse gardait pour les jours de pluie. Et l'intifada concernant l'un des placards de cuisine où le service à thé japonais (un vrai nid à poussière) de Nivi, bien en vue quand on ouvrait le placard, bloquait systématiquement l'accès à la vaisselle Fiestaware de Paula.

Mais l'affaire du La-Z-Boy fut la goutte d'eau qui fit déborder le vase. Paula adorait ce fauteuil. Elle le possédait depuis près de dix ans, et l'avait toujours traîné avec elle à chaque déménagement. Elle s'y était lovée avec son chat bipolaire avant d'être obligée de s'en séparer (du minou, bien sûr !) parce qu'il était trop bipolaire. Elle y était restée assise des heures à écouter les chansons mélancoliques de Joni Mitchell après une rupture interminable et douloureuse. Ce fauteuil n'était pas un simple fauteuil, mais un ami de confiance. Garni d'un velours brun, usé mais confortable, il était doté d'un coussin lombaire et d'un repose-pieds. C'était le siège le plus confortable de la maison. Comment pouvait-on avoir un avis différent ?

Apparemment, Nivi le pouvait. Lorsqu'il regardait ce fauteuil, il ne voyait pas ses qualités ergonomiques ou la douce patine de l'âge. Il voyait une horrible masse effilochée et teintée de pipi de chat au beau milieu du salon. Il disait que Paula était exagérément sentimentale à l'égard des objets qu'elle possédait et que son adoration pour ce fauteuil était « malsaine ». Il avouait qu'à chaque fois qu'il le regardait, il avait un mouvement de recul. Et que cela le rendait malheureux.

Ce que Paula jugeait absurde. Comment un individu pouvait-il être malheureux à la simple vue d'un fauteuil ? Nivi ne versait-il pas un peu dans le mélodrame ? Et ce fauteuil n'était que la pointe émergée de l'iceberg. Paula se demandait si ce n'était pas une coïncidence, car tous les objets auxquels elle tenait – sa collection de partitions musicales vintage, ses trophées sportifs, ses très nombreuses paires de sandales – étaient justement ceux que Nivi voulait mettre au garde-meubles jusqu'à ce qu'ils trouvent un appartement plus grand.

Nul doute que Paula et Nivi avaient le genre de prise de bec qu'ont tous les jeunes mariés et que disent ne plus avoir les couples de longue date. Se disputer sur des meubles et des chaussures ? Qui a le temps ? Apparemment, beaucoup de gens. En interrogeant des couples mariés depuis trois ans comme depuis trente ans, nous avons entendu des histoires qui ressemblaient fort à celle de Paula et Nivi. Un couple se disputait depuis six mois sur la rénovation d'une salle de bains – la femme voulait des installations neuves et le mari souhaitait conserver les anciennes. Un autre couple a été sous le coup d'une saisie – la femme ne voulait pas bouger d'un pouce sur le prix de vente de la maison alors que le marché de l'immobilier s'effondrait.

Mais revenons à nos héros. La bataille autour du La-Z-Boy atteignit son paroxysme un jour que Paula et Nivi, passant le week-end dans le nord de l'État de New York, tombèrent sur un vide-grenier. Là, sur l'herbe, gisait un fauteuil inclinable. Il était usé et garni d'un velours brun. Il était doté d'un repose-pieds et d'un soutien lombaire convenable. Son prix : 20 dollars.

Paula y jeta un coup d'œil. « Ils sont fous de penser qu'ils vont pouvoir tirer 20 dollars de cette vieillerie. »

Nivi fut choqué. Voilà quelqu'un qui refusait obstinément de céder sa propre vieillerie et qui affirmait que la vieillerie d'autrui, la réplique exacte de la sienne, ne valait pas un clou !

« Dis, Paula, combien faudrait-il te donner pour que tu vendes ton fauteuil ? » lui demanda Nivi.

« Beaucoup, lui répondit-elle en réfléchissant. Peut-être 500 dollars. »

Le problème : l'effet de dotation

Paula souffrait de ce que les économistes appellent « l'effet de dotation », également appelé « effet de détention » ou « aversion à la dépossession ». Nous, les êtres humains, avons tendance à attacher une valeur irrationnellement élevée et excessive à ce que nous possédons. Il s'agit d'une bizarrerie comportementale qui trouve son origine dans notre aversion pour la perte – quand quelque chose est à nous, nous lui donnons une importance et une signification beaucoup plus grandes que s'il ne nous appartenait pas. Et nous sommes prêts à tout pour ne pas le perdre.

L'effet de dotation explique pourquoi nous allons vendre un vieux manuel d'économie 2 euros à un vide-grenier – sans négociation possible ! – et n'allons mettre que 50 centimes – et pas un centime de plus ! – pour ce même manuel si nous le voyons à vendre. Pourquoi nous sommes convaincus que notre maison vaut 320 000 euros et que notre voisin est timbré de penser pouvoir vendre la sienne plus de 250 000 euros. Pourquoi les sociétés de vente par correspondance proposent les frais de port gratuits pour tout article retourné – elles savent qu'une fois que vous aurez essayé cette robe qui vous va à ravir, vous n'aurez aucune envie de la leur rendre !

L'exemple utilisé le plus couramment pour illustrer l'effet de dotation concerne une expérience réalisée avec des mugs. Des chercheurs ont demandé à deux groupes d'attribuer une valeur à ces mugs – mais en disant au premier groupe, et seulement au premier, que les mugs leur appartenaient. Résultat : les personnes du premier groupe (les propriétaires des mugs) avaient tendance à donner à leurs mugs un prix supérieur. Et elles voulaient les garder lorsqu'on leur proposait de les leur reprendre cash. Alors que les personnes du second groupe, qui considéraient que ces mugs ne leur appartenaient pas, choisissaient de les revendre.

Une autre étude a été réalisée sur des volontaires pour acheter une voiture. On a demandé à un premier groupe de volontaires d'acheter une voiture entièrement équipée, puis de supprimer les options dont ils ne voulaient pas ou n'avaient pas besoin. On a demandé à ceux d'un second groupe d'acheter une voiture non équipée, puis d'ajouter les options qu'ils souhaitaient ou dont ils avaient besoin. Résultat : le premier groupe s'est retrouvé au final avec un nombre d'options bien plus élevé en moyenne que le second groupe. Une fois qu'ils se sentaient propriétaires de ces accessoires, ils se montraient réticents à y renoncer, ce qui aurait signifié pour eux perdre quelque chose qu'ils possédaient.

Dans le cas de Paula, ce n'est pas tant qu'elle aimait ce fauteuil, mais qu'elle ne pouvait pas supporter l'idée, trop douloureuse, de le perdre. S'en séparer signifiait perdre tout ce que ce fauteuil symbolisait pour elle : sa vie de célibataire, son indépendance, sa liberté d'acheter ce qu'elle voulait, de décorer son logement comme elle l'entendait, de rester des heures assises à se tourner les pouces sans devoir prendre en considération les besoins de quelqu'un d'autre. Oui, nous détestons perdre. Des objets. De l'argent. Des personnes. Des moments de notre vie.

Mais le fauteuil de Paula valait-il vraiment une nouvelle année de prises de bec continuelles avec Nivi ?

Le refus de perdre

Nous ne sommes pas les seules à dénoncer l'aversion pour la perte :
« La deuxième place est vraiment celle du premier perdant. » (George Steinbrenner, Dale Earnhardt *et al.*)
« La simple idée de perdre est insupportable pour les Américains. » (général George Patton)

→

> « On n'est jamais vraiment perdant tant qu'on persévère. » (Mike Ditka)
> « Quel gâchis de perdre la tête – ou de ne pas avoir de tête. » (Dan Quayle)

La solution : reformuler la question

C'est là que les conseillers en relations conjugales interviennent en soulignant l'intérêt de « choisir ses batailles » et « d'apprendre à faire des compromis ». Mais ils ne vont pas à la racine du problème, à savoir : pourquoi ces batailles ? En général, c'est tout simplement parce que nous refusons de perdre. Et cette aversion pour la perte peut être suscitée par la valeur élevée que nous attribuons aux choses qui nous sont chères.

Mais comment ne plus valoriser ce à quoi nous tenons ? Il est extrêmement difficile de ne plus se soucier d'une chose à laquelle on est attaché.

La solution ? Reformuler la question. Perdez-vous un La-Z-Boy ou gagnez-vous un climat pacifique à la maison ? Perdez-vous quelque chose qui n'a qu'une valeur sentimentale pour gagner quelque chose de plus grande valeur ?

Parfois, notre impression de perte découle simplement de la manière dont un choix est formulé. Au début de ce chapitre, nous avons évoqué les expériences de Kahneman et Tversky sur l'importance de la formulation d'un pari. Dans une autre étude, ils ont demandé à des sujets de choisir entre différentes stratégies destinées à sauver des vies.

Les volontaires devaient imaginer un scénario dans lequel l'apparition d'une maladie grave allait tuer 600 personnes. Deux plans d'action s'offraient à eux :

- le plan A avait 100 % de chance de sauver 200 vies ;
- le plan B avait 1 chance sur 3 de sauver 600 vies et 2 chances sur 3 de n'en sauver aucune.

Soixante-douze pour cent des personnes ont choisi le plan A parce qu'il offrait, à leurs yeux, la plus grande certitude de sauver des vies.

Puis les chercheurs ont demandé aux mêmes personnes de choisir entre les deux plans suivants :

- le plan A avait 100 % de chance de voir mourir 400 personnes ;
- le plan B avait 1 chance sur 3 de ne voir mourir personne et 2 chances sur 3 de voir mourir tout le monde.

Soixante-dix-huit pour cent des personnes ont choisi le plan B parce qu'il offrait, à leurs yeux, la plus grande certitude de ne voir mourir personne.

Toutefois, vous remarquerez que les plans A et B sont strictement identiques ; seule leur formulation diffère. La première formulation met l'accent sur la vie et la seconde sur la mort, autrement dit, sur les gains potentiels ou les pertes potentielles. Et, naturellement, les personnes interrogées ont focalisé leur attention sur les vies sauvées.

Formulez un choix différemment et vous risquez de changer d'avis sur le chemin que vous allez prendre. Vous êtes également plus ouvert au compromis. Pourquoi ? Parce que votre disposition au compromis n'est pas la même si vous voyez que vous êtes en train de perdre ou si vous pensez pouvoir gagner.

Nivi connaissait suffisamment Paula pour savoir que ce n'était pas en lui disant qu'elle était complètement cinglée d'être aussi attachée à ce fauteuil qu'il parviendrait à ses fins. Qu'est-ce qui pouvait bien marcher ? Pourquoi pas un nouveau bureau sur lequel Paula pourrait écrire son livre comme une personne civilisée au lieu de le griffonner sur le canapé, ce qui lui provoquait des douleurs cervicales ? Il lui soumit donc sa proposition, lui suggérant de remplacer le fauteuil par un meuble qu'ils achèteraient ensemble – le symbole de leur couple uni… Il ajouta qu'il avait repéré un beau bureau ancien à son magasin de meubles favori, un objet utile qui était tout à fait dans ses goûts et une source d'inspiration parfaite pour un écrivain.

Les connaissances de Paula en économie ont payé. Après avoir évalué le rapport coûts/avantages de son combat pour garder son fameux fauteuil, elle est parvenue à la conclusion qu'il était temps d'y renoncer pour préserver l'harmonie de son couple. Mais elle était bien placée pour savoir également qu'on n'a rien sans rien.

Ainsi, lorsque Nivi lui a récemment demandé si elle risquait d'être furieuse de le voir ramener un second chien à la maison, elle lui a répondu qu'elle ne lui en voudrait absolument pas – et que, d'ailleurs, elle s'apprêtait à acheter un nouveau La-Z-Boy.

Comment Jane a fini par renoncer à sa vieille robe

Harold, avocat à Miami, nous a confié qu'il avait découvert la valeur de la reformulation. En effet, depuis vingt-cinq ans, il priait sa femme de ne plus aller promener le chien tous les matins avec sa vieille robe blanche toute défraîchie et trouée au milieu. Inutile de vous préciser qu'il n'avait jamais eu gain de cause. Jane lui répondait systématiquement que ça ne lui faisait rien de la porter dans la rue et que cette robe était particulièrement confortable. Harold avait beau lui dire qu'elle avait l'air d'une clocharde, que sa tenue n'était pas digne d'une femme d'avocat, qu'il avait suffisamment d'argent pour lui acheter une robe neuve, blanche si elle voulait, pour promener le chien... rien n'y faisait. Un jour, Harold, qui se targuait de sa force de conviction devant un jury, eut une idée lumineuse. Il attendit le moment de rénover la salle de bains et l'armoire de la chambre principale – un projet dont ils avaient discuté depuis plusieurs semaines et sur lequel ils étaient parfaitement d'accord. Ce qui impliquait, bien sûr, de vider la penderie. Ils ont passé tout le week-end à trier les vêtements et à faire du vide. D'ailleurs, Harold avait baptisé cette opération « Nettoyage de printemps ». Il dit à Jane que c'était l'occasion de faire le point sur tout ce qu'ils possédaient, et notamment sur leurs vieilles affaires, pour « prendre un nouveau départ ». Ce fut le tour de la robe blanche... Harold la prit avec désinvolture et demanda à Jane si elle ne pensait pas qu'il était peut-être bienvenu de s'en débarrasser. Jane la regarda, puis la regarda de nouveau, avant de faire une petite prière et de donner le feu vert à son mari pour la jeter. « À notre nouveau départ ! » lança Harold, enfin soulagé à l'idée que sa femme n'allait plus passer pour une souillon en promenant le chien.

There Ain't No Such Thing as a Free Lunch,
OU LA GRATUITÉ N'EXISTE PAS

Cette formule, qui est la devise des partisans de l'économie libérale, a été popularisée par Milton Friedman en 1975. Ce qui semble « gratuit » ne l'est jamais, il y a toujours quelqu'un qui paie. Un concert gratuit de Paul Simon peut être gratuit pour vous, mais il coûte à l'artiste le temps qu'il pourrait passer à donner un concert payant qui lui rapporterait. La livraison de couches gratuites est coûteuse pour l'environnement (pollution liée aux gaz d'échappement des camionnettes de livraison, déchets plastiques issus des couches jetables). Une seconde paire de chaussettes gratuite chez Gap ? Rien de moins gratuit. Et la concession qu'une femme fait à son mari finira toujours par coûter quelque chose à ce brave homme.

Étude de cas n° 3

Les acteurs : Robert et Patricia

Robert et Patricia se sont rencontrés peu après la fin de leurs études universitaires, à l'occasion d'une soirée Halloween où ils étaient les seuls à ne pas s'être donné la peine de se déguiser. Ils sont restés à parler dans un coin toute la soirée et, une semaine plus tard, se sont revus. Leur dialogue était aisé – pas une minute où l'on aurait entendu un ange passer. Quelques jours plus tard, ils sont sortis à nouveau ensemble et, cette fois, se sont embrassés.

Des mois se sont écoulés. Ils ont rencontré leurs amis respectifs, passé un long week-end ensemble, en amoureux, au bord de la mer. Peu à peu, ils ont pris un autre rythme : le dimanche matin, ils faisaient la grasse matinée au lieu d'aller faire un jogging, le samedi soir ils cuisinaient ensemble au lieu d'aller retrouver des amis au bar. Leurs rapports sexuels étaient fréquents, magiques, multi-orgasmiques. Ils se sentaient en communion totale. Au travail, ils étaient souvent distraits et ne pouvaient s'empêcher de sourire en repensant à la folle nuit qu'ils avaient passée. Leurs collègues le remarquaient et se montraient jaloux. « Je me souviens de toute cette période comme si c'était un rêve », disait Patricia.

Ce n'était pas un rêve, mais la lune de miel, ce que les psychologues appellent la « limérence » ou « l'état amoureux ». Un état involontaire de désir amoureux intense. L'état amoureux n'est pas un emballement passager. Il est plus profond, plus durable et assez obsessionnel. Les scientifiques ont découvert que les individus plongés dans l'état amoureux présentaient des taux de sérotonine – une substance chimique dans le cerveau qui affecte l'humeur – analogues à ceux d'individus souffrant de troubles obsessionnels compulsifs (les fameux TOC). Autrement dit, l'amour rend vraiment dingue.

Une année s'est écoulée. Robert et Patricia ont rencontré leurs familles respectives. Ils ont pris des vacances ensemble, une semaine au Mexique. Et, fait qui mérite d'être souligné, ils ont eu leur première grosse dispute. Patricia a annulé un voyage prévu depuis longtemps parce que sa sœur avait besoin d'aide pour emménager dans un nouvel appartement. « Elle a agi comme si elle n'avait pas le choix. Me faire faux bond comme ça, au dernier moment, pour un voyage que nous avions déjà réglé, et tout ça pour aider sa sœur à défaire ses cartons ! » racontait Robert. (Selon Patricia, Robert avait fait tout un plat pour pas grand-chose.) La lune de miel était officiellement terminée, mais ils étaient toujours très amoureux. Chacun se demandait même s'il n'allait pas falloir, un jour, parler mariage.

Ils avaient 27 ans. Ce qui préoccupait Robert, c'était de ne pas avoir couché avec suffisamment de femmes. Ce qui préoccupait Patricia, c'était de devoir consulter Robert à chaque fois qu'elle voulait acheter un nouveau porte-brosses à dents. Robert se disait qu'il n'abandonnerait jamais ses matchs de basket improvisés du dimanche après-midi, même pour ses futurs enfants ou l'amour de sa femme. Patricia voulait vivre un jour à l'étranger, et elle savait que Robert était un Californien pur et dur qui n'accepterait jamais une telle aventure.

Un jour, inévitablement, Robert et Patricia ont commencé à discuter ensemble de leur projet de mariage. C'est Robert qui engagea la conversation.

« Que penses-tu du mariage ? » lui demanda-t-il un soir où ils avaient pris la voiture pour aller chez des amis.

« Tu me demandes si je veux t'épouser ? lui répondit Patricia.
– Non, je me demande simplement ce que tu penses de l'idée du mariage en général.
– Globalement, je suis pour.
– Le mariage avec moi ou le concept du mariage ?
– Les deux, je pense. »
Ils continuèrent de rouler en silence.
Le lendemain matin, au petit déjeuner, Patricia relança la conversation.
« Veux-tu que nous parlions davantage de cette chose si importante que tu as évoquée hier soir dans la voiture et dont tu n'as plus reparlé depuis ?
– Quelle chose ?
– Ta demande en mariage.
– Je ne t'ai jamais demandée en mariage.
– Certes, mais tu l'envisages, non ?
– L'idée m'a traversé l'esprit, je te l'avoue.
– Moi aussi j'y ai pensé. Ne devrions-nous pas en parler sérieusement ? »

Alors, comme les deux grandes personnes qu'ils voulaient désespérément être, Robert et Patricia ont discuté de leur projet de mariage. Ils désiraient tous les deux des enfants – Robert en avait toujours voulu trois, mais Patricia pensait qu'un seul suffirait. Ils craignaient tous les deux de perdre leur indépendance et voulaient d'un mariage qui ne sonnerait pas le glas de leur individualité.

Ils pensaient qu'ils arriveraient à se mettre d'accord. Alors ils se sont jetés à l'eau.

***

La vie conjugale n'était pas exactement ce qu'ils s'imaginaient. Il y avait de l'amour, mais pas d'état amoureux. Pour commencer, il y avait les problèmes d'argent. Entre son maigre salaire de vendeuse dans un magasin de vêtements, le salaire d'enseignant de Robert et le coût élevé de la vie à San Francisco, comment envisager d'avoir des enfants ou un appartement plus grand que leur mouchoir de poche actuel ?

Patricia songeait à reprendre des études de psychologie et Robert la soutenait. Il adorait l'enseignement et voulait que Patricia trouve, elle aussi, quelque chose qui la passionne. Mais au bout de deux ans, Patricia commença à douter. « Être assise dans une pièce à écouter les problèmes des gens toute la journée me semblait trop déprimant », nous confiait-elle. Elle envisageait de se réorienter vers la recherche, mais ne supportait pas l'idée de passer encore cinq ans à étudier pour se retrouver sur un marché du travail si concurrentiel qu'elle s'estimerait heureuse de décrocher un poste à l'autre bout des États-Unis.

Alors qu'elle se demandait ce qu'elle allait faire, Patricia tomba enceinte. « Nous ne faisions rien pour, mais rien contre non plus », avouait-elle. Elle réussit quand même à décrocher sa maîtrise et se disait qu'elle allait accepter n'importe quel emploi pour mettre son diplôme en pratique – conseillère d'orientation, bibliothécaire, coach personnel, peu importait –, mais elle ne trouva rien et accoucha de son premier enfant.

Vivre à trois (dont un enfant en bas âge) sur un salaire d'enseignant était faisable… jusqu'à ce que Patricia se retrouve enceinte un an plus tard. Maintenant, Robert et Patricia se demandaient avec angoisse comment ils allaient joindre les deux bouts. Et Patricia continuait de se demander si, un jour, elle serait davantage qu'une mère au foyer. Le couple passa près des neuf mois de grossesse à se disputer.

Malgré toutes les joies qu'ils pouvaient avoir dans l'existence avec leurs deux enfants, Robert et Patricia commencèrent à regretter leur ancienne vie. Lorsqu'ils avaient une sexualité du tonnerre, lorsqu'ils allaient au cinéma, lorsqu'ils avaient leur compte de sommeil, lorsqu'ils ne se disputaient jamais à propos d'argent, etc., etc.

À ses heures les plus sombres, Patricia envisageait la séparation. Elle échafaudait les pires scénarios : « Que se passerait-il si nous cessions de faire l'amour ensemble ? Cela signifierait-il que je ne ferais plus jamais l'amour avec personne ? Est-ce que j'aurais une liaison ? Est-ce que je pourrais avoir des rapports sexuels avec un autre homme tout en continuant d'aimer Robert ? » – autant de questions qui la torturaient.

Robert aimait ses enfants, mais il se prenait parfois à rêver d'un enfant unique pour simplifier la vie. Il nous disait : « Avec un enfant, c'était facile. Nous pouvions encore passer du temps tous les deux le week-end. Mais avec deux enfants, c'est complètement différent. C'est boulot et éducation, éducation et boulot, sans discontinuer. »

Robert et Patricia se retrouvaient face à une énigme que des millions de couples mariés n'ont pas encore résolue : pourquoi un objectif que nous cherchons tant à atteindre, dont nous avons très envie, nous déçoit-il parfois lorsque nous l'avons atteint ?

LE BIAIS DE *STATU QUO* VOUS GUETTE-T-IL ?

Si vous vous surprenez à dire les choses suivantes, c'est que vous êtes trop accroché(e) au passé :

- Il n'a jamais eu l'habitude de travailler autant.
- Ce n'est pas parce que nous avons des enfants maintenant que nous devons voir ses parents plus souvent.
- Nous faisions toujours l'amour au moins deux fois par semaine.
- Auparavant, elle appréciait tous mes amis.
- Bali. Voilà ce qu'on pouvait appeler de vraies vacances !
- Nous devons vivre en ville ou à la campagne, mais pas en banlieue parce que la banlieue m'a toujours fait peur.
- Le seul moyen d'avoir une maison toujours propre est d'avoir une femme de ménage comme chez mes parents quand j'étais petite.
- Des gens comme nous ne partent pas en croisière.

Le problème : le biais de *statu quo*

Les économistes désigneraient la situation de ce couple par l'expression : « biais de *statu quo* » – une conséquence de l'aversion pour la perte qui nous amène à préférer fortement ce qui nous est connu et familier à ce qui nous est inconnu et étranger. Tout changement signifie perdre, et notre cerveau n'aime pas beaucoup cela.

« Les vecteurs d'utilité significatifs ne sont pas des états de richesse ou de bien-être, mais des changements par rapport à un point de référence neutre », écrit l'économiste Richard Thaler.

Pour dire les choses plus simplement, notre bonheur n'est pas lié à notre état actuel, mais à l'état dans lequel nous sommes ici et maintenant comparé à l'état dans lequel nous étions la veille.

En économie, le *statu quo* est souvent un nombre fixe – par exemple, le prix d'achat d'une action ou le prix de vente d'une maison ou encore un revenu annuel. Parce que nous sommes programmés pour redouter la perte, tout mouvement qui s'écarte du *statu quo* peut être perçu comme une évolution négative, alors qu'il n'est qu'une progression naturelle ou qu'il fait partie intégrante d'un cycle nécessaire.

Pour voir comment fonctionne le biais de *statu quo*, revenons à l'exemple du prix d'une action. Un trader qui achète une action 10 dollars manifeste souvent un biais à l'égard de ce prix – il va croire que c'est le prix que vaut l'action. Alors, quand le lendemain il voit que l'action est tombée à 8 dollars, il est désespéré. Il refuse de vendre – même s'il est de plus en plus manifeste que l'entreprise est en mauvaise posture – jusqu'à ce que l'action remonte à 10 dollars. (Vous vous rappelez certainement ce trader qui a perdu gros sur l'action Coca-Cola.) Parce qu'il déteste perdre, il ne peut pas imaginer accepter moins que le *statu quo*. Jour après jour, le prix de l'action continue de chuter et notre trader a encore l'opportunité de limiter ses pertes en vendant, ce à quoi il se refuse obstinément.

Ce qui est incroyable avec le biais de *statu quo*, c'est que la même chose se produit si le prix de l'action grimpe. Un gain de 2 dollars rend notre trader tout aussi mal à l'aise. Au lieu d'être satisfait de pouvoir réaliser un bénéfice, il redoute que son action tombe sous la barre des 10 dollars un de ces jours et, du coup, préfère vendre avant que cette éventualité ne se produise. Mais le lendemain, l'action grimpe à 14 dollars et notre trader rue dans les brancards. Des études montrent que les traders s'accrochent davantage à des actions en baisse qu'à des actions en hausse. « Les investisseurs ont probablement perdu plus d'argent à détenir une action qu'ils ne voulaient vraiment pas dans le seul but "[d']au moins rentrer dans leurs fonds" qu'à toute autre chose », écrivait Philip Fisher dans son livre *Actions ordinaires et profits extraordinaires*. Mais, d'autre part, le meilleur moment pour vendre une action qui grimpe est… « presque jamais ».

Le problème tient à notre préférence pour le *statu quo* d'hier qui, par définition, appartient au passé et n'existe plus. Rien à voir avec le présent. Aujourd'hui, le *statu quo* peut être très différent, mais nous ne réussissons pas toujours à accepter ni apprécier ce que nous possédons ici et maintenant parce que notre regard est tourné vers le passé. Dans le cas de Robert et de Patricia, ils n'ont pas reconnu le nouveau *statu quo* lié au nouveau couple qu'ils formaient, se contentant de regretter leur ancienne entité. Leur état amoureux faisait désormais partie du passé, mais ils continuaient de s'y accrocher désespérément et de le considérer comme le point de référence, l'étalon avec lequel ils comparaient tout le reste.

Dans la figure 5, nous avons pris de grandes libertés par rapport au « vrai » graphique de l'aversion pour la perte représenté p. 54. Mais nous tenions à montrer comment Robert et Patricia percevaient la fin de leur état amoureux comme une perte, alors que bien des couples considèrent leur mariage comme un gain énorme. Eux aussi le reconnaissaient, mais seulement les « jours avec ». La plupart du temps, lorsqu'ils repensaient à l'état euphorique de leur lune de miel, ils ressentaient une perte qui leur donnait le cafard.

LA PERTE DE L'ÉTAT AMOUREUX

La perception d'une perte fait chuter le niveau de satisfaction

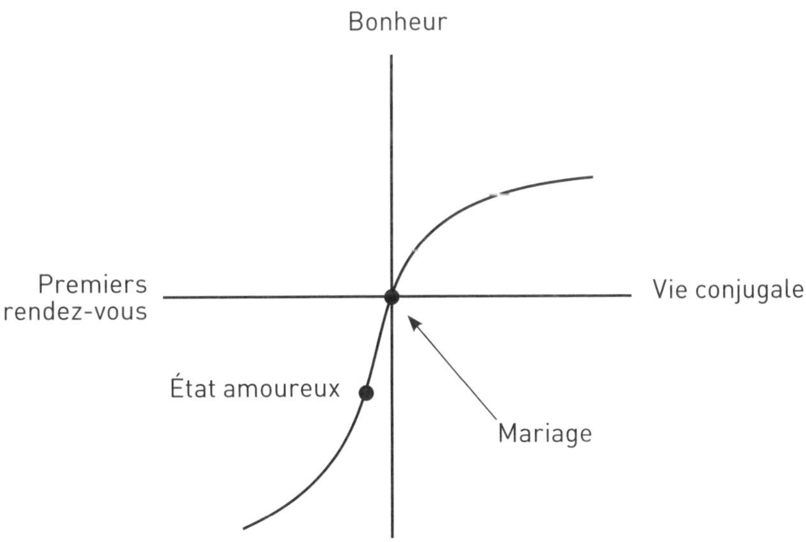

Figure 5 : Les cerveaux de Robert et Patricia ont horreur de la perte

La solution : une prise de décision active

Sans machine à remonter le temps, comment Robert et Patricia pouvaient-ils s'en sortir ?

D'abord, ils devaient reconnaître qu'ils n'avaient pas le problème qu'ils croyaient avoir. Ne pas avoir de relations sexuelles extatiques tous les jours au bout de cinq ans de mariage et avec deux enfants ne pouvait pas être raisonnablement considéré comme un problème. Ne pas s'embrasser ni se serrer dans les bras à chaque fois pour se dire bonjour et au revoir ne pouvait pas non plus être considéré comme un problème. Ce n'était que normal.

En fait, leur problème, c'est qu'ils pensaient avoir un problème.

Lorsqu'ils se sont mariés, ils avaient une certaine vision des choses, et puis leur vision des choses a changé et ils ont paniqué. Ils étaient tombés dans le piège de s'attendre à ce que leur état amoureux dure toujours, mais ce n'est qu'une étape dans la vie d'une relation de couple. Car une relation de couple est quelque chose de dynamique, qui évolue d'un jour à l'autre, d'une minute à l'autre. L'état amoureux était le *statu quo* d'alors, il n'est plus celui d'aujourd'hui. En se disant continuellement qu'ils devaient retrouver quelque chose qui n'existait plus, Robert et Patricia étaient en train de passer à côté de tous les bénéfices de leur vie conjugale. C'était comme courir sans cesse après des chimères.

Certaines personnes résolvent ce type de problème en se jetant à corps perdu dans une liaison amoureuse, croyant qu'elles retrouveront leur jeunesse et leur désir d'antan. D'autres partent en quête d'autre chose, d'une vie plus gratifiante, plus épanouissante – en tout cas, c'est ce qu'elles pensent.

Les plus intelligentes essaient de voir les choses en face et de s'accommoder de la réalité.

« L'une des premières choses que je dis aux couples qui viennent me voir, c'est que le passé est le passé et qu'ils ne doivent pas faire resurgir ce passé à tout bout de champ, à moins de pouvoir le rattacher directement au présent, explique le psychologue Stephen Koncsol. C'est très difficile pour la plupart des gens. »

Ou, comme le diraient les économistes : rester ancré à de vieux points de référence – l'état amoureux, s'envoyer en l'air sous la pluie dans le jardin de votre cousin ou pratiquer le karaoké toute la nuit dans un bar de Chinatown – n'est guère propice à une prise de décision optimale. Quand la vie change, il faut changer avec elle.

Ce qui ne sera certainement pas facile pour vous. Vous êtes habitué à voir les choses sous un certain angle, et modifier ce point de vue, même d'un chouia, peut ressembler à l'ascension de l'Everest. Bien sûr qu'il est décevant de ne pas bénéficier de trente minutes de préliminaires à chaque fois que vous faites l'amour, bien sûr que vous y voyez là un signe que la flamme s'est éteinte, bien sûr que cela signifie que vous avez perdu quelque chose de magique que vous ne retrouverez jamais, bien sûr que vous avez des rides et la peau relâchée, et que même la chirurgie plastique ne vous débarrassera pas de votre popotin énorme ou de votre culotte de cheval… et, finalement, à quoi bon continuer d'avoir des relations sexuelles ?

Nul doute que vous avez besoin d'un économiste dans votre chambre à coucher pour vous expliquer un concept d'une simplicité enfantine : « la prise de décision active ». Autrement dit, vous devez jouer un rôle actif dans les décisions qui affectent votre vie au lieu de rester à vous tourner les pouces, à regarder en arrière et à laisser la vie prendre des décisions à votre place.

Certes, il est vrai que les économistes parlent rarement de prises de décision actives dans le contexte de la sexualité ou de la vie conjugale, mais plutôt lorsqu'il est question de santé ou d'épargne retraite. Dois-je prendre une mutuelle plus chère, mais qui rembourse davantage les frais d'optique, ou garder ma mutuelle actuelle ? Dois-je me contenter de laisser 7 % de mes revenus pour l'assurance vieillesse obligatoire, cotiser pour une retraite complémentaire ou prendre une assurance-vie ? Annuler mon abonnement à *La Vie financière* ou accepter indéfiniment son renouvellement automatique, même si je ne le lis jamais ?

Pendant des années, les économistes ont pensé que les individus choisissaient l'option qui leur semblait la plus rationnelle. Si vous changez de lunettes fréquemment, on peut supposer que vous avez intérêt à changer de mutuelle. Si vous voulez vivre une retraite confortable financièrement et voyager le plus souvent possible, on peut penser que vous allez tout faire pour booster votre retraite. Mais toutes les études montrent que les individus sont plus enclins à choisir le *statu quo* qu'à opérer un changement en vue d'améliorer leur situation. La solution par défaut ou la « prise de décision passive » nous fait économiser du temps et des efforts de réflexion, mais elle n'aboutit pas à des résultats optimaux. Alors vous conservez une mutuelle qui vous fait perdre de l'argent, vous n'assurez pas votre retraite et vous gardez un abonnement qui contribue à la déforestation de la forêt amazonienne.

Nous avons trouvé que les prises de décision actives/passives étaient extrêmement pertinentes dans le domaine de la couplonomique. D'abord, la plupart des couples mariés se montrent très passifs lorsqu'il s'agit d'entretenir la flamme. Ils préfèrent le sudoku aux orgasmes, la télévision au dialogue, un petit apéro au tapis de jogging. Or, seuls les choix actifs permettent de sortir de la routine. Ensuite, les conjoints se montrent très passifs dans leur vision de la vie maritale. « De toute façon, ce ne sera jamais comme avant, alors à quoi bon faire des efforts ? » se disent-ils.

Robert et Patricia présentaient une passivité certaine dans ces deux domaines. Ils ne prenaient aucune décision active pour rompre la monotonie et pimenter un peu leur sexualité. Ni pour changer de point de vue sur leur vie conjugale, c'est-à-dire cesser de voir uniquement ce qu'ils avaient perdu et considérer ce qu'ils avaient gagné. S'ils voulaient se focaliser sur le présent, ils devaient décider de le faire.

Ainsi, certaines choses s'étaient peut-être dégradées – ils faisaient moins souvent l'amour, allaient moins fréquemment au cinéma, négligeaient un peu leur tenue vestimentaire. Mais d'autres choses ne s'étaient-elles pas améliorées ? N'omettaient-ils pas de maximiser certains gains ?

Pour répondre à ces questions, ils devaient passer à l'action et rassembler quelques données (les économistes raffolent des données, et nous aussi). Robert et Patricia n'ont pas vraiment présenté leurs données sous forme de tableau, mais nous vous recommandons de le faire. Asseyez-vous tous les deux, versez-vous un peu de bon vin et établissez un tableau de ce type :

STATU QUO D'HIER	*STATU QUO* D'AUJOURD'HUI
Danser tard dans la nuit en discothèque	Dîner d'un plat tout préparé sur le canapé devant un western à la télé
Grasse matinée le dimanche matin en lisant le journal	Petit câlin le dimanche matin avec les enfants
40 kilomètres à vélo suivis de bières et de hamburgers	40 minutes à l'aire de jeu suivies d'un sandwich au beurre de cacahuète et à la confiture
Petites siestes	Grandes siestes
Sorties en amoureux tous les soirs	Sorties en amoureux tous les deux mois
Bouledogues français	Deux beaux enfants
Vacances dans des cabanes en bois au bord de la mer	Vacances à Disneyland
Dire des conneries	Parler retraite
Peur existentielle	Peur existentielle
Regarder la télé	Regarder la télé
Traîner toute la journée en boxer et en tongs	S'habiller
Orgasmes multiples	Un orgasme authentique pour deux orgasmes simulés
Marijuana	Somnifères

Maintenant, soyez honnêtes : la colonne de gauche ne comprend pas des pertes, simplement des activités différentes de celles de la colonne de droite. Lorsque Robert et Patricia ont discuté de ce qu'ils allaient mettre sur leur liste, ils ont évoqué les meilleurs moments de leur vie conjugale – aller nourrir les canards avec leurs enfants ou se pelotonner sur le canapé pour manger de la cuisine thaïe et regarder de vieux films.

Ils se sont également rappelé certaines choses de leur passé qu'ils pourraient très bien faire revivre s'ils en prenaient l'initiative. Ils pourraient passer un week-end au bord de la mer en amoureux et laisser les enfants aux parents de Robert. Ils pourraient prendre une baby-sitter et aller faire la fête avec leurs amis Ted et Marie. Ils ne pouvaient pas envisager des dimanches matin pépères – du moins pas avant quelques années –, mais Patricia s'est fait violence pour s'inscrire à une marche sur la côte californienne dont les fonds iront à une association de lutte contre le sida et Robert s'est inscrit à un concours de bowling. Ils avaient perdu la fureur de vivre au profit d'une certaine douceur de vivre. C'est bien aussi, non ?

3 LA LOI DE L'OFFRE ET DE LA DEMANDE *(OU COMMENT FAIRE PLUS L'AMOUR)*

Le principe

Parlons quelques instants du… fléchissement de la courbe de la demande. Vous vous dites : « Qu'est-ce que c'est que ça ? Elles ne parlent pas de sexualité ? Elles ne disent pas comment s'y prendre pour attiser le désir ? » Vous pensez que nous vous roulons dans la farine en vous présentant une loi économique qui n'a rien à voir avec le sexe, n'est-ce pas ? Eh bien détrompez-vous. Ce chapitre comporte des détails intimes de la vie sexuelle de couples dont nous avons préservé l'anonymat et va vous aider, nous vous le garantissons, à faire plus souvent et mieux l'amour avec l'être aimé. Mais avant d'en arriver là, nous nous devons de vous commenter le graphique si peu sexy de la page 87.

Ne faites pas cette tête : il peut sauver votre vie sexuelle.

La figure 6 illustre un principe très simple : quand le coût d'une chose devient trop élevé, vous en voulez moins. Par exemple, quand le prix du lait grimpe en flèche, vous optez pour un café noir. Quand le prix de l'essence devient exorbitant, vous prenez plus fréquemment votre vélo. Quand le prix d'un paquet de cigarettes vous fait reculer, vous vous tournez vers le chewing-gum. Et quand le coût d'un rapport sexuel s'envole, vous préférez regarder la télé en grignotant des chips. Remarque importante : le « coût » d'un rapport sexuel n'a rien à voir avec des rapports sexuels tarifés. Il ne s'agit pas de payer pour faire l'amour. Pour nous, ce qu'un rapport sexuel vous coûte, c'est ce à quoi vous devez renoncer pour lui – que ce soit quinze minutes de sommeil perdues, des e-mails auxquels vous ne répondez pas ou le saut que vous ne faites pas à la supérette du coin pour vous assurer qu'ils ont de la compote de pommes.

À présent, jetez un œil à ce graphique. Sur l'axe vertical vous avez le coût des rapports sexuels et, sur l'axe horizontal, leur fréquence. Observez l'évolution de la courbe quand vous passez d'un coût moyen à un coût très bon marché : vous « sautez » de la fréquence moyenne à la haute fréquence. En revanche, quand vous passez d'un coût moyen à un coût exorbitant, vous dégringolez dans la quasi-chasteté.

Nous avons placé deux couples, X et O, sur la diagonale qui représente la courbe de la demande. Le couple X attribue au sexe un coût prohibitif – ça leur prend trop de temps, trop d'énergie et ça les empêche de faire autre chose. Bref, cela leur demande trop d'efforts. C'est pourquoi ils ne font l'amour qu'une fois par mois. Le couple O, lui, attribue au sexe un coût très bas – dès que les enfants sont couchés, ils en profitent pour se rapprocher sexuellement, et à chaque fois qu'ils en ont envie, ils se le disent aussitôt, d'une façon très directe, au lieu de tergiverser et de rester évasifs. Du coup, ils font l'amour plusieurs fois par semaine.

Ne serait-ce pas merveilleux de faire comme le couple O ?

Le problème, c'est qu'au bout de plusieurs, voire de nombreuses années de mariage, nous avons tendance à nous rapprocher du profil du couple X et à nous éloigner de celui du couple O. Nous n'allons pas décréter l'état d'urgence dans le domaine de la sexualité (ce n'est pas notre rôle), mais en interrogeant de nombreux couples aux quatre coins des États-Unis, nous avons constaté que la plupart ne faisaient pas l'amour autant qu'ils le voulaient. Plus de 78 % des participants à notre enquête nous disaient qu'ils faisaient l'amour tous les jours ou, du moins, deux à trois fois par semaine au début de leur mariage. Ils ne sont plus que 28 % à avoir gardé cette fréquence aujourd'hui. Une grande majorité des couples mariés – 54 % exactement – avouent qu'ils aimeraient bien faire l'amour plus souvent.

Et ils ont raison. Les études sont de plus en plus nombreuses à montrer l'existence d'un lien entre la sexualité et le bonheur conjugal. Selon le Pew Research Center, les Américains considèrent qu'une sexualité heureuse représente le deuxième facteur de réussite d'un mariage après la fidélité.

Et selon la General Social Survey qui étudie le comportement social des Américains, des rapports sexuels plus fréquents correspondent à trois facteurs : 1) être plus jeune (avoir moins de 30 ans) ; 2) être marié depuis moins de trois ans ; et 3) s'estimer heureux dans sa vie conjugale*.

Dans notre propre étude, 92 % des individus qui ont des rapports sexuels deux à trois fois par semaine se disent satisfaits ou très satisfaits de leur relation conjugale, contre seulement 56 % de ceux qui ont des relations sexuelles tous les deux à trois mois.

« Chez la plupart des couples, il existe une interdépendance entre être heureux et faire l'amour », expliquait Denise Donnelly, professeur de sociologie à la Georgia State University, lors d'une interview accordée au *New York Times*. « Les couples heureux font davantage l'amour, et plus un couple fait l'amour, plus il est heureux. »

Alors pourquoi ne pas le faire ? Qu'est-ce qui vous en empêche ?

Réponse la plus fréquente : « Nous avons trop de choses à faire. » Les couples actuels de tous âges travaillent davantage, se soucient davantage de leurs enfants et se préoccupent moins de leur vie conjugale. Dans notre enquête, la principale raison qu'ils avançaient pour justifier leur manque de rapports sexuels était « trop fatigués », suivie par « pas envie » et « fâchés ».

Certains couples nous disaient qu'ils avaient renoncé à la sexualité ou cessé de se tracasser à ce sujet, soulignant que dans une société où le taux de divorce explosait, avoir son (sa) meilleur(e) ami(e) à côté de soi dans son lit était aussi appréciable qu'avoir un orgasme tous les soirs. Comme l'écrivait la journaliste américaine Caitlin Flanagan dans la revue *Atlantic* : « Il n'y a rien de tel qu'une cohabitation ininterrompue et des responsabilités écrasantes pour porter un regard lucide et impitoyable sur l'objet du désir. » Sa solution : faire davantage l'amour.

C'est ce que nous préconisons également, et nous avons une stratégie gagnante : réduire les coûts dans ce domaine. Baissez le coût de vos rapports

* Les personnes mariées ont 28 à 400 % de rapports sexuels supplémentaires par rapport aux personnes non mariées, quel que soit leur âge. Le célibat est donc moins favorable aux rapports sexuels.

sexuels, et leur fréquence va augmenter presque instantanément. Comment ? Par trois moyens.

Premièrement, améliorez la transparence. La transparence est indispensable au fonctionnement du marché, quel qu'il soit. Autrement dit, ne laissez pas l'autre essayer de deviner si vous avez envie de regarder la télé ou de faire l'amour.

Deuxièmement, modifiez vos habitudes. Une fois que le pli est pris, qu'il s'agisse de lâcher la télécommande ou de ne pas utiliser de fil dentaire avant l'amour, il est difficile de faire autrement. Quand nous sommes jeunes mariés, nous avons généralement de bonnes habitudes en matière de sexualité. Puis la vie se complique. Nous ne sommes plus employés, mais cadres, nous avons deux enfants, des tonnes de factures à régler et des oignons douloureux aux pieds. Du coup, nous perdons l'habitude de faire l'amour. En reprendre l'habitude n'est qu'une question de réduction des frais initiaux.

Troisièmement, envoyez des signaux d'information clairs à votre partenaire sur ce que vous voulez précisément et quand vous le voulez. Cela vous évitera de demander à faire l'amour, de refuser de faire l'amour ou d'être éconduit après avoir demandé à faire l'amour.

Nous avons choisi trois couples qui ont appliqué ces stratégies. Ce ne sont pas des couples qui ont toujours eu une vie sexuelle sans problème, voire carrément extatique, même si nous avons rencontré cette « espèce rare » lors de notre enquête. Non. Nous avons pris des couples, soit qui n'ont jamais eu de vie sexuelle satisfaisante et ont réussi à renverser la situation, soit qui ont vécu une longue traversée du désert et ont fini par remonter la pente. Nous avons rencontré des conjoints – notre étude de cas n° 1 – qui se disputaient depuis dix-huit ans parce que leurs besoins sexuels étaient trop différents et qui, grâce à des signaux simples, ont trouvé un compromis raisonnable. Nous avons rencontré d'autres époux – notre étude de cas n° 2 – qui, au bout de plusieurs années de mariage et malgré une bonne entente globale, ne savaient toujours pas ce qui excitait leur partenaire. Enfin, nous avons fait la connaissance d'accros au boulot – notre étude de cas n° 3 – qui ont relancé leur vie sexuelle en transférant leur compulsion à se fixer des objectifs dans leur chambre à coucher. À problèmes différents, solution identique : réduire les coûts.

SEXUALITÉ : TOUT LE MONDE EN PARLE...

Bien que nous aspirions tous à être le couple O, la prudence est de rigueur : n'en faites pas trop pour lui ressembler, cela risque de vous rendre dingue ! Écouter ce que les autres sont soi-disant capables de faire au lit – et vous comparer à eux – ne sert à rien et peut même vous faire du mal. En économie, on appelle cela les « rumeurs du marché », les bruits qui circulent sur les entreprises les plus prospères et les entreprises les plus mal en point. En général, les rumeurs du marché sont infondées et il est donc préférable de les ignorer.

Mais parce que nous sommes des humains, nous ne savons pas rester sourds à ce que nous entendons ou lisons sur la sexualité. C'est ce que nous avons découvert dans le cadre de notre étude :

- 51 % des individus parlent de leur vie sexuelle à leurs amis.
- 58 % des individus parlent de la vie sexuelle de leurs amis à leurs amis.
- 60 % des individus lisent des livres et des articles dans le but d'améliorer leur vie sexuelle.
- 53 % des individus regardent des émissions de télé qui parlent de la vie sexuelle des autres.

LA SEXONOMIQUE

Plus il vous en coûte d'avoir des rapports sexuels, moins vous en avez.

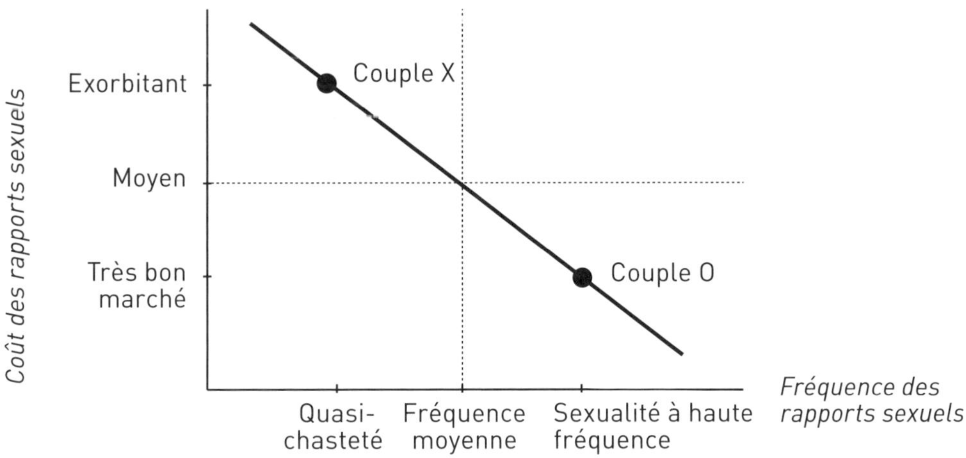

Figure 6 : La courbe de la demande de sexe

Une sexualité meilleure après 60 ans ?

Dans une étude sur la sexualité et le vieillissement, 62,6 % des femmes et 67,5 % des hommes âgés de 57 à 64 ans disaient avoir des rapports sexuels au moins deux à trois fois par mois. Pas mal, non ? Bien sûr, la non-concordance des pourcentages signifie l'une des trois choses suivantes : 1) il y a des menteurs ou des menteuses ; 2) les hommes ont des rapports sexuels avec d'autres hommes ; ou 3) les hommes ont des rapports sexuels avec des femmes plus jeunes.

Qui sait ?

Mais il y a une bonne nouvelle : à partir de 65 ans, les témoignages concordent et il est encourageant d'apprendre que 65,4 % des hommes et des femmes âgés de 65 à 74 ans ont des rapports sexuels deux à trois fois par mois.

De plus, comme nous l'ont confié certains couples, la sexualité peut s'améliorer avec l'âge :

- Les enfants ayant quitté le nid, les conjoints risquent moins d'être surpris en plein orgasme par un môme qui ouvre la porte en disant qu'il a peur que papa batte maman ou vice versa.
- Avec la ménopause, finie l'angoisse de tomber enceinte !
- Plus personne pour vous empêcher de coïter sur la machine à laver...

Étude de cas n° 1

Les acteurs : Heidi et Jack

La première fois qu'Heidi et Jack ont déjeuné ensemble, Heidi n'a pas cessé de parler de son fiancé, Dave, qui vivait dans le nord de la Californie et qu'elle voyait une fois par mois. « Je sentais que je plaisais à Jack, et cela me stressait, alors j'ai commencé à ne parler que de Dave. » Heidi raconta à Jack comment Dave et elle avaient survécu à trois années d'études de droit ensemble et à deux années de séparation – lui au nord, elle au sud. « Nous sommes totalement complémentaires, disait-elle à Jack. Je suis flemmarde et Dave est constamment en action. Il a un MBA et un doctorat en droit. Il paie son loyer. Et c'est lui qui me téléphone à la fin de chaque mois pour me rappeler que je dois payer le mien. »

« C'était si évident qu'elle n'était pas amoureuse de ce type », nous confiait Jack. Bien sûr, il ne l'a pas dit à Heidi. Du moins pas comme ça. Il lui a parlé de sa dernière relation amoureuse qui, sur le papier, paraissait idyllique. Il croyait avoir trouvé l'âme sœur. Elle était cultivée, ambitieuse, séduisante et jouait parfaitement au tennis. Même la mère de Jack approuvait cette jeune femme. Mais en fin de compte, leur relation manquait de piquant, de surprise, d'envolées romantiques. C'était une excellente entrée en matière pour Jack qui adore parler d'amour et de passion. « Une relation amoureuse doit être puissante, intense, enchanteresse », expliquait-il à Heidi.

Heidi lui a répondu qu'il regardait trop de films.

Mais ses mots ne l'ont pas quittée. Ce soir-là, elle a pensé à Dave – gentil… fiable… prévisible… dénué d'imagination. Puis à Jack, qu'elle connaissait à peine mais qui semblait gentil lui aussi… et spontané… romantique… passionné… et sexy.

Quelques semaines plus tard, Heidi se retrouva nez à nez avec Jack à l'occasion d'une soirée d'adieu d'un collègue de l'entreprise. Il était tard, il faisait froid et ils ont bu un verre ensemble sur la terrasse. Jack lui dit qu'il était heureux pour son collègue qui avait bien raison d'oublier momentanément l'univers stressant et hyperconcurrentiel de l'entreprise pour aller passer quelques mois au Népal. Heidi lui répondit qu'elle pensait qu'il était dingue. « Le marché du travail est très difficile actuellement. Il ne retrouvera jamais un poste comme le sien lorsqu'il reviendra. »

Jack lui dit qu'elle était aussi rigide que monsieur Paie-Ton-Loyer-en-Temps-et-en-Heure – il faisait allusion à Dave, bien sûr.

« Non, ce n'est pas vrai », lui répondit Heidi, se sentant plus audacieuse après quatre mojitos. « Je peux être très, très olé olé. »

« Alors embrasse-moi », ajouta Jack en souriant.

Elle l'embrassa – et, ma foi, cela lui plut.

Jack nous disait qu'il sentait avec Heidi un lien cosmique qu'il n'avait jamais ressenti avec d'autres femmes. « Nous étions des âmes sœurs. » Ils riaient des mêmes plaisanteries et aimaient partir à l'aventure, comme ça, à l'improviste – par exemple, une journée dans le nord de la Pennsylvanie pour goûter le meilleur Key Lime Pie (tarte au citron vert meringuée) du pays. Ils étaient sans cesse à vélo. Pour aller travailler. Pour aller faire des courses. Pour rendre visite aux parents de Jack à plus de cinquante kilomètres.

« Tout n'était pas parfait, concédait Jack. Elle était assez réservée au lit, et je me disais que cela prendrait du temps. »

« Il parlait beaucoup quand nous faisions l'amour, nous confiait Heidi. Beaucoup de mots coquins. Ou carrément cochons. Tantôt c'était agréable, tantôt c'était exagéré. Mais c'est difficile de dire à un homme de se taire quand il est en train de vous dire à quel point vous l'excitez. » Elle se disait que si elle ne répondait pas, il allait comprendre qu'elle n'aimait pas et finir par arrêter de parler au lit. Mais non. Plusieurs fois elle faillit dire quelque chose, mais sans succès, car elle se sentait trop gênée.

Hormis la question sexuelle, Jack et Heidi étaient heureux, bien plus heureux que la plupart des couples qu'ils connaissaient à l'époque. Il y avait bien Dave, qu'Heidi n'avait pas eu le courage de plaquer. Trois mois après son premier baiser avec Jack, elle avait finalement décidé d'aller voir Dave pour rompre. Et, ensuite, de téléphoner à son père pour lui dire qu'elle n'allait pas épouser l'homme qu'il lui destinait.

Et puis elle s'était dégonflée.

« Heidi a vraiment horreur de la confrontation, nous disait Jack. Je n'ai jamais vu quelqu'un redouter autant le conflit. Elle n'a pas pu rompre avec Dave. Nous formons un vrai couple, elle et moi, et malgré ça, elle a dit à Dave qu'elle ne pouvait pas aller le voir parce qu'elle avait trop de travail, parce qu'elle devait aller rendre visite à sa grand-mère, parce que la météo était mauvaise. Elle a quand même réussi à y aller un jour, mais elle est revenue sans avoir rompu ! Je ne voulais même pas savoir ce qui s'était passé. Elle m'a répété qu'elle m'aimait et tout s'est arrangé. Mais j'avoue que j'aurais pu mal le prendre ! »

« J'ai été lâche, avouait Heidi. Je l'admets. »

Durant les cinq années suivantes, Jack et Heidi ont vécu ensemble, ont travaillé ensemble, ont passé tous les week-ends ensemble et ont voyagé ensemble – de Mendoza, en Argentine, aux îles Éoliennes, au nord de la Sicile. La question du mariage revenait fréquemment, mais chacun assurait à l'autre que ce n'était pas son but suprême. « J'ai toujours dit que je n'avais pas besoin d'un bout de papier pour rester auprès d'Heidi le restant de mes jours », affirmait Jack.

« La question ne me préoccupait pas non plus. J'étais juste soulagée d'être heureuse », ajoutait Heidi. Lorsque Jack s'est rendu compte qu'Heidi pensait vraiment ce qu'elle disait, qu'elle ne voulait pas se marier, il l'a demandée en mariage !

Et ils se sont mariés dans un bar.

Tout se passait bien, même si leur vie sexuelle restait médiocre. Pourtant, Jack gardait l'espoir de voir les choses s'améliorer avec le temps. À certains moments, il pensait que c'était parce qu'Heidi était timide et que s'il réussissait à ce qu'elle lui fasse confiance, elle pourrait se relâcher et baisser la garde. À d'autres moments, elle semblait distraite, comme si elle pensait au boulot ou à on ne sait quoi, et il se demandait sérieusement s'il n'allait pas claquer des doigts et lui dire : « Y a quelqu'un ? » Même au début de leur relation, Heidi admettait être soulagée les soirs où Jack ne voulait pas faire l'amour et, quand ils faisaient l'amour, se demander si cet acte n'était pas censé être plus agréable et plus amusant.

En nous parlant de leur vie sexuelle particulièrement médiocre, Heidi et Jack ont fait preuve d'une franchise étonnante.

« Je me rappelle la première fois que nous avons fait l'amour, racontait Heidi. Tu faisais tous ces… mouvements étranges. » Elle accompagnait ses propos de gestes style disco.

« C'est parce que tu ne semblais pas très branchée sexe et que j'avais l'impression que je devais te montrer certaines choses », répondait Jack. Mais ce n'était pas seulement dans le domaine sexuel qu'il devait prendre les initiatives. « Je lui écris des poèmes pour lui dire à quel point je l'aime, et elle, elle se protège à mort, ne laisse rien transparaître de ses émotions, ne partage rien. J'essayais toujours de deviner ce qu'elle voulait. »

Mais Heidi semblait heureuse et tous les deux admettaient que leur bonheur masquait le fait que leur vie sexuelle n'était pas top. Heidi nous confiait que Jack était la personne avec laquelle elle voulait être chaque jour de sa vie, son meilleur ami. Et qu'elle était sa meilleure amie. Que demander de plus ?

Le problème : des marchés opaques

Un soir, ils ont invité des amis à dîner. Le repas était bien arrosé. Tout le monde était assis sous la véranda quand, soudain, leur amie Anna a annoncé qu'elle avait une question à poser sur la sexualité. « Que pensez-vous de la moyenne nationale de deux rapports sexuels par semaine ? Ça vous semble plausible ? C'est ce que j'ai lu dans un magazine. » Ce fut l'heure des révélations intimes et les comparaisons sont allées bon train.

« Pour nous, c'est à peu près deux fois par semaine », lança une femme.

« Ouah ! impressionnant… pour nous, c'est plutôt une fois par semaine », enchaîna une autre.

Jack était incapable de se rappeler la dernière fois qu'Heidi et lui avaient fait l'amour. Ils se sont regardés et se sont sentis extrêmement gênés.

Une fois les invités partis et avant d'avoir complètement la gueule de bois, Heidi et Jack se sont disputés. « Pourquoi est-ce que nous ne parlons jamais de notre vie sexuelle ? Ou du manque de rapports sexuels entre nous ? » demanda Jack.

« Qu'y a-t-il à en dire ? répliqua Heidi. Je n'ai pas envie de faire l'amour 7 jours sur 7 et 24 heures sur 24 comme toi. Ça me regarde et ça n'a rien à voir avec toi. »

Jack n'était pas d'accord. Puisqu'il était son mari et qu'ils s'étaient mis d'accord pour passer le reste de leur vie ensemble, il était particulièrement concerné. Heidi lui donna des réponses évasives, allant même jusqu'à dire, avec un manque de conviction remarquable, qu'ils avaient une vie sexuelle satisfaisante et que Jack faisait des histoires pour rien. Finalement, Jack proposa de suivre une thérapie de couple.

« Une thérapie de couple ? Pourquoi ? Nous sommes heureux ! »

Là non plus Jack n'était pas d'accord. Il répondit à Heidi qu'il n'était pas heureux, que leur vie sexuelle le préoccupait constamment, qu'il l'aimait, mais qu'il commençait à avoir du ressentiment envers elle et que s'ils ne se faisaient pas aider le plus tôt possible, leur sexualité risquait de devenir catastrophique, voire totalement inexistante.

Heidi accepta d'aller à une séance découverte.

***

Durant cette première séance, Deborah, la psychothérapeute, demanda à Heidi comment ses parents s'entendaient et comment ça se passait à la maison quand elle était petite. « J'ignorais que vous alliez me poser ce genre de question », lui répondit Heidi.

La mère d'Heidi était distante et malheureuse, et son père charmant mais dominateur. Elle n'avait jamais vu ses parents se disputer ni se tenir la main. En tant que fille unique, Heidi apprit à régler ses problèmes toute seule. « J'avais érigé la Grande Muraille de Chine autour de moi. C'est la raison pour laquelle Jack m'est apparu comme une vraie bouffée d'oxygène. Il était ouvert, libre. Je ne savais pas ce qu'était l'ouverture. Ni comment y réagir. Au lit ou ailleurs. »

Heidi se rendit compte peu à peu que son attitude au lit était un miroir grossissant de son attitude au quotidien. « Jack parlait sans problème de ce qu'il ressentait, c'était un livre ouvert, mais moi, je ne pouvais pas exprimer mes sentiments et mes émotions, c'était bloqué, et l'ouverture de Jack avait donc ses limites – les miennes. S'il était mécontent parce que j'avais l'air distraite pendant l'amour, il me le disait ouvertement, et il allait mieux après.

Mais moi je ne lui disais pas que ses mots coquins, voire cochons, pendant que nous faisions l'amour me refroidissaient plutôt. Ou que je n'aimais pas la manière dont ses parents parlaient de leur vie sexuelle devant nous. »

Heidi et Jack souffraient de ce qu'on appelle un « marché opaque », un marché sur lequel aucun des deux ne savait ce que l'autre appréciait, ce à quoi l'autre attachait de l'importance ou ce que l'autre aimait moins, voire pas du tout. Ce qui rendait tout échange de biens – des biens émotionnels, dans leur cas – impossible.

La crise financière de 2007-2009 illustre à merveille les dangers d'un marché opaque. À l'origine, la crise des subprimes est imputable au rêve d'accession à la propriété d'un trop grand nombre d'Américains qui ont acheté leur maison sans en avoir les moyens.

Mais il faut tenir compte d'un second facteur : les banques ont pris ces crédits hypothécaires douteux et les ont globalisés pour en faire des produits financiers complexes sous des noms du genre « *Collateralized Debt Obligations* » (CDO), puis ont délivré en contrepartie de ces CDO des assurances dénommées « *Credit Default Swaps* » (CDS), ce qu'on appelle des dérivés sur risques de crédit. (Warren Buffett qualifiait ces produits dérivés d'« armes financières de destruction massive ».) Résultat : le marché a été inondé de produits que même les spécialistes, ceux qui les avaient créés, ne comprenaient pas parfaitement. Ils avaient engendré des monstres en jouant les apprentis sorciers.

Tant que le marché se portait bien, les banques se sont enrichies. Puis tout le système a implosé, avec des retombées d'autant plus graves que le marché était opaque : personne ne savait qui détenait ces produits financiers, ce qu'ils valaient ni comment les institutions financières en déterminaient le prix. Les organismes de contrôle ignoraient complètement où le risque se concentrait.

Ils ont alors découvert à leurs dépens que des sociétés supposées d'une solidité à toute épreuve, comme les banques Merrill Lynch et Citigroup ou le leader mondial de l'assurance AIG, étaient au bord du gouffre. Ces institutions prestigieuses, à la réputation jusque-là irréprochable, ont dû être renflouées pour éviter un désastre économique planétaire. L'opacité des marchés signifiait des profits massifs pour ces sociétés et l'Apocalypse pour le commun des mortels – nous.

La solution : la transparence

Dans la vie conjugale, comme dans le système financier, l'opacité peut masquer des désastres en attente. Si vous ne parlez jamais ouvertement et honnêtement de votre vie sexuelle insatisfaisante, elle devient taboue et risque de ne jamais s'améliorer.

La transparence est le remède à l'opacité. Tirez le rideau et laissez entrer un peu de lumière. Cela vous fera le plus grand bien.

Grâce à leur thérapie de couple, Heidi et Jack ont mis en lumière de nombreux aspects de leur parcours de vie : la relation d'Heidi avec son père, sa décision de garder une relation avec Dave pendant six ans alors qu'elle ne l'aimait pas (avant de vivre avec Jack) et les détails pratiques de sa vie sexuelle avec son mari. « Nous avons réussi à parler de toutes sortes de petites choses, nous confie Jack, par exemple est-ce que ça lui plaît quand je la chatouille ou est-ce qu'elle aime quand je l'embrasse dans le cou... »

Au bout d'un certain temps, Heidi s'est mise à exprimer verbalement ses désirs au cours de l'acte sexuel, demandant à Jack d'essayer certaines choses dont elle avait envie ; elle a commencé tout doucement à mener la danse (oh ! encore très timidement, mais quand même) au lieu de se contenter de suivre. « Avant, j'avais l'habitude de dire que ça allait, quoi qu'il me fasse, et même si ça ne me faisait rien. Je pensais que j'étais censée trouver agréable ce qu'il me faisait. »

Le meilleur exemple de l'opacité qui régnait sur leur marché conjugal, notamment sexuel, avait trait à la position de la femme au-dessus de l'homme.

« C'était au début de notre relation. Nous avions à peine commencé à faire l'amour qu'Heidi s'est mise au-dessus de moi, dit Jack. Je l'ai renversée doucement et remise sur le dos parce que j'ai eu une crampe ou un truc comme ça, je ne me rappelle plus, et elle en a déduit que je n'aimais pas qu'elle soit au-dessus de moi. Quel homme hétérosexuel normalement constitué n'aime pas que la femme soit au-dessus de lui, telle une vamp dominatrice, dans un rapport sexuel, dites-moi ? » Heidi trouvait cela difficile à croire, mais elle s'est dit que c'était peut-être de sa faute, qu'elle ne le faisait pas comme il faut. Elle était gênée, si gênée qu'elle n'a jamais plus recommencé. À partir de ce moment-là, elle a évité d'être au-dessus. Si Jack essayait de se retrouver sur le dos, Heidi s'empressait de retomber sur le côté. Jack était secrètement déçu, mais il savait Heidi si mal à l'aise avec la sexualité qu'il ne la forçait pas.

Puis, lors d'une séance de thérapie, Heidi a mentionné combien elle aimait être au-dessus et qu'elle trouvait étrange que Jack n'aime pas ça.

Jack a failli s'étrangler. « Qu'est-ce que tu dis ? Que tu aimes être au-dessus de moi ? Mais tu ne prends jamais cette position !

– C'est parce que tu m'as quasiment rejetée sur le côté la première fois que nous avons essayé. Comme si tu refusais catégoriquement. »

Jack n'en croyait pas ses oreilles.

« J'en ai conclu que tu n'aimais pas ça. Et je me suis sentie terriblement gênée. »

La thérapie de couple a fait sauter bien des verrous, permettant à Jack et Heidi de communiquer davantage sur leurs besoins et leurs désirs au lit. Progressivement, ils ont diminué le coût de leur vie sexuelle. Ils n'essayaient plus de deviner ce que l'autre voulait ou ne voulait pas. La transparence accrue au sein de leur relation laissait de moins en moins de place au mystère, aux incertitudes, aux doutes et à l'anxiété.

« Au cœur de l'intimité se trouve la découverte de soi », écrit John R. Buri, psychologue et auteur du livre *How to Love Your Wife* [Comment aimer votre femme]. « L'intimité se nourrit de transparence. »

La transparence – qu'elle s'applique à la fréquence selon laquelle vous aimez le sexe oral, à votre agacement quand vous le voyez mal rasé tout le week-end ou à votre répugnance en voyant un steak trop saignant – empêche les problèmes mineurs de prendre des proportions excessives. Mener une vie transparente a permis à Heidi d'être ouverte à de nouvelles idées. Les sex-toys, par exemple. Et la lingerie sexy. Elle qui avait toujours pensé que Jack s'en fichait. « J'ai toujours cru que plus nous nous retrouvions à poil rapidement, plus il était heureux. Mais c'est tout le contraire ! »

Un soir qu'ils regardaient un film avec une scène très osée, Heidi s'est sentie tout excitée. Elle a demandé à Jack si les films pornos ressemblaient à ça. Jack lui a répondu qu'ils étaient assez proches, en effet (évitant de passer pour un grand spécialiste de la question !).

Heidi lui a demandé s'ils pourraient en regarder un, à la grande surprise de Jack.

« Il m'a fallu un moment pour être honnête sur ce que j'aimais, mais dès lors, notre sexualité s'est beaucoup améliorée », nous confiait Heidi.
Nous lui avons demandé ce qu'elle entendait par « beaucoup ».
« Nous faisons l'amour tout le temps, maintenant. »
Tous les combien ?
« Un soir sur deux, à peu près. »
Jack la reprit : « Deux fois par semaine à tout casser. »
Ce n'était pas un marché parfait, juste un marché considérablement plus transparent. Et tant mieux.

Étude de cas n° 2

Les acteurs : Greg et Nina

Voici une conversation que nous avons entendue entre Greg et Nina (lui est biologiste moléculaire et elle épidémiologiste) dans leur maison de Washington. Nous étions venues les interroger sur leur vie conjugale, mais avec des scientifiques, difficile de parler d'autre chose que de science !

Greg : « J'ai lu un article très intéressant ce matin sur les femmes enceintes qui habitent près de champs de maïs traités avec des pesticides. »

Nina était intriguée.

Greg continua : « Apparemment, les agriculteurs ont tendance à multiplier les doses de pesticides au printemps, au moment des plantations, et neuf mois plus tard, le taux d'anomalies congénitales dans la région augmente. »

Nina : « Intéressant, en effet. Mais ont-ils éliminé toutes les autres variables ? Il se peut que les femmes les plus pauvres tombent enceintes au printemps et nous savons qu'il existe un lien entre la pauvreté et une santé prénatale qui laisse à désirer. Il se peut aussi que les femmes qui tombent enceintes au printemps sortent davantage durant leur grossesse, et on oublie qu'il y a les polluants atmosphériques ou d'autres risques pour la santé qui n'ont rien à voir avec les pesticides. »

Greg : « Ils ont tenu compte de tous ces facteurs. Ils ont mené leur analyse par régressions multiples, et les lignes de tendance semblent marquées. Même si l'on prend en considération la race, la pauvreté et les risques liés à la santé, la proximité d'un champ de maïs est l'un des principaux facteurs de prédiction d'anomalies congénitales. De plus, on n'observe pas d'augmentation des anomalies congénitales près des champs cultivés sans pesticides. »

Nous avons toussoté et réorienté avec tact la conversation sur le sujet qui nous préoccupait nous, à savoir comment Greg et Nina s'étaient rencontrés.

Greg : « En troisième cycle universitaire. »

Nina : « Dans un coin de la bibliothèque médicale. Il m'a demandé si j'avais un stylo. Tu parles ! Mais il était mignon, alors j'ai accepté d'aller prendre un café avec lui. »

Devant un café, ils ont parlé sida et tuberculose (le domaine de recherche de Nina) et l'emploi des fertilisants dans les pays en développement (les travaux de Greg). Il n'a pas fallu longtemps pour qu'ils deviennent inséparables. Leurs sujets de conversation favoris : les maladies infectieuses et les fertilisants, bien sûr ! Parfois, ils parlaient d'autres choses.

Nina : « Je pouvais lui parler de la mort et de l'agonie pendant des heures sans qu'il me dise que j'avais des goûts morbides ! »

Ils ont discuté de ce qu'ils allaient faire pour sauver le monde. Entre autres, donner accès à la vaccination aux populations des villages les plus reculés. Accorder des microcrédits aux agriculteurs. Convaincre les gouvernements d'agir en faveur des plus pauvres. Et ce n'étaient pas des paroles en l'air. Greg et Nina n'ont pas ménagé leurs efforts pour faire avancer les choses. En

1998, ils ont obtenu leur diplôme, se sont mariés et ont passé les trois années suivantes séparés l'un de l'autre par au moins deux continents, impliqués dans des missions passionnantes mais périlleuses. Nina est allée au Nigeria, puis en Somalie, et enfin au Botswana, tandis que Greg a enseigné à Harvard avant de partir travailler en Afrique du Sud et au Vietnam. « Nous passions quelques week-ends ensemble çà et là, mais pas davantage. »

Tous les deux ont qualifié leur relation de l'époque de « parfaite ».

Greg : « Être séparés nous permettait de concentrer toute notre attention sur notre travail, mais nous savions que l'autre existait. » Loin, très loin. À l'autre bout du téléphone.

Ils étaient passionnés. Engagés à fond dans leur mission. Fiers l'un de l'autre.

Greg : « Nina a risqué gros lorsqu'elle a voulu éviter la propagation d'une épidémie de rougeole à Mogadishu. Elle a dû négocier avec des chefs militaires locaux pour faire atterrir un avion chargé de vaccins à distribuer dans les villages. C'était O.K., puis l'un des chefs militaires a changé d'avis après l'atterrissage de l'avion. Elle a bataillé dur pour avoir gain de cause. »

Nina : « Oui, il fallait souvent improviser. »

Après avoir expérimenté la vie conjugale « longue distance » pendant quelques années, Greg et Nina ont décidé qu'il était temps de jouer les « vrais » couples. Ils ont convaincu leurs organisations de les envoyer tous les deux travailler en Inde. Ils y ont passé trois ans d'une lune de miel prolongée. Les trois plus belles années de leur vie à les entendre.

En 2005, Nina est tombée enceinte. Ils ont emmené leur petite fille Lola au Népal et au Bangladesh. Avant l'âge de 2 ans, Lola avait traversé le continent indien. Mais lorsque Lola fut en âge d'aller à l'école, ses parents ont décidé de rentrer enfin aux États-Unis. Ils ont trouvé un poste dans l'administration, ont mis Lola dans une école Montessori et ont senti leur vie devenir plus terne de jour en jour. Y compris leur vie sexuelle.

Le problème : de mauvaises habitudes

Durant les dix premières années de leur vie commune, Greg et Nina ont eu une sexualité « satisfaisante ».

Greg : « Je ne dirais pas que c'était le septième ciel, mais nous avions souvent des rapports sexuels et, en général, ça marchait bien. Nous ne pensions pas au sexe. Nous accomplissions l'acte sexuel, c'est tout. »

Mais à partir du moment où ils se sont installés à Washington avec Lola, ils ont commencé à perdre l'habitude de faire l'amour. Et ils se sont retrouvés à parler davantage de l'acte sexuel qu'à l'accomplir.

Nina disait, comme si Greg n'était pas conscient de la situation : « Nous n'avons pas eu de rapports sexuels depuis longtemps. »

Et Greg répondait : « O.K., faisons l'amour ce soir. »

Mais au moment de le faire, Nina avait toujours du travail. « Si je ne me débarrasse pas de ce travail ce soir, je vais me faire tuer demain ! »

Il existe une théorie économique appelée « l'addiction rationnelle ». Nous devenons dépendants de certaines choses – l'alcool, le jeu, le porno, la cocaïne, la cigarette, les mecs losers – en y investissant sans cesse et nous restons dépendants parce que nous trouvons que les avantages sont supérieurs aux coûts. Ainsi, un héroïnomane sait que l'héroïne crée une accoutumance et peut être mortelle, mais il a décidé qu'il préférait planer et être accro que ne pas planer et ne pas être accro. Autrement dit, être dépendant est une décision complètement rationnelle au sens où la personne dépendante a considéré les avantages et les inconvénients à court et à long terme. Cette théorie s'applique à ce que l'on peut considérer comme de « bonnes » addictions – travailler, écouter de la musique, faire l'amour avec son partenaire ou aimer ce partenaire si fort que vous voulez qu'il devienne votre époux.

Gary Becker, prix Nobel d'économie en 1992 et inventeur de l'expression « addiction rationnelle » (il s'est également fait un nom en étudiant l'économie du mariage), disait que le meilleur moyen de surmonter une addiction était d'arrêter d'un coup. De la même façon que nous prenons des habitudes par un usage prolongé de certaines choses, nous pouvons nous défaire de ces habitudes – et en développer de nouvelles – en décidant que les avantages ne sont plus supérieurs aux coûts.

Quel rapport avec Greg et Nina ? Un vrai rapport.

Greg et Nina étaient habitués à faire l'amour. Le bénéfice d'un rapport sexuel était supérieur à son coût. Puis l'équation changea. Quelle qu'en soit la raison, les bénéfices ne leur sont plus apparus aussi clairement et, parallèlement, ils en ont vu davantage les coûts. Alors ils ont perdu l'habitude de faire l'amour et pris une autre habitude : celle de ne plus le faire. Nouvelle habitude également : discuter interminablement des raisons pour lesquelles ils ne faisaient plus l'amour.

Vous vous souvenez du fléchissement de la courbe de la demande ? En parlant de leur vie sexuelle jusqu'à épuisement du sujet, Greg et Nina continuaient de faire grimper le prix de la sexualité. Pour avoir des rapports sexuels, ils devaient d'abord en parler, ce qui leur coûtait du temps et de l'énergie – deux ressources qu'ils auraient pu consacrer à l'acte lui-même.

Nina affirmait que depuis qu'ils vivaient à Washington, ils s'ennuyaient et devenaient ennuyeux. Et que son boulot l'épuisait. Et que le fait de se voir tous les jours les « immunisait » l'un à l'autre. Greg accusait Lola de vider ses parents de toute leur vitalité. (« C'est facile de faire porter le chapeau à une enfant innocente ! » disait Nina.) Greg pensait également qu'ils se nourrissaient mal. Pas assez de légumes et trop de plats industriels diminuaient leur vitalité générale.

Nina avait une autre idée. « Je pense que c'est l'eau, lança-t-elle un soir. Les solvants industriels sont peut-être plus toxiques qu'on ne le pense. »

« L'eau ? » répondit Greg, qui réalisa alors à quel point leurs conversations étaient devenues absurdes.

La solution : réinitialiser les habitudes

Greg savait que leur problème n'était ni l'eau, ni le taux de mercure dans l'atmosphère, ni un manque de légumes verts. Ni leur travail, d'ailleurs. Leur problème, c'était eux. Ils se tuaient à parler de leur libido.

Pragmatique, il suggéra à Nina de se fixer un objectif de trois rapports sexuels par semaine et de s'y tenir pendant deux ou trois mois. « Nous devons prendre l'habitude de faire l'amour au lieu d'évoquer les raisons pour lesquelles on ne le fait pas. » Greg pensait comme un économiste. Pour comprendre ce qui incitait les individus à changer leurs habitudes, Gary Charness, économiste à l'université de Californie à San Diego, et Uri Gneezy, économiste à la Rady School of Management de cette même université, ont mené une expérience dans le cadre de laquelle ils payaient des gens pour aller au club de gym. Ils payaient certaines personnes pour y aller une seule fois et d'autres pour y aller pendant un certain temps. Puis ils ont cessé de les payer et observé ce qui se passait. Ils ont découvert que l'argent poussait les individus à aller à la gym mais, encore plus intéressant, que les pantouflards qui n'avaient jamais fréquenté un club de gym de leur vie continuaient d'y aller sans être payés. L'argent les avait aidés à surmonter leur inertie, c'est-à-dire les « frais initiaux ». Mais, une fois qu'ils en avaient pris l'habitude, ils ont continué d'aller à la gym.

Nina considérait le projet de Greg avec scepticisme. « Trois fois par semaine, c'est beaucoup… » Mais elle a fini par accepter. En tant que scientifique, elle était toujours partante pour vérifier une hypothèse.

Nous l'admettons : lorsque Greg nous a parlé pour la première fois de l'opération « Hat Trick* », nous étions sceptiques, nous aussi.

Trois est un chiffre énorme, certains diront insurmontable, dans une vie de couple bien remplie qui a passé depuis longtemps la période bénie de la lune de miel. Mais Greg et Nina étaient déterminés, et la détermination est une excellente chose pour « conserver l'élasticité du sommier à ressorts conjugal », si vous nous permettez l'expression. Ils étaient aussi très réalistes.

* En hockey sur glace, un joueur réussit un « *hat trick* » ou « coup du chapeau » lorsqu'il inscrit trois buts au cours du même match.

Ils s'étaient fixé trois rapports sexuels par semaine, point barre, et non trois rapports sexuels torrides avec des préliminaires interminables et des massages à l'huile essentielle de lavande. Ce luxe leur aurait coûté beaucoup trop cher.

Nina y voyait là un moyen de se remettre en forme après son accouchement. « Les débuts ont été les plus difficiles. J'aime courir, mais lorsque j'ai repris le jogging après avoir eu Lola, je peinais beaucoup. Je n'avais pas l'impression d'une libération et d'une détente comme avant. C'était un peu pareil avec les rapports sexuels. Les premières fois ont été un peu laborieuses, mais avec la pratique, tout est redevenu naturel. »

Une fois que Greg et Nina s'étaient engagés à faire l'amour trois fois par semaine, ils ont tout fait pour tenir leur engagement. Ils essayaient d'avoir un rapport après avoir couché Lola (vous voyez l'intérêt de coucher les enfants de bonne heure ?) et avant de dîner. Ils se sont aperçus que quand ils attendaient d'avoir fini de dîner, fait la vaisselle, réglé les factures et commencé à établir la liste des choses à faire pour le week-end, ils étaient beaucoup trop fatigués. Alors que s'ils faisaient l'amour avant, la faim les motivait.

Ils ont essayé de rallumer la flamme du dimanche matin, mais sans succès – faire l'amour à 7 heures du matin avant le réveil de Lola n'avait rien à voir avec le faire à 10 heures du matin. Mais ils ont constaté qu'avoir des rapports sexuels durant la sieste de leur fille le week-end était un bon plan (surtout que Greg s'endormait après, comme tous les mâles).

Nina : « L'idée est que si l'un de nous deux prend l'initiative, l'autre doit au moins essayer de suivre. Ça ne marche pas toujours. Parfois, j'ai besoin d'un quart d'heure de sommeil en plus ou nous sommes trop affamés. Mais nous tentons d'atteindre notre objectif toutes les semaines. »

Greg : « Nous faisons davantage l'amour. Ce n'est pas l'extase sexuelle, mais c'est bien. Comme nous le faisons souvent, nous nous préoccupons moins de la qualité. »

Greg et Nina nous ont rappelé une citation de Woody Allen : « Je n'ai jamais eu de mauvais orgasme. Mon pire orgasme était juste comme il faut. »

Si cela vous laisse dubitatif, nous ne vous en tiendrons pas rigueur. « Faites plus l'amour » est un conseil – ou un slogan – que pourrait vous donner Nike, pas des économistes. Mais à en juger par notre propre enquête, les couples sont plus enclins à se lamenter sur leur manque de rapports sexuels qu'à trouver des moyens d'y remédier. Par exemple, plus de 77 % des répondants étaient d'accord ou totalement d'accord avec l'affirmation selon laquelle la fréquence des rapports sexuels diminue avec le temps. Mais 76 % n'étaient pas d'accord ou absolument pas d'accord avec l'affirmation selon laquelle la fréquence des rapports sexuels doit diminuer avec le temps.

Alors, qu'attendez-vous pour prendre les devants ? Agissez ! Et peut-être que vous ne le regretterez pas. Et que vous vous direz qu'apporter un peu de plaisir supplémentaire à votre partenaire en vaut la peine, finalement. Surtout si elle (ou il) est d'autant plus enthousiaste à vous préparer un bon petit plat que vous dégusterez tous les deux avec un appétit de loup !

Faire l'amour… même quand on n'en a pas envie

Un nombre étonnamment élevé de couples font leur maximum pour garder une sexualité active, même s'ils préféreraient faire du tricot. Dans le cadre de notre étude, nous avons demandé à des couples mariés selon quelle fréquence ils « s'y mettaient » alors qu'ils n'en avaient pas envie, et nous avons été ravies de voir que 47 % répondaient « parfois » et 11 % « fréquemment ». Bravo !

Ils nous ont également fait part des raisons pour lesquelles ils faisaient l'amour alors qu'ils n'en avaient pas forcément envie :

- pour faire plaisir à leur partenaire : 83 % ;
- parce que l'appétit vient en mangeant (ils savent qu'ils passeront finalement un bon moment) : 75 % ;
- pour ne pas blesser leur partenaire : 62 % ;
- pour faire preuve de bonne volonté : 48 % ;
- parce que leur partenaire a fait quelque chose pour le mériter : 45 % ;
- parce que sinon ils se sentent coupables : 36 %.

Étude de cas n° 3

Les acteurs : Arthur et Monica

Arthur et Monica sont mariés depuis trente-six ans. Et pendant toutes ces années, leur vie sexuelle n'a pas changé. Le sexe ? Monica aime ça, mais sans plus, alors qu'Arthur en a tout le temps envie.

Concernant l'acte lui-même, ils sont également à l'opposé. Arthur a tendance à précipiter les choses, alors que Monica préfère y aller doucement et lentement. Sa conception à lui, c'est : « On va au lit et on baise. » Sa conception à elle, c'est : « On se touche, on s'embrasse, on se parle, on se câline. Il y a toute une préparation. »

Arthur nous confie : « Son idée de préparation est un peu trop élaborée pour nous, simples mortels. »

Lorsqu'ils se sont rencontrés, Arthur avait 34 ans. Il était divorcé avec un enfant. Monica était célibataire et avait dix ans de moins. Ils étaient tous les deux professeurs d'anglais dans une école supérieure privée du Massachusetts – lui était responsable de son département et elle jeune diplômée. Un jour, elle est entrée dans son bureau pour lui demander conseil sur la meilleure manière d'enseigner *Mon Antonia*, de la romancière américaine Willa Cather.

Arthur : « Elle voulait soi-disant savoir ce que je pensais de la relation entre Antonia et Jim, mais c'était un prétexte pour parler d'autres choses, notamment des enseignants qui n'étaient pas chics avec elle et des étudiants qui se croyaient tout permis. Et peut-être pour sortir avec moi. »

Arthur l'a invitée à dîner. Monica raconte : « Nous avons bu beaucoup de vin, discuté de livres, de ma vie en Floride, de son enfant, de son divorce et, à la fin du dîner, il m'a dit qu'il voulait coucher avec moi. Pas de signal d'avertissement. Pas de baiser. Juste l'expression de son désir : "Je voudrais faire l'amour avec toi cette nuit." »

Monica l'a fait attendre.

« Six mois ! » dit Arthur.

« Je pensais que c'était bien d'apprendre à se connaître avant », explique Monica.

Le jour J, Monica fut impressionnée par la technique d'Arthur. « C'était un amant expérimenté. Il savait ce qu'il faisait. »

Mais la technique seule n'a pas rendu Monica plus excitée qu'à l'ordinaire – son niveau d'excitation représentait environ un quinzième de celui d'Arthur.

Au fil des années, même lorsque leurs deux enfants sont devenus grands, la sexualité est restée un problème entre eux. Arthur était presque toujours l'initiateur et Monica soit acquiesçait, soit opposait son veto. « Arthur était toujours sur le pied de guerre et, même si j'avais voulu prendre l'initiative, je n'aurais pas pu. » Arthur se défendait en disant qu'il aurait été tout à fait partant pour que Monica mène le jeu, mais qu'il s'était résigné, bien malgré lui, voyant que cela n'arrivait jamais.

Ils ont essayé de parler de ce problème. Ils écoutaient ce que l'autre avait à dire, s'exprimaient d'une voix calme et employaient le « je » (« J'ai l'impression que tu es toujours obsédé par l'idée de me faire l'amour quand parfois je préférerais qu'on discute agréablement de choses et d'autres ») au lieu du « tu » (« Tu sais quel est ton problème ? Ton problème, c'est que tu es frigide ! »).

Mais ils ne trouvaient pas la solution. Arthur se plaignait que Monica le rejette tout le temps et, du coup, se sentait constamment rejeté. Quant à Monica, elle se plaignait que les besoins sexuels d'Arthur, jamais assouvis, provoquaient chez elle un sentiment de culpabilité. Elle racontait qu'elle allait se coucher avec l'intention de lire un bon bouquin et qu'Arthur se collait contre elle, passait son bras autour de sa taille et commençait à l'embrasser. En dix secondes, il était excité. « Je pouvais soit dire oui, même si je n'en avais pas envie, soit dire non et le décevoir. »

Le problème : un défaut de coordination

Pour éviter ce genre de situation, Monica manigançait tout. Elle allait se coucher avant Arthur. Elle buvait un verre de vin supplémentaire pour tomber ivre morte sur le canapé. Elle décidait de faire cuire des brownies à 22 heures. L'une de ses amies lui avait donné un truc, une sorte de « tue-l'amour » : elle portait une vieille chemise de nuit, la plus moche de toutes, pour dissuader son mari de lui faire l'amour tous les soirs. Monica trouvait cela infiniment déprimant, mais savait que sa soudaine envie de cuisiner à des heures tardives relevait de la même stratégie dissuasive.

Ce n'est pas qu'ils n'avaient pas de rapports sexuels. Ils en avaient. Et de temps en temps, le plaisir était partagé. Et intense.

Comme l'année où, pour leur anniversaire, Arthur lui avait dit qu'il allait passer la chercher à son travail en lui recommandant de ne prendre avec elle qu'une brosse à dents et quelques vêtements. Il lui avait fait une magnifique surprise : une chambre d'hôtel avec vue sur la mer, des boucles d'oreilles en or et perles fines, et un dîner aux chandelles dans un petit restaurant cosy. « J'étais complètement sous le charme, raconte Monica. Nous avons passé une soirée étonnante, extraordinaire. Je me rappelle m'être assise devant la fenêtre de la chambre après le dîner et avoir vu deux pleines lunes. J'aurais mis ma main à couper qu'il y en avait deux. Il m'a fallu un moment pour réaliser qu'il y avait la lune et son reflet. Et puis nous avons fait l'amour. Comme jamais. »

Pourquoi ? Qu'est-ce qu'il y avait de changé ?

« Je ne sais pas. J'en avais envie, c'est tout. »

Mais dès qu'ils sont rentrés à la maison, Arthur a recommencé à se comporter comme un ado de 16 ans qui ne pense qu'à bander. « Le soir de notre retour, je m'étais dit que j'avais besoin de récupérer, et puis Arthur m'a collée comme une bête en rut. Moi, je n'ai pas pu. »

Une fois de plus, Arthur s'est senti rejeté et Monica a culpabilisé.

Deux libidos en dysharmonie totale. Certes. Mais les économistes parleraient également d'un défaut de coordination, problème beaucoup plus facile à résoudre. Un jeu de coordination est un jeu où deux parties ou plus sont face à un ensemble identique de choix. L'issue du jeu peut varier en fonction de ce que chaque partie décide de faire – certains résultats étant favorables à toutes les parties, d'autres à une seule partie et d'autres encore n'étant favorables à aucune des parties.

Les jeux de coordination sont plus fréquents que vous ne le pensez. Quand quatre voitures s'arrêtent exactement au même moment à un carrefour à quatre stops. Quand un célibataire entre dans un bar en espérant trouver l'âme sœur au milieu d'une marée de candidates en train de siroter un cosmo. Quand des acheteurs d'objets rares en verre vénitien recherchent des vendeurs d'objets rares en verre vénitien. Quand des étudiants qui souhaitent s'inscrire dans une école de commerce cherchent quels programmes de MBA attirent les meilleurs. Ou quand Arthur tente de savoir si ce soir Monica va accepter de coucher avec lui.

Le défaut de coordination peut se produire quand des individus prennent des décisions fondées sur des hypothèses relatives au comportement d'autres individus. C'est ce qui se passe quand les quatre voitures redémarrent en même temps. Quand Arthur fait ses avances… et se retrouve éconduit.

Certes, Arthur préfère avoir un rapport sexuel que de ne pas en avoir. Mais si ses chances d'en avoir un sont vraiment trop minces, il préfère le savoir d'avance pour éviter d'être rejeté. Le problème, c'est qu'il ne sait jamais quand Monica est susceptible de le rejeter, ce qui l'empêche de choisir d'emblée la bonne option entre a) faire l'amour avec Monica ou b) passer la soirée avec un roman de Philip Roth et un verre d'eau de Seltz. Parce qu'il préfère toujours le sexe, il doit tenter l'option (a) sans savoir comment il sera reçu.

Les rapports sexuels ont fini par devenir très coûteux pour notre couple. Arthur consacrait beaucoup de temps et d'énergie à se torturer pour savoir s'il prenait la bonne option de jeu et à se sentir déprimé s'il ne la prenait pas, et Monica s'épuisait à essayer d'éviter les avances d'Arthur ou à le rejeter.

Ils devaient trouver un moyen de diminuer le coût de leur sexualité. Et les soirées dans des hôtels de luxe au moment de la pleine lune ne représentaient pas une solution d'avenir.

La solution : émettre des signaux

De retour à la maison après avoir passé une soirée extatique avec Arthur pour leur anniversaire de mariage, Monica était découragée. Elle avait adoré leur rapport sexuel, leur intimité. Pourquoi ne pouvait-elle pas éprouver cela plus souvent ? Elle appela sa sœur et lui raconta le plaisir incroyable qu'elle avait eu. Un plaisir rare qui avait rapidement laissé place à son sempiternel sentiment de culpabilité.

Sa sœur lui demanda : « Qu'est-ce qui était différent ce soir-là ?
– J'ai aimé le côté romantique. Pas les boucles d'oreilles, ni les roses, ni l'hôtel. Mais l'organisation de cette soirée. Toute la préparation. Arthur avait vraiment pensé à tout. Et puis, c'est la première fois depuis très, très longtemps que j'ai pris l'initiative de notre rapport sexuel. Et ça m'a beaucoup plu.
– Il me semble que tu aurais besoin d'avoir des rapports sexuels dont tu fixerais toi-même les conditions, lui dit sa sœur. Tu y as peut-être pris davantage de plaisir parce que c'était ton idée. »

Monica pensa qu'elle avait sans doute raison.

Elle décida de faire un test – prendre l'initiative d'un rapport sexuel – et, s'il était concluant, de voir si ce changement suffirait à lui donner envie de faire l'amour plus souvent.

Un samedi matin, elle se leva avant Arthur, se lava les dents, descendit au rez-de-chaussée et se prépara une tasse de thé, comme d'habitude. Puis elle remonta, ôta sa chemise de nuit et se remit au lit, ce qu'elle ne faisait jamais.

Arthur, qui sommeillait encore, remarqua son retour. Et qu'elle était nue. « J'étais tout désorienté. Nous ne faisions jamais l'amour le samedi matin », nous confiait Arthur. Il s'approcha d'elle tout doucement. Elle reposa sa tasse de thé sur sa table de nuit. Et vous devinez la suite.

Depuis ce jour-là, à chaque fois que Monica se fait une tasse de thé et retourne au lit, Arthur sait qu'il a le feu vert. Par des mouvements lents, Arthur aide Monica à se mettre dans le bain. La tasse de thé est devenue le signal de l'envie de faire l'amour de Monica !

Les signaux suppriment les insuffisances provoquées par les défauts de coordination. Les fondateurs du site de rencontre américain eHarmony, par exemple, ont misé sur les affinités des internautes en proposant à des individus qui ne se connaissent de signaler ce qu'ils aiment, ce qu'ils n'aiment pas et leur musique favorite. eBay a permis à des collectionneurs d'objets rares en verre vénitien de se rencontrer en créant un espace où vendeurs et acheteurs obtiennent des cotes de fiabilité. Et lorsque des magazines établissent des classements des meilleures écoles de commerce, ces listes signalent aux étudiants quelles sont les écoles les plus susceptibles d'attirer les employeurs.

Arthur a également créé ses propres signaux. Monica lui avait tellement répété qu'elle avait adoré leur soirée d'anniversaire de mariage qu'il s'est dit qu'elle aimerait certainement d'autres escapades romantiques. Il a donc décidé d'organiser des événements inédits tous les mois ou deux – qu'il s'agisse d'acheter des places de théâtre, de préparer un dîner aux chandelles, de faire du feu dans la cheminée au lieu de regarder la télé ou de lui lire des passages de ses romans préférés.

Monica a reconnu qu'il faisait des efforts. « Avant, nous ne savions jamais sur quel pied danser. Aujourd'hui, quand il me lit du Byron, me prépare un bon dîner ou m'emmène voir une pièce de Shakespeare au théâtre, je sais exactement ce qu'il veut et j'essaie d'y répondre. »

Les rapports sexuels ne sont pas encore assez fréquents pour Arthur, mais il voit dans les samedis matin et les soirées spéciales l'occasion de prouver à Monica que faire l'amour peut être… délicieux. S'il peut lui montrer de plus en plus souvent que les bénéfices sont supérieurs aux coûts, il augmentera ses chances de l'entendre remonter l'escalier et se remettre au lit… pas seulement le samedi matin.

LES SIGNAUX LES PLUS COURAMMENT ENVOYÉS POUR MANIFESTER UNE ENVIE SEXUELLE

Dans le cadre de notre étude, des couples nous ont fait part des signaux qu'ils utilisaient pour faire savoir à leur partenaire qu'ils avaient envie de faire l'amour. Bien sûr, il y avait les incontournables – notamment se déshabiller ou proposer un massage du dos –, mais également des signaux beaucoup plus étranges :

« Elle se promène nue dans l'appart, et non pas dans mon vieux T-shirt de fac comme à son habitude. »

« Il est silencieux. D'habitude, il est très bavard. »

« Il est d'une extrême gentillesse. À devancer mes moindres désirs. »

« Il s'avale quelques verres de gin avant le dîner. »

« En général, je mets un préservatif et je me balade avec dans la maison. Cela semble lui donner l'idée que j'attends autre chose qu'une conversation intéressante. »

« L'un de nous deux dit : "Faisons un petit somme !" »

« Quand nous disons que nous n'allons faire qu'un petit câlin. Histoire de nous réchauffer un peu. C'est là que nous faisons l'amour sur-le-champ. »

« T'as envie ? » – message simple, mais efficace.

4 LE RISQUE MORAL *(OU LE DANGER DE SE REPOSER SUR SES LAURIERS)*

Le principe (1)

Vous êtes malade. Vous ne savez pas ce dont vous souffrez, mais vous avez mal à l'estomac. Vos douleurs apparaissent après une journée de travail stressante et parfois au milieu de la nuit. Et après un exercice physique. Et quand vous mangez des tacos au dîner. Ou des pâtes. Ou de la crème glacée. Ou rien du tout. À bien y réfléchir, il n'y a pas de règle. Vous avez mal, c'est tout, et vous voudriez ne plus avoir mal.

Alors vous allez chez votre médecin, comme d'habitude quand vous êtes malade. Il vous examine, vous pose des questions sur votre mode de vie et votre alimentation. Puis il vous dit en haussant les épaules que ça peut être le stress, le syndrome du côlon irritable ou une allergie alimentaire. Vous souffrez peut-être d'une intolérance au lactose, qui sait ? Finalement, il vous laisse en vous disant qu'il ne voit rien de particulier et vous suggère d'aller consulter un gastro-entérologue si vous vous inquiétez vraiment de votre état.

C'est ainsi que commence une longue saga – un an quand même ! – de consultations en tous genres – des médecins, des acupuncteurs, des allergologues et, à un moment où vous étiez très déprimée, un hypnotiseur. Vous vous soumettez à des procédures invasives et onéreuses, dont un scanner, une endoscopie et une coloscopie. Vous vous privez de pain, de produits laitiers, d'œufs et de thon. Vous grimacez quand on vous enfonce de minuscules aiguilles dans les chevilles, les lobes d'oreilles et le front pour ouvrir vos chakras. Vous avalez des comprimés antiacides, des pansements gastriques, des probiotiques. À la fin de l'année, vous n'avez toujours pas de diagnostic. Mais, étrangement, votre estomac va mieux. Il lui fallait peut-être du temps, c'est tout.

Vos dépenses totales de l'année – uniquement pour vous soigner l'estomac – ont atteint des sommes assez colossales. Mais partiellement remboursées par l'assurance-maladie et votre mutuelle. Ces organismes sont là pour ça, non ?

Vous vous dites que vous n'avez aucune raison de ne pas en profiter, n'est-ce pas ? Non, à moins que vous vous préoccupiez de ce qu'on appelle le « risque moral », le danger que les individus bénéficiant d'une couverture maladie se comportent différemment de ceux qui n'en bénéficient pas et prennent davantage de risques. Regardez, vous n'aviez aucun scrupule à gonfler le trou de la Sécu (pour un mal d'estomac qui, disons-le franchement, ne vous aurait pas tuée) parce que ce n'était pas votre argent que vous risquiez (du moins pas directement).

Au contraire, votre amie Dina, une art-thérapeute qui, elle aussi, souffrait de maux d'estomac mais n'avait pas de mutuelle, a renoncé à se faire pratiquer un examen coûteux et décidé d'essayer le thé citron-gingembre. Ses maux d'estomac n'ont pas disparu tout de suite (les vôtres non plus, d'ailleurs), mais avec le temps, un régime alimentaire plus équilibré et un mode de vie moins stressant, ils se sont considérablement atténués. Dépenses totales de Dina : le prix de quelques boîtes de thé en sachets.

Le principe du risque moral ? Donnez le doigt, prenez le bras.

Nous avons employé l'exemple des maux d'estomac parce que l'assurance-maladie illustre à merveille le principe du risque moral. En tant qu'Américaines, nous nous devons de vous rappeler la réforme du système de santé américain votée de justesse par le Congrès en 2010*.

* Si vous avez suivi l'actualité aux États-Unis, vous savez que Barack Obama a réussi à faire voter une réforme ambitieuse du système de santé américain. Le 21 mars 2010, le texte a été adopté par 219 voix contre 212. Il apporte une couverture maladie aux 46 millions d'Américains qui en étaient privés et prévoit des subventions pour aider ceux qui n'ont pas les moyens de s'offrir une assurance-santé privée. Cette réforme constitue la plus grande expansion de la couverture médicale depuis l'adoption en 1965 de Medicare (pour les plus de 65 ans) et de Medicaid (pour les plus démunis). Elle s'adresse à ceux qui ne sont pas assez pauvres pour bénéficier des programmes d'aide aux plus démunis, ni assez riches pour s'offrir une assurance-santé.

Un vrai miracle au vu de la résistance farouche de nombreux Américains à tout ce qui, de près ou de loin, ressemble à de « l'universel » dans le domaine de la santé. Pourquoi tant d'opposants à cette réforme ? Le risque moral. Depuis la fin des années 1960, les opposants à la couverture universelle soutiennent qu'il n'y a pas lieu de faire tout un plat au sujet des 46 millions d'Américains dépourvus de couverture médicale, puisque ces braves gens ne vont chez le médecin que quand ils en ont vraiment besoin et, par conséquent, ne coûtent pas cher à la société. En revanche, les 255 millions d'Américains qui bénéficient d'une couverture maladie gaspillent l'argent public et privé en allant chez le médecin à chaque fois qu'ils ont une écharde.

Bien longtemps avant de devenir la bête noire de l'assurance-maladie, le risque moral relevait de la compétence des assureurs incendie qui, d'ailleurs, ont inventé le terme au XIXe siècle. À l'époque, les compagnies d'assurances distinguaient deux causes d'incendie : les risques naturels, par exemple la foudre ou les courts-circuits, et les risques « moraux », liés au comportement humain. Ces risques moraux pouvaient être volontaires (incendies criminels), accidentels (renverser une bougie) ou le résultat d'une « négligence intéressée » (jeter un cigare allumé dans la corbeille à papier).

Les risques moraux étaient jugés évitables, tandis que la foudre était assimilée à une catastrophe naturelle et donc jugée inévitable.

Même si nous aimons à nous considérer comme d'honnêtes citoyens, il faut bien reconnaître que lorsque nous savons que nos actions n'auront pas de conséquences – autrement dit qu'il existe un filet de sécurité –, nous sommes tous des « risques moraux » potentiels.

Réfléchissez une seconde : si je n'ai pas d'assurance incendie et si je mets le feu à ma maison en laissant une cigarette allumée dans le cendrier, je perds tout. Si je bénéficie d'une assurance incendie, je touche un gros chèque qui me permet de construire une nouvelle maison. À votre avis, dans quelle situation suis-je le plus susceptible d'éteindre ma cigarette ?

De même, si je ne suis pas mariée, je vais veiller scrupuleusement à faire de l'exercice tous les jours pour rester en forme et attirer un mari tout aussi en forme que moi. En revanche, si je suis mariée, je peux être tentée d'arrêter d'aller à la gym et voir mon popotin reprendre de l'envergure. Que va faire mon mari ? Demander le divorce ?

***

Environ un siècle après que les assureurs incendie eurent inventé le terme « risque moral », Kenneth Arrow, un économiste américain né en 1921 et prix Nobel d'économie en 1972, fut chargé par la Fondation Ford de chercher des moyens d'améliorer la politique de santé des États-Unis. À l'époque, les polices d'assurance coûtent une petite fortune pour une couverture souvent moins intéressante qu'aujourd'hui.

Kenneth Arrow accusait le risque moral. Selon lui, les compagnies d'assurances essayaient de se protéger des clients tentés de tirer profit de leur couverture et de se faire rembourser des dépenses inutiles. Le rapport de Kenneth Arrow n'a pas changé le monde du jour au lendemain, mais il a eu le mérite de sensibiliser à nouveau l'opinion publique sur la notion de risque moral et de stimuler de nouvelles recherches sur ses causes, ses effets et ses solutions potentielles.

La principale différence entre Arrow et les assureurs du XIXe siècle sur la question du risque moral, c'est que l'économiste n'y voyait pas un problème de moralité – il ne s'agissait pas de déterminer si les assurés étaient des individus fondamentalement bons ou mauvais – mais d'incitation. Si les assurés étaient autorisés à multiplier les frais médicaux sans risquer de sanction (amende, par exemple) ou sans devoir en assumer une partie, ils les multipliaient puisqu'ils n'étaient pas incités à ne pas le faire.

Depuis, des économistes ont dénoncé le risque moral dans toutes sortes de situations, souvent pour contester les programmes susceptibles d'aider certaines catégories de population. Exemples les plus courants :

- **Allocations chômage**

« Pourquoi devrais-je chercher un emploi si l'État me paie pour boire de la bière et aller me promener dans ma toute nouvelle bagnole ? »

- **Prestations sociales**

Idem : bière et nouvelle bagnole.

- **Assurance invalidité**

« Retourner au boulot juste parce que je peux remarcher ? Attends, j'ai encore six semaines devant moi à être payé sans rien faire ! »

- **Garantie**

« Merde, j'ai renversé un verre d'eau sur mon clavier. C'est pas grave, je vais appeler Apple et ils vont m'en faire parvenir un nouveau ! »

- **Renflouement par l'État**

Citibank se demande : « Devons-nous prêter 5 millions de dollars à cette personne pour qu'elle achète une maison ? Vous savez quoi ? Allons-y ! Si elle ne peut pas rembourser son prêt, nous pourrons toujours frapper à la porte de l'État pour qu'il nous renfloue. »

Le principe (2)

Qu'en est-il du risque moral qui se profile derrière un autre type de police d'assurance – celle que vous avez souscrite le jour de votre mariage ? Celle qui dit que votre conjoint prendra soin de vous, que vous soyez malade ou bien portant, que vous perdiez tout votre argent ou gagniez au Loto, que votre situation s'améliore ou se dégrade ? Celle délivrée par l'État sous forme d'un contrat de mariage qui dit qu'enfin vous pouvez cesser de fréquenter les bars pour célibataires et les sites de rencontres parce que vous avez trouvé la perle rare ?

Oh ! quel soulagement, cette assurance… et quel pain béni pour le risque moral.

Lorsque nous avons interrogé des couples mariés, nous avons vu le filet de sécurité du risque moral surgir à maintes reprises :

« Je peux lui crier dessus tant que je veux, il ne peut pas me quitter ! »

« Elle ne pétait pas autant quand nous sortions ensemble. »

« J'ignore pourquoi il supporte toutes mes conneries depuis tant d'années. »

« Il semble avoir oublié comment cuisiner quelque chose de plus compliqué qu'un steak… »

« Avant, je ramassais mes chaussettes sales, mais aujourd'hui je ne le fais plus, parce que je sais qu'elle va le faire à ma place. Ce n'est pas bien, mais c'est comme ça ! »

« Je considère que l'échec est inenvisageable », nous disait un homme marié avant de se comparer au conquistador espagnol Hernán Cortés qui a brûlé tous ses navires après avoir débarqué au Mexique, puis ordonné à ses hommes de conquérir les Aztèques, quitte à y laisser leur peau.

Nos interviews ont confirmé ce que d'autres études révèlent au sujet de l'aveuglement amoureux. Quatre-vingt-dix pour cent des Américains amoureux affirment préférer souffrir que voir l'être aimé souffrir ; 79 % disent qu'ils sont prêts à endurer n'importe quoi par amour pour la personne aimée ; et 72 % déclarent ne pas pouvoir être heureux s'ils savent que l'être cher n'est pas heureux – autrement dit, ils font passer le bonheur de l'autre avant le leur.

Cet aspect désintéressé de l'amour, aussi magnifique qu'il puisse être, est aussi le terreau idéal du risque moral. Promettez à votre époux(se) de tout supporter par amour pour lui (elle), et vous lui donnez carte blanche pour faire tout ce qu'il (elle) veut.

Nous avons également vu le risque moral à l'œuvre dans les aspects concrets et quotidiens de la vie maritale, et combien il était facile de se laisser aller, d'en faire le moins possible, de devenir emmerdant, de ne plus prendre soin de soi, de ne plus faire attention à sa ligne, de ne plus tenir compte des sentiments de l'autre, de le considérer comme faisant partie du paysage, de bannir tout romantisme dans la relation… Dans une certaine mesure, les histoires que nous avons entendues montrent l'évolution naturelle de toute relation durable. Nous éprouvons un bien-être que nous ne ressentons avec personne d'autre et sommes soulagés de ne plus devoir faire d'efforts pour impressionner celui ou celle que nous voulions séduire. L'amour est toujours plus fort, n'est-ce pas ?

Non si le risque moral est en jeu.

Nous sommes toutes et tous susceptibles de prendre des risques inconsidérés si nous ne sommes pas incités à envisager les conséquences et à nous comporter correctement. Heureusement, il existe des moyens de limiter ces risques. Dans ce chapitre, nous vous en proposons trois.

La première méthode consiste à transformer les conjoints en investisseurs. Le risque moral peut être problématique si les individus ne se sentent pas investis dans ce qu'ils font ou ce qu'ils ont. Par exemple, un salarié peut se dire que l'entreprise où il travaille n'est pas à lui et se mettre à faire des petits sommes dans la salle de conférences. Redoutant ce type de risque moral, les entreprises peuvent offrir à leur personnel des stock-options ou n'importe quelle autre forme de participation pour les intéresser, les motiver, les inciter à travailler davantage. Les restaurants accrochent des photos de leurs meilleurs serveurs, les écrivains peuvent toucher des droits d'auteur sur leurs œuvres. Le message : nous sommes tous solidaires.

La deuxième méthode est celle de la réglementation. Il s'agit de fixer des limites. Pour dissuader les banques de prendre des risques plus ou moins inconsidérés sur l'argent de leurs déposants, le gouvernement peut leur imposer un règlement. Par exemple, les obliger à détenir des liquidités en cas de ruée sur les guichets.

Enfin, la troisième méthode consiste à créer les bonnes incitations. Comme l'a découvert Kenneth Arrow, en l'absence de conséquences, nous sommes incités à nous comporter de manière irresponsable. Si mon assurance-maladie rembourse les hypolipidémiants pour faire baisser mon taux de cholestérol, je ne suis pas incité à suivre un régime alimentaire. Aux États-Unis, les assureurs tentent de changer ces incitations aux effets pervers en imposant un système de ticket modérateur et de franchise. Leur but : vous pousser à y réfléchir à deux fois avant de vous précipiter chez le médecin pour un petit bobo.

Un ticket modérateur pour votre conjoint ? Une franchise conjugale ? Un contrat détaillé ? Absurde, vraiment ? Certainement pas ! Lisez la suite et vous verrez comment trois couples ont réussi à réduire considérablement le risque moral.

Étude de cas n° 1

Les acteurs : Béatrice et Ted

Quand Ted regardait Béa, même après vingt-trois ans de mariage, il voyait une belle femme, une mère dévouée, une compagne solide qui l'avait toujours aidé lorsqu'il traversait des périodes difficiles. Une amie indéfectible qui l'avait toujours encouragé à poursuivre sa carrière de musicien, malgré les hauts et les bas, parce qu'elle croyait en lui.

Béa voyait Ted avec les yeux de l'amour, elle aussi. Il était séduisant, surprenant, fiable mais jamais ennuyeux, et composait de magnifiques chansons qui la faisaient souvent pleurer d'émotion.

Ils s'étaient rencontrés lors d'un concert dans le Nevada. Même s'ils menaient tous les deux une vie assez libre, fréquentant les boutiques hippies, fumant des joints de temps à autre et goûtant aux plaisirs de la transe, Béa savait se ressaisir beaucoup plus vite que Ted. Elle avait été élevée par une mère célibataire qui travaillait dur pour donner à ses enfants un foyer confortable, une bonne éducation et de solides valeurs. Pas question de se relâcher ! « J'avais toujours cette petite voix au fond de ma tête qui me disait de ne pas aller trop loin, d'utiliser des préservatifs et de vérifier qu'il y avait toujours quelqu'un qui ne buvait pas dans le groupe pour nous ramener en voiture le soir », nous confiait Béa.

Ted, lui, était le petit dernier d'une famille de cinq enfants. Il avait été choyé dès l'instant où il était sorti du ventre de sa mère. Les gens qui l'entouraient avaient toujours tout fait pour lui, à commencer par sa mère et ses sœurs aînées, puis ses petites amies au lycée et à l'université, et enfin Béatrice. Béa avait tout naturellement endossé ce rôle. Ils passaient de si bons moments ensemble ! Elle a mis du temps à se rendre compte qu'elle était devenue le PDG de leur vie maritale. Mais sa fonction ne lui pesait guère. Béa et Ted déménageaient sans arrêt, au gré des petits boulots qu'ils trouvaient. Et Ted était tellement bon vivant, si aimant et si affectueux, que Béa s'occupait de tout sans problème. Elle pensait qu'ils se complétaient à merveille.

***

Mais la vie les a finalement conduits à se poser. Ils ont déménagé dans le Midwest, ont eu un premier enfant, puis un deuxième. Ils ont acheté une petite maison et, jour après jour, année après année, se sont coltinés les mêmes fardeaux que les autres couples – remboursements du prêt hypothécaire, factures d'eau, de gaz et d'électricité, factures de la télévision par câble, factures du vétérinaire, factures du plombier, impayés, jeux pour les enfants, primes d'assurance… la vie est devenue beaucoup plus compliquée, beaucoup plus chère, beaucoup plus contraignante.

Béa avait trouvé un emploi stable de secrétaire médicale et Ted continuait de faire ce qu'il avait toujours fait, c'est-à-dire poursuivre son rêve insensé et terriblement peu lucratif de devenir une rock star. Il avait un groupe avec lequel il donnait quelques concerts et, quand les fins de mois étaient difficiles, acceptait des CDD dans le bâtiment.

Lorsque les enfants étaient malades, Béa les emmenait chez le médecin. Lorsque les robinets fuyaient, elle appelait le plombier. Elle faisait les courses, nettoyait la cage du cochon d'Inde et allait applaudir ses fils quand ils participaient à des matchs de foot. Et que faisait Ted pendant ce temps-là ? Il cherchait l'inspiration. Se grattait la tête. Regardait les nuages s'amonceler. Il savait qu'il avait le beau rôle. Il répétait que sans Béa, il serait probablement resté ivre mort au bord d'une route.

Béa essayait d'être compréhensive. « Il était toujours le bébé de la famille. Je me disais que ce n'était pas de sa faute, que c'était à cause de son éducation. » Mais certaines fois, Ted faisait vraiment l'enfant et Béa perdait patience. Elle nous a raconté qu'un jour, elle était rentrée tard à la maison et avait vu Ted allongé sur le canapé en train de regarder la télé. Elle lui avait demandé s'il pouvait sortir la poubelle avant d'aller au lit. Pas de réponse. « Ted, t'entends ce que je viens de te dire ? » Ted avait levé les yeux vers elle avec un large sourire. « Comment ? Oh, désolé, chérie, je ne t'avais pas entendue. »

À cet instant, Béa avait senti quelque chose craquer à l'intérieur d'elle-même. « Je me suis interrogée sur notre mariage, à quoi rimait tout cela et ce que je faisais de ma vie. »

Depuis ce jour-là, elle est devenue de plus en plus amère. Elle savait que Ted l'aimait et l'appréciait, mais cela ne lui suffisait plus. Elle était fatiguée.

Elle élevait deux enfants. La vie était beaucoup plus exigeante que lorsqu'ils habitaient dans leur caravane et cherchaient où passer la nuit sans se faire chasser par les flics. Elle avait un travail de bureau, pas cassant, certes, mais abrutissant.

Elle se serait parfaitement accommodée de son boulot de secrétaire si sa vie personnelle n'avait pas représenté un second job à plein-temps chez un employeur ingrat. Elle avait brutalement pris conscience du fait que Ted vivait chez elle sans payer de loyer, s'acquittant parfois de son écot en préparant le dîner des enfants – enfin, en réchauffant au four ce que Béa avait préparé le week-end. Ce dont Béa avait vraiment besoin, c'était d'un mari qui participe activement à la vie du foyer et aux tâches ménagères.

Elle se mettait en colère contre Ted, se plaignait auprès de ses amies et se demandait ce qu'elle avait fait pour mériter un mari aussi nul à la maison. Elle lui avait demandé d'acheter un agenda et de l'avoir toujours sur lui pour ne jamais oublier où il devait être à telle heure ou ce qu'il avait promis de rapporter aux enfants sur le chemin du retour. Mais Ted lui avait répondu que c'était un truc impossible pour lui. Qu'il avait déjà essayé, mais n'y était jamais arrivé.

Béa ne comprenait pas comment ce qu'elle avait tant aimé chez Ted – son caractère facile à vivre, son insouciance, sa spontanéité – pouvait maintenant être la source d'autant de frustration. C'était comme si elle avait trois enfants, sauf que l'un deux avait 42 ans. Avec des cheveux en pétard. Et des odeurs de pieds.

« Je savais que la vie conjugale représentait du travail, mais pourquoi mes amies ne m'ont-elles pas dit que c'était si difficile ? »

Le problème : un mari assisté

Béa pensait qu'elle était une bonne épouse en faisant tout. Elle soutenait son mari, se montrait patiente, gentille et tolérante avec lui. Mais Ted était devenu un locataire dans sa propre maison – un locataire dont Béa se portait caution. Et le gros problème avec la location, selon les économistes, c'est le risque moral. Les locataires ont tendance à ne faire aucun cas du logement qu'ils occupent parce qu'ils n'y sont pas intéressés financièrement.

Les économistes Sebastian Galiani et Ernesto Schargrodsky ont eu la chance de tester les effets de la propriété en Argentine. Ils voulaient savoir si les droits de propriété pouvaient inciter les individus à se sentir davantage investis dans leur logement et son entretien, et à se comporter de manière plus responsable. Ils ont étudié un quartier pauvre de la banlieue de Buenos Aires qui était devenu le terrain vague favori des squatteurs. Les lotissements appartenaient tous à des propriétaires qui ne vivaient pas là. Au début des années 1980, le gouvernement avait décidé de leur racheter ces lotissements et de les transférer aux squatteurs par acte notarié. Du jour au lendemain, les squatteurs étaient devenus propriétaires.

Mais comme certains des propriétaires d'origine avaient refusé le projet du gouvernement et qu'ils attendaient un jugement du tribunal, quelques squatteurs n'étaient pas officiellement propriétaires. Nos deux économistes tenaient là le scénario idéal pour un test : deux groupes témoins vivant côte à côte et dont les situations, très similaires au départ, ont brusquement changé sous l'effet de circonstances extérieures.

Galiani et Schargrodsky ont découvert que les droits de propriété exerçaient une influence profonde sur la vie des individus. D'abord, les squatteurs devenus propriétaires investissaient davantage dans la construction de leur maison : la proportion des maisons dotées de murs de bonne qualité a augmenté de 40 %, celles dotées de toits de bonne qualité de 47 %. Ensuite, les nouveaux propriétaires donnaient une meilleure éducation à leurs enfants – ces derniers manquaient moins souvent l'école et étudiaient plus longtemps.

Certes, Ted n'était pas un squatteur argentin, mais Béa voyait quand même dans son attirance pour le canapé une certaine prédisposition au squat. Et il était évident que Ted n'investissait pas dans sa vie conjugale. Il ne construisait pas de toit (il ne le réparait même pas s'il fuyait), ne s'intéressait pas à l'éducation de ses enfants (les « devoirs à la maison » ne faisaient pas partie de son vocabulaire) et ne cherchait pas à passer des moments de qualité auprès de sa femme qui se voyait de plus en plus comme son propriétaire et de moins en moins comme son partenaire commercial.

Il faut dire qu'avec sa tendance innée à s'occuper des autres et à tout prendre en charge, Béa donnait rarement à Ted l'occasion d'investir dans sa vie conjugale et familiale. Elle lui demandait seulement d'effectuer des tâches insignifiantes, mais pour elle, c'était mieux que rien. Comme le manager de chez McDonald's qui demande à son caissier du drive-in de rendre correctement la monnaie.

Les bonnes intentions de Béa associées à la tendance de Ted à se laisser assister avaient créé le risque moral parfait. L'assurance que Béa lui apportait en tant qu'épouse bienveillante influençait directement son approche de la vie conjugale. Pourquoi faire des efforts si Béa était toujours là pour se porter garante de son « locataire » ?

La solution : s'investir davantage

C'était peut-être vrai que sans Béa, Ted serait ivre mort au bord de la route. Mais il n'avait jamais mis cette éventualité en pratique. Ni Béa.

Jusqu'à ce qu'elle se dise : chiche !

Par un beau matin de printemps, à l'heure du petit déjeuner, Béa annonça qu'elle désignait Ted co-PDG de leur vie conjugale. Et non, ce n'était pas négociable. Et oui, cela signifiait que les choses allaient changer. Pour commencer, monsieur était désormais chargé de gérer ses propres affaires : son argent, ses pantoufles quand il lui en manquait une, son shampoing antipelliculaire, ses piles de vieux 33 tours qui pourrissaient au sous-sol. Ensuite, s'il voulait passer du temps avec sa femme et ses enfants, c'était à lui d'en prendre l'initiative – elle ne l'obligerait plus à venir dîner autour de la table familiale en lui répétant dix fois que le repas était prêt et ne le supplierait plus de venir assister aux matchs de foot de leurs fils.

Elle cessa aussi de s'occuper de son linge. Elle vira tout son argent personnel sur son propre compte et lui supprima ses allocations (oui, depuis des années, elle lui versait des allocations – de l'argent de poche, si vous préférez – pour ses dépenses personnelles). Elle ne pensait plus autant à ce qu'il aimait ou n'aimait pas lorsqu'elle allait au supermarché ; si elle avait envie d'aubergines, eh bien merde, elle achetait des aubergines ! Le soir, après le dîner, elle faisait la vaisselle et aidait les enfants à faire leurs devoirs avant de les envoyer au lit. Parfois, ils oubliaient de dire bonne nuit à leur papa qui était allongé sur le canapé ou assis sur le pas de la porte à regarder les étoiles.

En forçant Ted à s'investir dans ses propres affaires, Béa pouvait désinvestir certaines tâches familiales qu'elle avait toujours assumées. Elle continuait de s'occuper du foot et des devoirs des enfants, mais elle désignait Papa « PDG du week-end » s'il fallait conduire les enfants à un anniversaire ou si les garçons avaient besoin de quelqu'un pour s'entraîner aux tirs au but dans le jardin.

Non seulement les sous-vêtements sales de Ted n'ont pas tardé à s'accumuler, mais ses enfants le réveillaient le dimanche matin pour qu'il fasse des gaufres, regarde la télé avec eux, les emmène faire du sport ou les aide à ramasser des limaces pour les disséquer. Quant à Béa, elle quittait la maison de bonne heure pour vaquer à ses occupations personnelles – prendre un café avec une amie ou aller à la salle de gym du quartier – et ne laisser aucune chance à Ted de se débiner.

Ted, de son côté, était étonné de voir à quel point ses enfants pétillaient de vie et avaient besoin d'attention et d'affection. Non pas qu'il ne les aimât pas mais, en réalité, il ne les connaissait pas vraiment. « Je me ferais tuer pour eux », disait-il (quel sens du tragique !). « Mais, diable, quel fil à retordre ils me donnent ! »

Béa était d'un optimisme prudent. Elle savait qu'elle y allait un peu fort et ignorait si Ted allait sombrer ou surnager. « Pour être honnête, j'avais terriblement peur qu'il m'ignore et que tout mon plan tombe à l'eau. Ce que je ne voulais pas, bien sûr, mais je n'avais plus le choix. » Elle avait des amies qui restaient avec leur mari alors qu'elles étaient malheureuses à mourir, et d'autres qui plaquaient mari et enfants avant même d'essayer de recoller les morceaux. Aucune de ces solutions ne l'enthousiasmait, alors elle avait choisi une troisième voie où elle jouait le tout pour le tout.

Heureusement pour elle, Ted n'était pas complètement stupide et se rendait compte des choses. Il a remarqué que ce qu'il faisait – ou ne faisait pas – avait de l'importance. S'il ne faisait pas sa lessive, ses vêtements étaient sales. S'il ne jouait pas avec ses enfants, ils boudaient ; s'il s'occupait d'eux, leur visage s'illuminait. Un jour, son plus jeune fils âgé de 7 ans, Marc, est revenu de l'école avec un dessin pour son papa « bizarre » et « gentil ». L'adjectif « bizarre » a touché Ted parce qu'il signifiait que Marc comprenait ses bizarreries et l'aimait quand même.

Ted récoltait ce qu'il semait, recevait parce qu'il donnait, ce qui était une nouvelle expérience pour lui.

« Lorsque la relation avec mes enfants a changé, j'ai réalisé tout ce que Béa avait fait pour eux depuis des années et des années, nous confiait Ted. Je me suis toujours senti un meilleur mari par rapport à mes copains qui avaient des enfants. Je ne me plaignais jamais de ma femme. Parce que je n'avais rien à lui reprocher. Alors qu'elle pouvait légitimement se plaindre de mon comportement parce que j'étais vraiment nul. »

Ce n'est pas pour autant que l'ancien Ted est devenu un nouveau Ted. Il ne se levait pas le matin pour enfiler un costume cravate et aller au bureau. Il n'avait toujours pas de travail. Mais il a commencé à s'investir, à assumer la fonction de co-PDG du foyer avec un enthousiasme qu'il n'avait encore jamais manifesté auparavant, du moins pas depuis l'été 1987 où il avait passé une semaine à tailler au couteau une tortue dans une savonnette pour l'offrir à Béa.

Un jour, par un beau week-end d'été, Ted organisa une petite escapade familiale jusqu'au lac Michigan. Il réserva le camping trois mois à l'avance, acheta deux tentes (sur la carte de crédit de Béa, mais quand même), prépara les menus et étudia minutieusement quelques circuits de randonnée accessibles aux enfants. Béa nous disait : « J'ai presque commencé à croire en Dieu ! Cela me paraissait tellement miraculeux… »

Ah ! au fait, la dernière fois que nous avons pris des nouvelles du couple, Ted n'était pas étendu ivre mort au bord de la route.

Étude de cas n° 2

Les acteurs : Léa et Joe

Léa et Joe se sont rencontrés il y a quatorze ans à l'occasion d'un rendez-vous arrangé par leurs parents. Léa avait pourtant juré de ne plus aller aux rendez-vous organisés par sa mère depuis le fiasco du premier – un « entrepreneur » qui avait soi-disant lancé son propre fonds spéculatif et jouait Ringo dans un groupe de reprise des chansons des Beatles le week-end. Mais, à un moment où elle était un peu déprimée, elle a accepté de prendre un café – juste un café ! – avec Joe, le fils d'une amie d'une amie de sa mère, qu'elle avait vu pour la dernière fois à l'âge de 5 ans et qui était dans le même cours de musique qu'elle.

Joe était devenu un bel homme d'une trentaine d'années, assez mature, drôle, qui a posé des tas de questions à Léa et ne s'est pas jeté sur elle pour l'embrasser maladroitement à la fin du rendez-vous. Léa le trouvait normal, trop normal, même, et se disait qu'il y avait forcément anguille sous roche.

Joe a également été soulagé de voir que Léa était normale. Pas « normale » au sens de « comme tout le monde » ou « fade », mais saine, la tête sur les épaules et dotée d'une belle indépendance d'esprit. Ils avaient tous les deux un grand sens de l'humour empreint d'ironie et, même au début de leur rencontre, ils n'arrêtaient pas de se taquiner et de rire de leurs propres petites manies. Ils attendaient beaucoup de l'existence et nourrissaient de grands projets, mais n'oubliaient pas que la vie se vivait aussi dans l'instant présent. C'est cette philosophie qu'ils partageaient qui les a d'abord rapprochés, puis soudés durant leurs premières années de vie commune.

Sans oublier la grossesse imprévue de Léa. Enfin, pas si imprévue que ça puisqu'ils admettaient être trop négligents pour mettre un préservatif après une soirée bien arrosée, et avouaient chuchoter dans le noir après l'amour en se disant que si le pire devait arriver, ils partiraient au Costa Rica ouvrir une boutique de surf et élever leur enfant dans un bungalow sur la plage.

Finalement, ils se sont mariés à la mairie.

Au fil du temps, ils ont eu des accrochages assez violents et assez fréquents. Inévitable, avec leurs fortes personnalités. Ils faisaient partie de ces couples qui semblent s'épanouir dans le conflit – le torchon brûle, ils se détestent et, la minute d'après, ils se réconcilient au lit avec une passion ravivée. Léa mettait le feu aux poudres en disant à Joe qu'il se comportait comme sa mère maniaco-dépressive. Joe se vengeait en refusant de répondre aux appels téléphoniques de Léa, ce qui la mettait hors d'elle. Et c'était toujours la faute de l'autre.

« Joe est extrêmement lunatique, nous disait Léa. Il est très papa poule avec sa fille, la cajole et la fait rire, et quelques instants plus tard, il se renferme dans sa coquille pour entamer un dialogue intérieur auquel personne n'a accès. Cela me rend dingue. Je suis beaucoup plus calme et pondérée que lui. »

« Léa est une boule d'énergie », disait Joe. (Bien évidemment, nous ne les avions pas interrogés en même temps.) « Si je suis cinq minutes en retard, elle n'arrête pas de m'appeler. Elle n'a pas de régulateur interne pour lui dire de relâcher la pression. Elle dit ce qu'elle pense et parle sans réfléchir. Je l'aime, mais elle est un peu dingue. »

Joe et Léa étaient le genre de couple que vous rencontrez à une soirée en vous disant au premier abord : « Ceux-là, ils seront divorcés dans l'année ! » Et puis, à la fin de la soirée, vous vous demandez quel peut bien être le secret de leur réussite.

Quel secret ? En tout cas, leur couple a fonctionné de nombreuses années... jusqu'à ce que leur fille, Betty, atteigne la puberté. Ils ont commencé à s'oublier un peu pour se focaliser sur les problèmes de Betty – pourquoi elle n'avait pas encore le droit d'avoir sa propre page Facebook, pourrait-elle bientôt sortir avec un garçon maintenant que toutes ses copines semblaient avoir un petit copain, et autres questions métaphysiques.

Joe et Léa n'étaient pas un cas à part. Des études montrent que la satisfaction maritale chute après la naissance d'un premier enfant. Les couples ont neuf fois plus de chance de se disputer et sont plus sujets à la dépression. Ils se sentent complètement dépassés, leur communication et leur sexualité se dégradent considérablement. Les couples qui passent le cap des premières années – et survivent également aux années qui suivent la naissance du deuxième enfant – sont souvent sauvés. Mais les hostilités reprennent de plus belle lorsque leurs enfants arrivent à la puberté. « Ironie du sort : au moment où les exigences physiques liées à l'éducation de jeunes enfants diminuent, les exigences émotionnelles liées à l'éducation d'adolescents grincheux prennent le relais », écrit le psychiatre John W. Jacobs. Il ajoute : « Si, alors qu'ils sont confrontés à des problèmes avec leurs adolescents, les conjoints échouent à mettre en place une méthode raisonnable destinée à prendre soin de leur progéniture et à préserver leurs désirs mutuels, des tensions graves peuvent se développer. »

Nous ne sommes pas psychiatres, mais nous pouvons dire que Joe et Léa n'avaient pas réussi à mettre au point une « méthode raisonnable » destinée à préserver leur vie conjugale. Ils se disputaient moins (ce qui, dans leur cas, était plutôt mauvais signe), se souciaient moins l'un de l'autre et en faisaient de moins en moins pour répondre aux attentes et aux désirs de l'autre.

Léa, dont le désordre énervait toujours Joe, cessa d'essayer d'être moins désordonnée. Joe, dont l'habitude de ne pas appeler à la maison lorsqu'il savait qu'il allait être en retard mettait Léa dans tous ses états, cessa carrément d'appeler. Léa se plaignait de ne pas avoir de temps pour faire du sport, Joe prétendait être trop fatigué pour discuter.

Le problème : rien à perdre

Imaginez une ligne dans le sable. D'un côté se trouve le risque moral. C'est un monde où vous vous laissez aller complètement, où vous partez du principe que votre conjoint(e) va ramasser vos chaussettes, prendre tout en charge – vous compris – et ne jamais vous abandonner. Vous ne prenez plus la peine de lui montrer votre affection, vous laissez tomber les gestes tendres et les mots doux, les bourrelets qui dépassaient de votre pantalon dépassent encore un peu plus et vous vous installez dans une confortable indifférence.

De l'autre côté de cette ligne se trouve la paranoïa. Le contraire du risque moral. Vous ne baissez jamais la garde, vous prenez soin de votre apparence et vous suivez à la lettre les règles édictées par votre conjoint(e). Vous essayez d'anticiper ses moindres désirs et vous ne le (la) provoquez jamais. Vous évitez totalement le conflit de crainte qu'en soulevant des sujets délicats, votre moitié décide de vous plaquer sur un coup de tête et de ne jamais revenir.

En réalité, comme vous pouvez le voir sur la figure 7, il existe toutes les nuances possibles entre ces deux extrêmes. Vous ne voudriez probablement pas d'une vie conjugale dépourvue de risque moral – vous avez besoin de savoir que vous pouvez faire des conneries de temps en temps sans que votre partenaire vous quitte pour autant. Un minimum de risque moral est indispensable au bon fonctionnement d'une vie de couple.

Mais vous ne voudriez pas non plus que le risque moral gouverne votre rapport à l'autre. En fait, vous voudriez vous rapprocher au maximum du juste milieu – d'un endroit sécurisant, mais pas d'un filet de sécurité.

Comment atteindre ce juste milieu ? En réécrivant les règles de votre partenariat et en réinstaurant quelques principes de responsabilité. On l'oublie souvent, mais les individus ont tendance à faire des efforts quand ils ont quelque chose à perdre.

En général, vous pouvez repérer le risque moral dans une situation où quelqu'un qui n'a rien à perdre – ou pense ne rien avoir à perdre – se relâche, ne pense plus qu'à lui, se croit tout permis ou prend trop de risques. Cinquante-six pour cent des couples que nous avons interrogés dans le cadre de notre enquête attribuent au risque moral le fait d'avoir pris du poids depuis leur mariage. Et le risque moral explique pourquoi 46 % des couples se témoignent moins d'affection et de tendresse qu'au début de leur mariage, prétextant être « trop occupés ». Sans compter les 20 % qui admettent qu'il ne leur vient même plus à l'esprit de se montrer affectueux.

Ils partent du principe que l'autre va vivre avec un peu moins – un peu moins de tout – et, qu'après tout, ils sont mariés et ainsi vont les choses. Mais ces couples, qui se sont rapprochés dangereusement d'une extrémité du spectre du risque moral, jouent avec le feu. C'est le cas de Léa et Joe après quatorze ans de mariage.

OÙ VOUS SITUEZ-VOUS SUR LE SPECTRE DU RISQUE MORAL ?

Un peu de risque moral est nécessaire, mais ne jouez pas avec le feu.

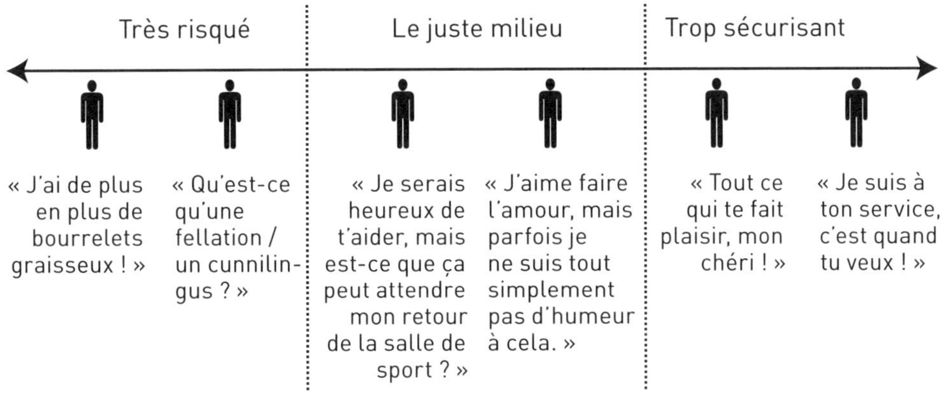

Figure 7 : Trouver le juste milieu

La solution : un nouveau cadre réglementaire

Joe et Léa avaient besoin d'un nouveau contrat. Les lois, les règles, les règlements et les contrats aux conséquences réelles nous donnent quelque chose à perdre et freinent la toute-puissance du risque moral.

Joe et Léa pouvaient renouveler leurs vœux, mais des vœux bien spécifiques du style : « Je jure de ne plus péter au lit » ou « Je jure de ranger mes chaussures ».

Ils pouvaient convenir expressément de pénalités en cas de rupture du contrat – garder le silence pendant six jours, se venger ou, simplement, divorcer – mais il était plus probable que le non-respect du contrat vienne encore alimenter la lente dégradation de leur vie conjugale, ce que l'économiste Ted Bergstrom appelle « les mots durs et les toasts brûlés ».

Vous pensez peut-être qu'il est contraire à la nature de l'amour de le réglementer. Les individus ne sont pas des entreprises, ce sont des êtres uniques et complexes qui réagissent chacun différemment aux problèmes qu'ils rencontrent.

D'accord, mais n'oubliez pas que le mariage est déjà très réglementé. Les couples fonctionnent selon des règles de base – pas de tromperie, pas d'escapade aux Bahamas sans en avertir l'autre, pas d'achat de maison sans consentement mutuel. Alors pourquoi ne pas ajouter quelques règles supplémentaires si elles peuvent améliorer la situation ? Le risque moral prospère en l'absence de conséquences, et il n'y a pas de conséquences quand il n'y a pas de règles.

Pour Joe et Léa, jurer de ne jamais tomber dans l'autosatisfaction n'aurait pas suffi. Leur contrat devait être structuré et spécifique.

Avant d'arrêter de faire des efforts l'un pour l'autre, Léa et Joe savaient assez bien trouver le juste milieu. Certes, Léa n'aimait pas aller s'entraîner sur un tapis de jogging, mais elle le faisait pour plaire à Joe. Joe se moquait bien d'avoir les mains sales, mais il les lavait en rentrant à la maison pour faire plaisir à Léa. Ils devaient retrouver ce niveau de tolérance et de compromis, et c'est pourquoi ils avaient besoin de règles. Pour se sentir appréciée, Léa attendait quatre choses de la part de Joe :

1. Qu'il l'appelle quand il est en retard.
2. Qu'il se lave les mains en rentrant du travail.
3. Qu'il lui parle, à elle et à sa fille, quand il rentre du travail.
4. Qu'il occupe la salle de bains du haut pendant qu'elle prépare le petit déjeuner en bas.

Quant à Joe, il attendait quatre choses de la part de Léa :

1. Qu'elle range la maison et les affaires de sport de Betty qui traînent dans l'entrée.
2. Qu'elle emploie de temps en temps les mots « s'il te plaît » et « merci ».
3. Qu'elle accepte des préliminaires un peu plus longs quand ils font l'amour (un renversement des rôles surprenant, n'est-ce pas ?).
4. Qu'elle essaie de retourner régulièrement à la salle de gym – non pas qu'il ne l'aime pas comme elle est (avec quelques bourrelets de plus), mais parce qu'il pense qu'elle se sentirait mieux de refaire un peu de sport.

Ils ont établi leurs listes d'attentes respectives, puis les ont échangées. Ils ont décidé qu'il serait suffisant de se mettre d'accord sur trois des quatre requêtes – par exemple, Léa s'engageait à ranger ses affaires, mais ne pouvait pas toujours garantir qu'elle rangerait celles de Betty. De son côté, Joe avait parfois besoin de se retrouver seul pour décompresser en rentrant du boulot avant d'engager la conversation avec sa famille. Mais respecter trois règles sur quatre, c'est déjà très bien, non ? Et attention au non-respect de ces règles !

Si l'un des deux rompait le contrat, l'autre répliquait aussitôt – autrement dit, pas de mains propres, pas de préliminaires.

Tout mettre sur la table ôtait une bonne part du mystère à l'origine de la lente dégradation de leur relation de couple. Certes, les contraintes liées à l'éducation de leur fille avaient joué un rôle non négligeable et l'adolescente sapait une bonne partie de leur énergie. Mais comme le fait remarquer le psychiatre John Jacobs : « Étant donné la fragilité des mariages actuellement, vous aidez vos enfants si vous pensez régulièrement à focaliser votre attention sur votre relation de couple. »

Le nouveau contrat de Joe et Léa mettait en lumière l'évolution de leur relation et comment, insidieusement, ils avaient laissé le risque moral leur pourrir la vie. En pensant de nouveau à eux et à leur couple, ils pouvaient se rappeler pourquoi ils étaient tombés amoureux l'un de l'autre et prendre conscience de tout ce qu'ils avaient à perdre s'ils continuaient à laisser leur relation se détériorer.

Pour rendre votre mariage résistant au risque moral, commencez par un contrat simple et quelques stipulations. Devez-vous spécifier combien de fois par an vous allez masser le dos de votre mari ? Avant de dire non, réfléchissez une seconde. Si vous ne le massez jamais (alors qu'il aime ça), vous lui envoyez le message que vous êtes parfaitement consciente de ne pas y être obligée et qu'il n'a qu'à faire avec – après tout, comment un mari peut-il exiger que sa femme lui masse le dos tous les jours alors qu'elle a un boulot à plein-temps et 2,5 enfants ? Vous vous dites que le pire qui puisse arriver est qu'il ronchonne de temps en temps. Mais vous savez gérer quelques ronchonnements, non ?

Faux. Ses ronchonnements vont se transformer en ressentiments, puis en refus, et ensuite c'est vous qui allez ronchonner, éprouver du ressentiment et lui refuser des choses. C'est ainsi qu'un geste qui vous aurait pris cinq minutes peut devenir une source de tensions. Nous ne disons pas que les massages du dos sont la clé des mariages heureux, mais que refuser à son partenaire quelque chose qu'il aime, même si ce n'est pas grand-chose, a des conséquences. Dans une vie de couple, rien n'est anodin.

Au cours des premiers mois qui suivent la signature de votre contrat, faites régulièrement le point sur vos progrès. Vérifiez chaque semaine que vous avez tous les deux fait ce que vous aviez promis de faire. Par exemple, avez-vous dit « Bonsoir, chérie » à votre épouse en rentrant du travail ou émis votre grognement habituel ? Combien de fois avez-vous discuté ensemble du menu du dîner et laissé votre partenaire vous faire des suggestions ? Avez-vous réservé une baby-sitter pour le samedi soir et pris des billets pour aller au théâtre ? Avez-vous fait l'amour deux fois cette semaine ? Si vous vouliez aller voir chacun des amis de votre côté, vous êtes-vous mis d'accord là-dessus ?

Un contrat est là pour modifier le *statu quo* et remettre les pendules à l'heure (si vous avez besoin de vous rafraîchir la mémoire sur le biais de *statu quo*, reportez-vous au chapitre 2 sur l'aversion pour la perte). Mais il ne faut pas laisser le nouveau contrat devenir un nouveau *statu quo*. Revoyez-le de temps en temps pour vérifier qu'il reste pertinent et que vos besoins n'ont pas changé récemment. Si vos attentes ont évolué, apportez quelques modifications à votre contrat – sans le remanier de fond en comble. De petits changements peuvent avoir de grands effets.

Étude de cas n° 3

Les acteurs : Carla et Peter

Carla a rencontré Peter lors d'un rodéo. Journaliste de mode à New York, elle avait accepté – pour rigoler, disait-elle – la proposition d'un magazine de mode masculine de couvrir un rodéo dans le Wyoming. La possibilité d'y rencontrer un cow-boy terriblement sexy lui avait quand même effleuré l'esprit.

Peter était un cow-boy terriblement sexy. À l'occasion de ce rodéo, il montait des taureaux, mais le reste du temps, il travaillait dans un ranch et dressait des chevaux. Il prévoyait de passer le reste de l'année dans le Wyoming, puis de partir en Virginie pour y lancer sa propre affaire. Il était grand, blond, bien élevé, fort, calme et assuré. Il parlait d'une voix douce, mais avait son franc-parler. Pour résumer, il était tout le contraire des boy-friends que Carla avait collectionnés au cours des quinze dernières années.

Carla pensait que la folle passion qu'ils avaient vécue cette semaine-là n'aurait aucune suite. « Il me semblait impossible que deux personnes aussi différentes puissent s'entendre à long terme. Et puis il portait des jambières de cuir, comme tous les cow-boys. »

Six mois plus tard, après des courriers échangés toutes les semaines (mais oui, Peter écrivait des lettres !), des factures de téléphone astronomiques et une demande en mariage, le couple formé par Carla et Peter n'était pas seulement possible, mais réel.

Certes, Carla et Peter étaient radicalement différents et tout les séparait – elle était de la ville, lui de la campagne ; elle était athée et lui chrétien ; elle adorait les talons hauts et lui les vêtements de travail décontractés. Mais leur couple fonctionnait.

« Il faisait ressortir ce qu'il y avait de meilleur en moi », disait Carla qui, après tant d'années passées à Manhattan, était prête à quitter sa salle de sport favorite où elle passait la moitié de son existence, son mode de vie new-yorkais et tous ses amis qu'elle connaissait depuis qu'elle avait quitté son Ohio natal pour partir à la conquête de New York et réussir professionnellement.

« Personne ne m'avait jamais fait autant rire », avouait Peter qui n'avait jamais couru sur un tapis de jogging mais savait saisir les occasions quand elles se présentaient.

Leur seul problème : comment réunir leurs vies disparates ? Peter dressait des chevaux, construisait des clôtures et communiait avec la nature. Son cœur se dessécherait s'il devait vivre dans un petit appartement avec vue sur la station-service du quartier. Carla ne voulait pas voir Peter se détruire à petit feu – elle aimait cet homme qui murmurait à l'oreille des chevaux et parcourait les grands espaces. Et elle était davantage disposée à essayer de vivre à la campagne que Peter à la ville.

Elle fit donc ses valises pour la Virginie.

Ils achetèrent une maison avec plusieurs hectares de terrain et Carla démarra une toute nouvelle vie. Elle créa un potager, apprenant à faire la différence entre du chou frisé et des bettes, des rutabagas et des panais. Peter possédait un chien du nom de Cowboy et Carla lui trouva un compagnon à la fourrière qu'elle baptisa Hope. Hope restait assis à ses côtés toute la journée pendant qu'elle rédigeait des articles et la suivait dans le jardin lorsqu'elle inspectait ses jeunes plants. À défaut de tapis de course, Carla faisait son jogging dans les bois qui entouraient la maison et partait explorer des sentiers qui grimpaient dur et d'où elle avait une vue magnifique sur les montagnes environnantes. Elle apprit à cuisiner, régalant Peter de plats très audacieux comme ses crêpes au beurre de cacahuète et son jambon au Coca-Cola.

Mais même si elle découvrait de nouvelles facettes d'elle-même, elle se disait certains jours que l'isolement allait la rendre dingue. Peter n'avait pas ce problème. Il pouvait passer des semaines sans parler à un autre être humain. Il construisait ses clôtures dans le silence le plus total et se contentait de faire un signe de tête de temps en temps à son fidèle compagnon, Cowboy, qui le regardait travailler.

Carla, elle, était très sociable. Ses amis de New York lui manquaient. Elle avait beaucoup de mal à supporter de ne parler à personne – excepté à Hope et Peter – pendant plusieurs jours d'affilée. Du coup, elle se parlait à elle-même, mais cela ne lui suffisait pas. Parfois, elle prenait peur en pensant à l'argent, à sa carrière, à son manque d'amis proches. Parfois aussi, elle regrettait la décision d'être venue ici, au milieu de nulle part. En se regardant dans le miroir, elle ne reconnaissait plus cette personne au regard vide, portant les mêmes jeans râpés, les mêmes pull-overs boulochés, les mêmes bottes crottées jour après jour, semaine après semaine, mois après mois.

L'absence de Peter, qui travaillait sept jours sur sept du lever du soleil à la tombée de la nuit, n'arrangeait pas les choses. Il s'était engagé à développer son affaire et à se constituer un petit pécule pour Carla et pour lui. Alors il s'impliquait à fond, avec une capacité de travail hors du commun. Il voyait que Carla était d'une humeur de plus en plus sombre et n'entendait plus ses éclats de rire si communicatifs qui l'avaient tant charmé au début de leur relation. Mais il se disait qu'elle allait s'adapter. C'est ce qu'elle essayait de faire, mais ce n'était pas facile avec un mari qui lui répondait « ne fronce pas les sourcils comme ça, ma chérie ! » à chaque fois qu'elle lui disait qu'elle était déprimée. D'ailleurs, Peter ne comprenait pas qu'elle puisse être déprimée. « Nous avions une belle vie, nous nous aimions. Comment pouvait-elle être triste ? » nous confiait-il.

Carla commença à dormir jusqu'à midi. Quand Peter rentrait le soir, la cuisine n'était pas éclairée. Il trouvait Carla allongée sur le canapé, à regarder une énième rediffusion débile à la télé et à manger du jambon au Coca-Cola, son fidèle toutou à ses côtés.

Le problème : des incitations à effet pervers

Nous pouvons vous dire maintenant que Peter était celui qui comparait son mariage à la conquête des Aztèques par Hernán Cortés et pour qui un échec n'était même pas concevable. Liens sacrés du mariage obligent...

D'une part, cela signifiait qu'il ne quitterait jamais sa femme et qu'il ferait tout pour la protéger et protéger leur union. (Les quinze heures de travail par jour, le pécule amassé, la fidélité éternelle. Nous devrions toutes nous réjouir d'avoir un mari comme Peter.) Mais, d'autre part, cela signifiait qu'il était aveugle aux signes avertisseurs d'un possible échec de sa vie conjugale. Il ne lui venait pas à l'esprit que quelque chose puisse briser son mariage et, par conséquent, voyait l'état de sa femme comme un mauvais moment à passer. Tout allait s'arranger, il en était convaincu.

La conception qu'avait Peter du mariage créait ce que les économistes appellent une « incitation à effet pervers », c'est-à-dire une incitation qui produit l'effet contraire à l'effet recherché. Par exemple, les entreprises encouragent souvent leurs managers à réduire le budget du département qu'ils dirigent. Mais si un responsable réduit son budget de 15 %, sa prime est inférieure de 15 % l'année suivante, ce qui ne l'incite guère à poursuivre ses compressions budgétaires. Aux États-Unis, Medicaid rembourse les médecins, non pas à hauteur du temps qu'ils passent avec leurs patients, mais en fonction du nombre d'examens qu'ils leur font passer, ce qui les incite à vous voir en coup de vent, à vous poser le minimum de questions et à vous envoyer passer un scanner. Les incitations à effet pervers créent des risques moraux dans le sens où elles incitent les individus à faire le contraire de ce qu'ils devraient faire.

Revenons à la vision monolithique du mariage de Peter. Son principal effet secondaire ? Elle ne tenait pas compte du fait que dans la vie réelle, l'échec est une possibilité et les ruptures existent. Du coup, Peter n'a pas développé sa capacité à gérer un échec potentiel ou une rupture éventuelle. Et parce qu'il considérait que le mariage – ou plutôt l'assurance qu'il représentait – était une garantie de couverture à vie, il n'était nullement incité à faire des sacrifices ou des ajustements. Son approche très pure et très absolue du mariage, admirable par ailleurs, ne l'incitait pas à être le meilleur mari possible pour sa femme, ce qui est paradoxal.

Peter était un bon type tombé dans le piège du risque moral.

Un jour, lorsqu'il est rentré du travail, il a trouvé la maison vide. Carla avait pris la poudre d'escampette. Elle lui avait laissé un petit mot sur le frigo pour lui dire qu'elle était partie chez ses parents et serait de retour dans quelques semaines, du moins peut-être. Elle avait ajouté qu'elle pensait que leur mariage pouvait fonctionner, mais à condition d'opérer de profonds changements. Peter était sous le choc. Il avait toujours cru que le plus dur, pour Carla, avait été de prendre la décision d'aller vivre à la campagne, mais qu'une fois sa décision prise, elle ne reviendrait pas dessus. Peter était bien intentionné mais mal informé.

La solution : des incitations intelligentes

Si des incitations contre-productives peuvent pourrir votre vie conjugale, des incitations intelligentes peuvent la sauver du naufrage. Repensez à vos maux d'estomac et à l'année passée à consulter une ribambelle de médecins dans l'espoir de trouver un remède. Votre assurance était un risque moral : vous n'aviez aucune incitation à vous soucier du coût de vos visites et de vos examens puisque vous étiez couverte. Même chose pour des maris trop confiants qui ne sont pas incités à faire des efforts supplémentaires pour leurs femmes.

Les personnes assurées ont toutes les raisons d'être irresponsables – non pas qu'elles aillent nécessairement l'être, mais il ne faut pas s'attendre non plus à ce qu'elles soient hyperresponsables... Comment faire pour que des individus puissent profiter des avantages de l'assurance tout en étant incités à agir de façon responsable ?

Il faut les faire payer.

D'où l'intérêt de la franchise d'assurance et du ticket modérateur. L'idée est la suivante : en obligeant les assurés à conserver à leur charge une part des frais, ils seront incités à consommer moins et à prendre davantage de précautions. En vivant en pleine campagne, au milieu de nulle part, Peter conservait tous les avantages pour lui et ne participait pas aux coûts que cette vie représentait pour Carla – l'isolement, l'absence d'amis proches, l'arrêt brutal de sa brillante carrière de journaliste.

Nous n'approuvons pas la solution radicale trouvée par Carla, à savoir partir de chez elle (surtout que chez d'autres couples mariés, ce genre de décision produit l'effet inverse à l'effet souhaité), mais dans ce cas, ce fut l'électrochoc dont Peter avait besoin. Et Carla aussi. « J'avais toujours pensé que c'était moi qui n'allais pas, que je devais arrêter de m'apitoyer sur moi et assumer ma décision au lieu de râler tout le temps, mais c'était plus fort que moi, j'étais triste. Je me disais aussi que, même si c'était mon problème, Peter aurait pu m'aider. Ce qui n'était pas le cas. »

Il est vrai que Carla n'a jamais demandé l'aide de Peter. Elle avait essayé de s'en sortir toute seule, n'y avait pas réussi et s'était repliée sur elle-même. Peter rentrait le soir, lui demandait de ne plus froncer les sourcils, et elle se repliait toujours plus sur elle-même, souffrant en silence. Carla avait besoin que son mari allège sa charge – partage les coûts qu'elle supportait seule et l'aide à profiter des avantages.

Si Peter voulait rester vivre à la campagne, il devait payer le « ticket modérateur ».

Pendant qu'elle séjournait chez ses parents, Carla établit une liste de choses que son mari pouvait faire pour contribuer à son bonheur s'ils restaient dans leur trou perdu :

1. Travailler six jours par semaine au lieu de sept, ce qui leur permettrait de passer toute une journée ensemble – soit seulement tous les deux, soit à l'extérieur avec les quelques amis qu'ils s'étaient faits depuis leur installation en Virginie. Carla répétait sans cesse que ses anciens amis, ses « vrais » amis, lui manquaient, mais elle ne faisait pas grand-chose pour se faire de nouveaux amis, ce qu'elle avait fini par admettre.
2. Installer Internet et recruter à ses frais un concepteur de sites Web, car Carla voulait avoir son blog et son site Web. En effet, la Virginie était

l'endroit idéal pour permettre à Peter de développer son affaire, mais l'endroit le plus défavorable au métier de journaliste de Carla ; elle était trop loin pour rencontrer les rédacteurs en chef et craignait que bientôt tous ses contacts à New York ne l'oublient complètement.

3. Utiliser ses talents de bricoleur à la maison et installer le chauffage central. Cela faisait un an qu'il le lui avait promis et elle ne voyait toujours rien venir. Carla ne supportait plus d'être gelée en permanence.
4. Mettre la main à la pâte pour préparer le dîner. Pas tous les soirs, mais certains soirs. Au début, elle aimait bien ce petit côté rétro de l'épouse qui sert à dîner à son époux tous les jours, mais elle avait fini par prendre en grippe son rôle d'épouse modèle.

« Je me trouvais un peu exigeante, nous avouait Carla, mais en réalité, je ne lui avais pas demandé grand-chose jusque-là, et je pense qu'il en a pris conscience. » En effet, Peter a accepté toutes ces conditions avec empressement (trop heureux de retrouver sa femme) et sans discussion. Il en a même fait plus : il lui a acheté 32 poulets et construit un magnifique poulailler, vaste et lumineux. En ajoutant : « Je pensais que ça te ferait plaisir. Et que tu pourrais en parler sur ton blog ! »

Et pour en parler, elle en a parlé !

5 LES INCITATIONS *(OU COMMENT TOUT OBTENIR DE VOTRE PARTENAIRE)*

Le principe

Si ce n'est pas trop difficile pour vous, mettez-vous dans la peau de Maurice « Hank » Greenberg, l'homme à la tête du géant mondial de l'assurance American International Group (AIG) vers 2001. Vous avez un vaste espace de travail avec un bureau de style et un « petit » Van Gogh estimé à 6 millions de dollars. Votre jet d'affaires possède un StairMaster, ce qui vous permet de faire du cardio-training à bord, et votre chauffeur personnel est à votre service pour faire la navette entre votre bureau et votre domicile ou votre résidence secondaire. Vous avez 200 milliards de dollars d'actifs à votre disposition et vous savez que si AIG rencontre le moindre problème, vous pouvez ruiner l'existence de très nombreux citoyens américains qui, comme vous, travaillent dur, très dur. Vous avez des bureaux dans 130 pays, des milliers d'employés aux quatre coins du monde et c'est votre boulot de trouver le meilleur moyen de les inciter à afficher des performances optimales.

Comment vous y prenez-vous ?

Jouez-vous les Mussolini en tenant des discours de deux heures par jour destinés à stimuler vos troupes au quatorzième étage de votre gratte-ciel ? Emmenez-vous votre force de vente se faire faire des massages aux pierres chaudes ? Tapissez-vous les murs du hall d'entrée de photos des meilleurs employés du mois ?

Non. Si vous êtes Hank Greenberg, vous offrez à vos meilleurs éléments la possibilité de gagner beaucoup, beaucoup d'argent. Vous leur proposez une échelle des salaires vertigineuse. Par exemple, vous dites à Joe Cassano, fils d'un flic de Brooklyn et trader plein d'avenir que vous venez d'embaucher pour diriger une troupe d'élite chez AIG : « Voici le deal, Joe. Si ton équipe bosse dur, accroît mon prestige et me rapporte des tonnes d'argent, je te laisse 30 à 35 % du bénéfice. » Pas mal, comme proposition. Même à Wall Street, où les traders aiment à se vanter qu'ils « mangent ce qu'ils tuent » (traduction : obtiennent une part de l'argent qu'ils font gagner à leur société), 30 à 35 % représentent une part du gâteau assez conséquente.

Joe Cassano est séduit par la proposition. Qui ne le serait pas ? Il va voir son équipe et lui dit : « Les gars, Hank dit que nous pouvons empocher un tiers de ce que nous lui rapportons. Qu'en dites-vous ? Pas mal, hein ? » Résultat : en 2005, le chiffre d'affaires dégagé par l'équipe de Joe Cassano atteint 3,26 milliards de dollars contre 737 millions en 1999. Quant au salaire de Joe, il s'élève à plus de 300 millions de dollars.

En général, les économistes approuvent ce type de système de rémunération. Les primes d'intéressement sont, et ont toujours été, le moteur de Wall Street. Fondamentalement, l'idée est la suivante : payez un salaire horaire à vos ouvriers et vous obtiendrez un résultat conforme à ce qu'on peut attendre d'un ouvrier payé au salaire horaire. Offrez à vos ouvriers la perspective d'une manne financière exceptionnelle et ils vont travailler comme si leur vie et celle de leur famille en dépendaient. Comme l'écrit Edward P. Lazear, économiste à Stanford : « Les salariés réagissent aux incitations. Si vous les rémunérez en fonction de leurs rendements, ils vont être incités à augmenter leurs rendements. »

Tout cela est parfaitement logique. Mais les incitations ne s'appliquent pas seulement aux traders de Wall Street et au personnel d'une entreprise. Elles valent pour tous les aspects de la vie, ou presque. Dans le chapitre précédent, nous vous avons montré comment des incitations judicieuses pouvaient lutter contre le risque moral. Dans ce chapitre, nous allons vous montrer comment elles peuvent produire quelque chose d'aussi miraculeux : faire faire aux autres ce que vous voulez qu'ils fassent.

Mais d'abord, quelques exemples. Si vous êtes le gouvernement américain et souhaitez que vos citoyens cessent de fumer (pour leur bien, certes, mais aussi parce qu'ils coûtent cher au système de santé), vous augmentez le prix des cigarettes jusqu'à ce qu'ils se disent qu'ils ont tout avantage, financièrement, à arrêter de fumer. Si vous possédez une salle de gym qui n'a pas accueilli grand monde ces derniers temps, vous offrez le premier mois gratuit à tous les nouveaux membres. Les vendeurs de bas, collants et chaussettes offrent une deuxième paire à moitié prix pour une paire achetée. Les livres de développement personnel vous garantissent un mental en béton et un mariage heureux.

Les incitations sont également monnaie courante à la maison. Si vos enfants ne mangent pas ce qu'ils ont dans leur assiette et que vous êtes à bout de nerfs, vous leur dites : « Si vous voulez de la crème glacée ce soir, vous avez intérêt à manger vos brocolis à midi. » À chaque fois que vous essayez de convaincre votre conjoint de faire la vaisselle, de nettoyer le sous-sol ou d'accrocher le tableau que vous avez fait encadrer il y a six mois, vous utilisez le système des incitations : vous faites preuve de gentillesse avec lui, vous lui préparez son plat préféré, vous le menacez, vous lui lancez des ultimatums ou vous lui faites des promesses. S'il commence à avoir la brioche, vous lui achetez un rameur pour son anniversaire et lui suggérez d'en faire de temps en temps pour rester en forme. Quant à la demande en mariage, elle constitue l'une des incitations les plus efficaces : « Jure que tu ne me quitteras pas et je ne te tromperai jamais. »

Sans incitations, Wall Street tomberait en déconfiture, les salles de gym périclitéraient, les enfants deviendraient rachitiques et votre conjoint oublierait de vous faire l'amour. En fait, sans incitations, nous ne ferions rien. Voici donc une incitation à poursuivre votre lecture : si vous voulez devenir expert en incitations efficaces, vous devez comprendre comment certaines incitations sont contre-productives.

Les couples usent et abusent des incitations

La plupart des personnes que nous avons interrogées dans le cadre de notre étude – du moins les 49 % qui ont accepté d'être honnêtes – ont admis employer des incitations pour pousser leurs conjoints à faire des choses qu'ils ne pouvaient pas obtenir d'eux autrement. Parmi les tactiques jugées « efficaces » ou « très efficaces » :

- offrir une récompense (49 %) ;
- proposer de faire quelque chose en échange (48 %) ;
- lui expliquer que c'est dans son intérêt de faire ce qu'il (elle) ne veut pas faire et qu'il (elle) en tirera profit (43 %) ;
- lui demander maintes et maintes fois jusqu'à ce qu'il (elle) finisse par accepter (25 %) ;
- lui faire remarquer que la femme (le mari) de son (sa) meilleur(e) ami(e) le fait (15 %).

Une incitation financière qui mène à la catastrophe

Suite de l'histoire, qui avait merveilleusement bien commencé, de Joe Cassano : en 2008, il était devenu clair que lui et son équipe de traders soi-disant géniaux perdaient de l'argent. Beaucoup d'argent. Pendant des années, ils avaient récolté d'énormes profits en plaçant des assurances sur des milliards de dollars de dette (des créances détenues par d'autres institutions financières), c'est-à-dire qu'AIG n'avait rien à débourser tant que la dette conservait sa valeur. Entre-temps, ils n'avaient rien d'autre à faire que d'encaisser les primes. Pour Cassano et son équipe, l'avenir ne pouvait être que rose. Ils ne pouvaient pas imaginer que tous les propriétaires américains allaient brutalement arrêter de rembourser leurs emprunts en même temps.

Et pourtant. L'inimaginable se produisit.

Dès 2007, la crise des subprimes frappa à leur porte et ils commencèrent à perdre des milliards. La troupe d'élite de Joe allait bientôt saigner à blanc le mastodonte inébranlable d'AIG. Heureusement pour eux, les contribuables américains ont déboursé 182,5 milliards de dollars pour sauver l'entreprise.

Au final, la filiale « produits financiers » dirigée par Joe Cassano est coupable d'avoir alimenté la crise des subprimes qui a rendu exsangue l'économie américaine.

Mais nous vous avons gardé le meilleur pour la fin : Joe Cassano est resté riche. Non seulement il n'a pas eu à rendre ses primes d'intéressement, mais AIG l'a gardé, lui proposant un salaire royal de 1 million de dollars par mois pour remettre de l'ordre dans le bordel qu'il avait créé. (Ce qui a d'ailleurs incité un député à demander au patron de Cassano ce qu'il fallait faire exactement pour être renvoyé.)

Quelle leçon en tirer ? Que des incitations qui semblent faciles à comprendre – payez davantage vos salariés si vous voulez obtenir un meilleur travail – peuvent se retourner contre vous si vous ne les concevez pas de façon judicieuse. Ici, les primes d'intéressement mirobolantes de Joe Cassano n'ont pas profité à AIG parce que le trader savait que sa part du gâteau était garantie et qu'il n'aurait jamais à la rendre, même si son entreprise – ou la nation tout entière – allait à la débâcle. L'incitation elle-même était devenue l'objectif, et non la santé financière durable d'AIG. Le moyen le plus sûr pour une incitation de rater sa cible.

Ce phénomène n'est pas propre à Wall Street. Les économistes ont découvert que toutes sortes d'incitations pouvaient échouer, même celles considérées depuis longtemps comme les plus sûres et les plus efficaces. L'appât du gain, notamment. Il s'avère que payer les individus pour faire telle ou telle chose peut, au contraire, les dissuader de le faire. Pourquoi ? Parce que l'argent étouffe l'envie spontanée de faire quelque chose de bien pour le seul plaisir de faire quelque chose de bien. (Si vous voulez faire votre petit effet lors d'un cocktail, sachez que cela s'appelle de la « motivation prosociale ».) Dans le cadre d'une étude récente, des économistes suédois ont découvert que seulement 30 % des femmes auxquelles on proposait de donner de l'argent pour donner leur sang choisissaient de le donner, alors que 52 % de celles auxquelles on ne proposait pas d'argent le donnaient volontiers.

Évaluez des enseignants sur les résultats de leurs élèves aux contrôles des connaissances et ils vont enseigner uniquement pour que leurs élèves obtiennent de bonnes notes aux examens. C'est bien pour les notes, mais moins bien si vous voulez que vos enfants apprennent à penser par eux-mêmes. Essayez de limiter la prolifération des rats et vous verrez leur population exploser. Dans le Vietnam colonial, les Français ont essayé de gérer la prolifération des rats à Hanoï en offrant des primes à ceux qui leur rapporteraient des queues de cet animal. Il n'a pas fallu longtemps à des Vietnamiens aussi malins qu'ingénieux pour découvrir une alternative plus rapide à la chasse aux rats dans les rues : entreprendre l'élevage de ces satanés rongeurs. Résultat : leur population a encore augmenté.

La punition peut être une arme efficace pour prévenir la criminalité ou les comportements indésirables. La menace d'une amende dissuade les conducteurs de faire du 130 sur une nationale. La menace du divorce dissuade votre conjoint(e) de commettre l'adultère. La menace de perdre votre emploi vous incite à venir travailler tous les jours. Mais le spectre de la punition peut aussi inciter les individus à trouver de nouveaux moyens de mal se conduire. Infligez une amende aux passagers s'ils fument dans les toilettes de l'avion et vous risquez qu'on vous vole votre détecteur de fumée. Refusez d'avoir des rapports sexuels avec votre mari après une dispute et vous risquez de le surprendre à regarder des films pornos à 3 heures du matin.

Parfois, les incitations qui semblent les moins efficaces ou les moins susceptibles de marcher – comme par exemple dire à vos salariés qu'ils font du bon travail, reconnaître les efforts de votre conjoint ou dire à un ami que vous avez confiance en lui et que vous savez qu'il ne vous laissera pas tomber – se révèlent justement les plus efficaces. C'est ce que nous allons vous montrer dans les histoires qui suivent. Ces incitations peuvent faire toute la différence entre une entreprise rentable et une entreprise qui ruine son pays, entre une silhouette de Bibendum Michelin et une allure de mannequin, entre une vie sexuelle triste à mourir et une vie sexuelle épanouissante. Et si elles sont capables de tout cela, elles peuvent certainement encourager votre partenaire à faire le lit de temps en temps.

Étude de cas n° 1

Les acteurs : Jenny et Thorold

S'il y a bien une chose que Jenny (coauteure de ce livre) savait de son mari Thorold, c'est qu'il détestait qu'on lui dise ce qu'il devait faire. Par exemple, il suffisait de lui demander de changer son « T-shirt du week-end » deux fois par an pour le voir porter le même vieux T-shirt avec un smiley tout délavé semaine après semaine. D'insister pour qu'il retire ses bouddhas en bois du dessus de la cheminée pour avoir la certitude que ces objets poussiéreux seraient là à vie. De lui rappeler qu'il n'avait plus que trois jours pour payer ses impôts… pour qu'il s'empresse de demander un délai de paiement supplémentaire.

Il fut une époque – très lointaine, lorsque monsieur courtisait mademoiselle – où Jenny appréciait l'indépendance de Thorold, son esprit libre. « Au moins, se disait-elle, c'est un type qui ne risquera pas de tomber dans le panurgisme ! » Il n'en faisait qu'à sa tête. Il aimait la vie sans ses détails assommants. D'ailleurs, ses contradictions intérieures lui donnaient du caractère. Il possédait un jardin d'agrément qu'il entretenait à merveille, car il adorait bichonner ses fleurs (Thorold est un Britannique pure souche), mais sa douche était tellement crasseuse qu'elle faisait honte à Jenny. « Une douche, ça reste propre naturellement, non ? » lui disait Thorold. Lorsque Jenny se levait après le dîner pour faire la vaisselle, jugeant qu'il valait mieux s'en débarrasser avant de terminer une bonne bouteille de vin devant un bon film de Hitchcock, elle savait que Thorold avait une approche différente : terminer le bon vin, regarder *Rebecca*, aller faire un tour, lire le journal, puis faire la vaisselle.

Très romantique, tout cela…

Même au début de leur vie commune, Jenny n'a pas eu besoin de le harceler et de lui faire sans cesse des remarques puisque, de toute façon, elle savait qu'ils avaient des approches diamétralement opposées des petites tâches ennuyeuses de la vie – faire le ménage, régler les factures, faire la vaisselle, nettoyer la douche… mais quelle importance, après tout ?

« J'avais trouvé un type qui me réveillait pour regarder le lever du soleil, qui avait vécu de thé au beurre de yak pendant une semaine et qui me faisait rire, disait Jenny. Je ne me préoccupais pas de son manque d'organisation et de son laisser-aller dans les corvées domestiques. »

Puis ils se sont mariés et les travers charmants de Thorold sont devenus de moins en moins charmants aux yeux de Jenny. Son esprit indépendant qu'elle appréciait tant devenait synonyme de « faire exactement le contraire de ce que sa femme voulait ».

Puis leur fille est née et les travers déjà un peu moins charmants de Thorold sont devenus carrément déplaisants. Dépassée par un nouveau-né dont il fallait s'occuper, un livre sur le mariage à terminer, un appartement devenu soudain trop petit et la perspective d'une reprise du travail à plein-temps, Jenny sentait que sa patience avec Thorold diminuait comme peau de chagrin. Elle trouvait qu'elle n'arrêtait pas d'exiger qu'il fasse ceci, qu'il fasse cela – elle qui croyait que le terme « harcèlement » ne s'appliquerait jamais à elle et à son couple ! « Pourrais-tu sortir la poubelle, s'il te plaît ? Ou changer la couche de ta fille de temps en temps ? Ou laver ton verre de jus d'orange pour une fois ? » Ce qui lui mettait particulièrement les nerfs en boule, c'était de le voir se lever tous les matins, joyeux et insouciant, en lui demandant si elle avait bien dormi – comme s'il avait passé la nuit sur Pluton, et non à côté d'une épouse qui s'était levée quatre fois dans la nuit pour nourrir leur bébé.

Thorold appréciait le changement qu'il remarquait chez sa femme autant qu'une opération du genou. Il n'y a pas encore si longtemps, il faisait tout bien (ou, du moins, Jenny ne trouvait rien à redire à ce qu'il faisait) et, maintenant, il faisait tout mal, Jenny était constamment sur son dos – comment cela était-il possible ?

« Je savais qu'elle était sous pression, mais je ne comprenais pas pourquoi j'étais devenu le bouc émissaire », disait Thorold.

Il essayait d'arranger les choses en lui faisant remarquer que chacun tentait de faire de son mieux. Jenny acquiesçait et, une minute après, se remettait en colère.

Alors, tout naturellement, Thorold commença à se replier sur lui-même et à ne plus réagir. Ce qui rendit Jenny encore plus énervée. Et triste. Parce qu'au fond d'elle, elle détestait la femme qu'elle devenait.

Le problème : un harcèlement constant

Si vous interrogez Thorold sur cette période de leur vie conjugale, vous vous rendez compte qu'il a une perception aux antipodes de celle de Jenny. À l'entendre, il faisait des tas de choses, restait debout avec le bébé jusqu'à 1 ou 2 heures du matin, dormait souvent sur le canapé pour laisser sa femme se reposer et tentait de gérer un nouveau job particulièrement stressant qui l'obligeait à être au bureau, et parfaitement opérationnel, tous les matins à 8 heures pendant que Jenny continuait de roupiller.

Non seulement ça, mais il cuisinait tous les soirs, ne cessait de répéter à sa femme qu'elle était une mère formidable et lui rapportait des fleurs en revenant du travail plusieurs fois par semaine. Certes, il devait parfois rester au bureau jusqu'à 21 heures, mais le pays traversait une grave crise financière et il ne pouvait pas se permettre de relâcher ses efforts ni de ralentir son rythme.

À entendre Jenny, Thorold n'en faisait pas assez. Mais lui ne voyait pas comment il pouvait en faire encore plus... il faisait déjà vingt choses à la fois ! C'est ainsi qu'un cercle vicieux s'est progressivement installé : plus elle le harcelait, plus il se sentait frustré ; plus elle l'attaquait, plus il battait en retraite et plus elle redoublait d'attaques. Allaient-ils attendre que leur fille ait 4 ans pour envoyer un faire-part de naissance ? Était-ce vraiment à elle d'écrire des centaines de cartes pour remercier les proches et les amis qui avaient gâté leur petit bout de chou ? Et pourquoi monsieur ne daignait-il pas remettre du papier toilette quand il n'y en avait plus ?

Jenny utilisait les bonnes vieilles incitations pour pousser son mari à en faire davantage dans la maison : la colère, la culpabilité, la punition. Et le plus beau, c'est que lorsque les mots sortaient de sa bouche, elle croyait à leur efficacité ! Malheureusement, la maternité avait liquéfié son cerveau. La partie restée lucide savait que Thorold détestait recevoir des ordres et qu'il n'y avait pas mieux pour l'inciter à se réfugier dans sa tour d'ivoire que de lui répéter inlassablement ce qu'il devait faire. Et elle savait que personne – ni les chiens, ni les orques et encore moins les individus de sexe masculin – ne réagissait positivement à la punition. Oui, elle avait conscience de tout cela, mais elle ne pouvait s'empêcher d'exprimer son mécontentement par la colère, souvent accompagnée de sanglots.

Un matin, Jenny a demandé à son mari de mettre le lave-linge en route avant de partir travailler. Il lui a répondu qu'il y penserait mais, là-dessus, il a reçu un coup de fil du bureau, s'est rué sur son BlackBerry et a quitté la maison précipitamment. (Lehman Brothers avait probablement fait faillite, mais quelle importance à côté des affaires sales de bébé qui attendaient d'être lavées ?)

Et Jenny a ruminé toute la journée.

Dans sa tête, elle s'est mise à établir la liste de tout ce que Thorold n'avait pas fait dernièrement : il n'avait toujours pas remplacé la plante grillée par le soleil sur la terrasse, rangé les affaires d'hiver de leur fille dans le débarras, réservé leurs billets d'avion pour l'Angleterre (Thorold devait aller voir ses parents) et, depuis trois mois maintenant, réparé la tringle à rideaux de la chambre. Elle s'est assise devant l'ordinateur et lui a écrit quelques e-mails particulièrement agressifs avant de le regretter et de les effacer en se rappelant qu'elle était en train d'écrire un livre sur le mariage.

Jenny se sentait prise au piège – elle savait que sa colère était justifiée, mais elle se rendait bien compte qu'elle ne menait à rien et aggravait plutôt sa relation de couple.

La solution : faire confiance

Au cours de nos recherches, nous n'avons pas trouvé grand-chose pour prouver l'efficacité d'une incitation telle que le harcèlement dans le domaine des corvées domestiques. En revanche, nous avons trouvé de nombreuses études sur la confiance. Faites confiance à une personne pour faire ce qu'elle doit faire, et vous avez toutes les chances qu'elle le fasse s'il ne s'agit ni d'un psychopathe ni d'un serial killer.

Nous vous entendons déjà ricaner et penser : « C'est ça, si je lui fais confiance, il va se mettre à tondre la pelouse, à trier les chaussettes des enfants, à appeler sa mère pour son anniversaire et à faire les milliers d'autres choses qu'il ne fait jamais mais sait que je voudrais qu'il fasse. Vous rigolez ? »

Absolument pas.

Il est établi que nous sommes bien plus enclins à donner quand nous sentons que l'autre nous fait confiance. Dans le cadre de notre enquête, les couples interrogés nous disaient que les félicitations et les éloges étaient deux fois plus efficaces que les reproches et le harcèlement permanent pour inciter l'autre à faire quelque chose qu'il refuse de faire.

Avant de vous raconter comment Jenny a sauvé son couple par la confiance, nous allons vous relater une expérience menée par des économistes en laboratoire. Elle s'appelle « le jeu de l'investissement » et montre à quel point la confiance peut être efficace et la sanction inefficace pour induire de la bonne volonté et de la coopération.

Dans ce jeu, une personne joue le rôle de l'investisseur et l'autre celui du gestionnaire. Chacun reçoit 10 dollars. L'investisseur doit décider quelle fraction de ses 10 dollars donner au gestionnaire, sachant que quelle que soit la somme qu'il donne au gestionnaire, celle-ci sera automatiquement multipliée par trois (par exemple, s'il donne 5 dollars, le gestionnaire va obtenir 15 dollars). Ensuite, le gestionnaire doit décider combien il va donner en retour à l'investisseur, sachant que, dans ce sens, la somme ne sera pas multipliée par trois.

En théorie, la coopération constitue la meilleure stratégie : si l'investisseur donne la totalité de ses 10 dollars, cette somme se transforme en 30 dollars dans les mains du gestionnaire. Si le gestionnaire lui donne en retour 20 dollars, ils gagnent tous les deux 20 dollars nets, soit le double de la somme reçue initialement.

Mais en réalité, l'investisseur prend un gros risque en donnant ses 10 dollars. Et si le gestionnaire décidait de tout garder pour lui et de s'en aller avec les 40 dollars ? Quel intérêt peut bien avoir le gestionnaire à donner quelque chose en retour à l'investisseur ?

Lorsque les économistes Ernst Fehr et Bettina Rockenbach ont réalisé cette expérience, ils ont découvert que les investisseurs donnaient plus de 50 % de leur argent – 6,50 dollars sur 10 dollars en moyenne – et que les gestionnaires leur donnaient en retour environ 40 % de la somme multipliée par trois, soit 7,80 dollars en moyenne. Au final, le gestionnaire gagne bien plus que l'investisseur, soit 21,70 dollars contre 11,30 dollars. Toutefois, il ne le vole pas complètement, ce qui est contraire au principe économique de l'école classique selon lequel les êtres humains ne font que ce qui est dans leur intérêt.

Puis Fehr et Rockenbach ont changé les règles du jeu. Ils ont autorisé l'investisseur à sanctionner le gestionnaire si ce dernier ne lui rendait pas d'argent. Il s'est alors passé quelque chose d'étrange : lorsque l'investisseur a annoncé d'emblée au gestionnaire qu'il allait le sanctionner s'il ne lui rendait pas d'argent, le gestionnaire lui a rendu moins d'argent que dans le premier jeu. Mais lorsque l'investisseur lui a dit qu'il n'allait pas exercer son pouvoir de sanction, le gestionnaire lui a rendu plus d'argent que dans le premier jeu.

Qu'est-ce que cela signifie ? Que vous devez faire confiance aux gens. Pourquoi ? Parce que si vous menacez votre interlocuteur de le sanctionner s'il ne vous rend pas l'argent, vous lui envoyez le message que vous ne lui faites pas confiance. Et s'il sait que vous ne lui faites pas confiance, il se dit en lui-même : « Eh bien, va te faire voir ! »

Alors que si vous dites à votre interlocuteur que vous pouvez le sanctionner mais que vous ne le ferez pas, vous lui envoyez le message que vous lui faites confiance pour bien se comporter. Et votre confiance a toutes les chances d'être récompensée.

La confiance ne fonctionne pas seulement en laboratoire. Elle est à la base de l'économie de marché. Vous déposez de l'argent à votre banque parce que vous lui faites confiance pour ne pas le voler. Vous faites un don de 50 euros à Greenpeace parce que vous faites confiance à l'association pour lutter contre le réchauffement climatique.

Maintenant, imaginez que votre conjoint et vous êtes assis sur le canapé du salon. Contrairement à ces individus qui se sont portés volontaires pour jouer au jeu de l'investissement en laboratoire pendant quelques heures et qui vont se séparer à la fin de la journée, le type qui est à côté de vous sera là demain, et après-demain, et la semaine suivante, et l'année suivante… jusqu'à ce que la mort vous sépare. C'est en tout cas ce que nous vous souhaitons. La nature même de la vie conjugale, telle la marée avec son flux et son reflux, rend la confiance d'autant plus déterminante pour garder une ouverture et une réactivité à l'autre. Sans confiance, une petite fissure peut se transformer en gouffre.

« Vous avez les mêmes forces en jeu avec une relation de couple que sur le marché », affirme Colin Camerer, un économiste qui étudie la confiance. « Elles sont amplifiées, c'est tout. »

C'est ce que Jenny a fini par comprendre. Lorsque Thorold est rentré à la maison le jour où il avait oublié de mettre la lessive en route, elle a essayé de lui montrer un peu de confiance. Au lieu de lui faire remarquer son oubli, elle lui a demandé s'il avait passé une bonne journée et lui a raconté la sienne. Elle s'est dit en elle-même « Fais-lui confiance, il va se souvenir de la lessive, peut-être pas à la minute, mais bientôt », et a essayé de réorienter son énergie de colère vers une confiance totale en son mari. Il lui était difficile de rester calme, car elle possède un tempérament très impatient. Et les fluctuations hormonales n'arrangeaient pas les choses. Mais elle savait que son manque de confiance à l'égard de Thorold ne faisait qu'alimenter le ressentiment qu'il éprouvait envers elle et qui, en retour, nourrissait le sien. Le meilleur moyen de briser ce cercle infernal était de commencer à croire un peu en lui – et de ne pas laisser cette confiance s'effondrer à chaque fois qu'il ne répondait pas à ses attentes.

« Bien sûr qu'il voulait aider et faire ce qu'il faut, admet Jenny. Mais je ne lui donnais pas l'occasion de le montrer. »

Après le dîner, Thorold alla mettre ses chaussettes sales dans le panier à linge et s'aperçut qu'il n'avait pas fait la lessive. Il se sentit terriblement honteux. Non pas parce que Jenny l'incitait à se sentir terriblement honteux, ce qu'elle avait l'habitude de faire, mais parce qu'il savait qu'il lui avait fait faux bond. Il alla s'excuser auprès d'elle et se coucha très tard ce soir-là. Jenny lui montra sa reconnaissance. Et cela lui fit du bien.

Punir Thorold d'avoir oublié de faire quelque chose constituait une incitation totalement inefficace. En revanche, lui faire confiance pour faire ce qu'il avait à faire fonctionnait à merveille. Aujourd'hui, à chaque fois que Jenny élève la voix contre son mari, Thorold lui rappelle cette époque de leur vie, et qu'elle ferait beaucoup mieux de lui faire confiance.

Repensez à ce jeu où les gestionnaires rendaient plus d'argent lorsqu'ils savaient que les investisseurs n'allaient pas les sanctionner. Pour qu'un mariage dure, il faut que l'un des deux fasse le premier pas – dans l'expérience, c'est l'investisseur qui commence. Cette première marque de confiance suscite en retour une manifestation de bonne volonté de la part du gestionnaire. Et si l'on poussait plus loin l'expérience, cette manifestation de bonne volonté augmenterait peut-être encore la confiance et le bon vouloir de l'investisseur. Morale : la confiance appelle la confiance et crée un cercle vertueux dont nous avons toutes et tous besoin dans notre couple, n'est-ce pas ?

Étude de cas n° 2

Les acteurs : Rebecca et Paul

Rebecca et Paul étaient tous les deux du signe du Taureau, têtus et obstinés, et adeptes du « on est quittes ». « Je savais que j'avais trouvé ma moitié lorsque je lui ai proposé de payer la seconde tournée et qu'il n'a pas refusé, nous disait Rebecca. Certaines femmes trouvent ça peu élégant, mais moi, je trouve ça normal. Pourquoi devrait-il payer deux fois ? »

« Il me semblait normal que Rebecca paie la seconde tournée, nous disait Paul. Nous ne sommes plus en 1950. »

Ils se sont rencontrés à la trentaine. Ils travaillaient tous les deux dans une entreprise de solutions technologiques à Cincinnati. Paul avait déjà été marié, une histoire éclair, et il s'était juré de ne plus jamais se remarier. Rebecca avait vécu avec un homme pendant sept ans, et elle non plus n'était pas prête à s'engager de nouveau. Et puis, dans le cadre d'une mission de conseil, ils ont été envoyés à Buffalo (avec des collègues de leur entreprise) où ils ont été logés dans un hôtel délabré pendant un mois. Un mois à l'occasion duquel ils ont pu découvrir à quel point ils se ressemblaient.

« Après dix heures de travail par jour, nous dînions ensemble et fermions le bar de l'hôtel complètement soûls », nous disait Rebecca. Le matin, Paul trouvait Rebecca tenant à peine debout dans la salle de gym, mais aussi déterminée que lui à faire une demi-heure de cardio-training malgré une terrible gueule de bois. « Rebecca avait un esprit de compétition hors du commun, comme moi », disait Paul.

Dès leur retour à Cincinnati, Rebecca plaqua son petit ami et se mit à sortir avec Paul.

Hormis lorsqu'ils jouaient aux échecs, chantaient dans des karaokés, faisaient des escapades en voiture, traînaient avec des amis ou jouaient au cerf-volant, autant d'activités susceptibles de virer à la compétition, leur relation amoureuse était plutôt calme et tranquille.

Leur vie conjugale également. Lorsque nous les avons rencontrés, ils étaient mariés depuis huit ans. Ils avaient un enfant, un chien et deux hamsters vieillissants. Ils vivaient dans la banlieue de Cincinnati et la division du travail qu'ils appliquaient au sein de leur ménage correspondait parfaitement à leur philosophie « donnant-donnant ». Elle gérait le budget et l'emploi du temps de leur enfant. Il faisait la cuisine et préparait le goûter. Il jouait au docteur, elle jouait à la maîtresse. Il aidait pour les maths, elle aidait pour les sciences nat. Il s'occupait des travaux extérieurs (ratisser le jardin, déblayer la neige, tondre la pelouse), elle de l'intérieur (lessive, ménage, tri des déchets).

Même leurs dépenses étaient soumises à des règles très strictes : ils avaient conclu un accord tacite selon lequel aucun n'allait dépenser de sommes folles à des fins personnelles et chacun allait consacrer à peu près la même somme à ses dépenses privées. Si Rebecca s'achetait une nouvelle robe, Paul se sentait autorisé à acheter un nouvel objectif pour son appareil photo. Et parce qu'il s'était acheté un nouvel objectif, elle savait qu'elle pourrait s'acheter autre chose par la suite, et ainsi de suite. Leur relation n'était pas toujours sans heurts mais, globalement, leur système fonctionnait.

Paul et Rebecca avaient organisé leur vie conjugale autour de la structure incitative de la réciprocité – autrement dit, si tu fais X, je fais X parce que je considère que j'ai le droit de faire X. Une structure parfaite jusqu'au jour où l'un des deux cessa de faire X.

Ce fut Paul. Un jour, il est rentré à la maison avec une Vespa flambant neuve qui lui avait coûté 6 000 dollars. Il avait toujours parlé de s'en acheter une et s'était dit ce jour-là : « Cette fois, je me l'achète ! » Ce qui n'a pas fait plaisir à Rebecca. « Dépenser 6 000 dollars sans qu'on puisse en discuter auparavant et voir si nous pouvions nous le permettre me semblait vraiment très gonflé de sa part ! Je n'aurais jamais dépensé une telle somme sur un coup de tête, et si je l'avais fait, cela n'aurait certainement pas été pour un engin capable de me tuer et de laisser mon enfant avec un seul parent. »

Le problème : la réciprocité

Bien sûr, Paul et Rebecca n'appelaient pas leur système « système de réciprocité » et n'avaient jamais entendu parler de « structure incitative ». Pourtant, c'était exactement de cela qu'il s'agissait. Tant que l'un s'autorisait à faire certaines choses, l'autre se les autorisait aussi. Si l'un se faisait plaisir, l'autre se faisait plaisir. Et quand l'un se chargeait d'exécuter une tâche ingrate, il s'attendait à ce que l'autre en exécute une aussi. Comment leur en vouloir ? Cette « lourde machinerie » de la vie conjugale, depuis la minute où vous dites oui, est une pratique de la réciprocité de tous les instants. Quel que soit votre amour pour votre partenaire, soyez honnête : vous n'allez pas accepter une longue existence de monogamie pour le meilleur et pour le pire si votre moitié ne l'accepte pas, elle aussi. Et même si dans vos meilleurs moments vous êtes heureux(se) de donner inconditionnellement, vous êtes aussi un être humain – quand vous lui faites un massage, vous espérez secrètement obtenir un massage en retour. Et pourquoi devriez-vous lui faire un cadeau somptueux pour son anniversaire alors qu'elle vous a offert des chaussettes pour le vôtre l'an passé ? Pourquoi devriez-vous héberger ses parents pour la seconde fois alors que vous n'avez pas vu les vôtres depuis des mois ? Vous avez fait le lit hier, vous pensez qu'il peut s'en charger aujourd'hui.

Il n'y a pas de motivation à donner si l'autre ne fait que prendre.

Paul et Rebecca avaient peut-être adopté une approche un peu extrême. Toujours est-il que leur système a merveilleusement fonctionné pendant de nombreuses années. Un problème a surgi lorsque l'un d'eux a décidé d'arrêter de coopérer. La réciprocité est une « stratégie de mimétisme » – quand l'un des joueurs cesse de coopérer, l'autre aussi. Pensez aux Israéliens et aux Palestiniens, enlisés dans un jeu de réciprocité interminable qui se rapproche le plus souvent d'une loi du talion inflexible – quand une partie agite le drapeau blanc, l'autre l'agite aussi. Puis quand l'un lance un missile, l'autre en lance un aussi.

Dans le cas de Paul et Rebecca, la Vespa a été le missile, l'événement qui a transformé une politique de coopération en politique de non-coopération, une structure incitative réussie en échec.

Le bon côté de cet achat, c'est qu'il a sans doute aidé Paul à se retrouver comme quand il avait 16 ans. Mais le mauvais côté, c'est qu'il aurait pu inciter Rebecca, jusqu'alors réticente à faire des folies, à s'acheter une robe Diane de Fürstenberg à 250 dollars. Comme elle le disait, d'ailleurs : « Si Paul pouvait enfreindre les lois de cette manière, pourquoi pas moi ? »

Selon les économistes Avinash Dixit et Barry Nalebuff, dans le système de la réciprocité, toute erreur produit un écho sans fin. Une partie punit l'autre pour une faute quelconque, et cette punition déclenche une réaction en chaîne. L'autre partie répond à la punition en ripostant à son tour. Sa riposte incite la première partie à se venger, et ainsi de suite.

En effet, après l'incident de la Vespa, Rebecca s'est mise à réfléchir à tous les moyens qu'elle pouvait employer pour punir Paul. Réorganiser la salle de bains du premier étage sans lui en parler. Couper ses cartes de crédit en petits morceaux. Aller trouver un flic et l'avertir que son mari conduisait un scooter sans permis. À bien y réfléchir, elle n'avait aucun intérêt à ne pas se venger… (hormis le fait que Paul était tout de même son mari, et qu'il n'était pas très correct de le vendre aux autorités, aussi énervée fût-elle…). Mais elle savait que toute sanction, quelle qu'elle soit, n'aiderait pas son couple à retrouver le chemin de l'harmonie. Bien au contraire. Une punition les remettrait à égalité et inciterait Paul à surenchérir. Après tout, pourquoi donc en reviendrait-il à leur accord initial s'il savait qu'il pouvait s'en tirer sans le faire ?

« À un moment donné, j'ai réalisé que j'étais prise au piège, nous disait Rebecca. Si je ne prenais pas la bonne voie pour mettre un terme à cette escalade, je savais que nous ne nous en sortirions jamais. »

La solution : comme au Monopoly, « Sortez de prison »

Qu'a fait Rebecca pour retrouver la coopération dans sa vie conjugale et inciter Paul à ne pas acheter une Vespa encore plus belle et plus chère ? Elle lui a pardonné.

« Je n'avais pas le choix. Je pouvais le mépriser le restant de mes jours, lui crier dessus, dépenser tout l'argent du ménage, mais rien de tout cela ne lui aurait donné une leçon. »

Rebecca l'ignorait, mais les économistes ont montré qu'un petit pardon pouvait être une grande incitation. En pardonnant à Paul au lieu d'imiter son comportement, Rebecca remettait les compteurs à zéro et lui donnait une chance de coopérer la prochaine fois. Après la carte « Allez en prison », la carte « Sortez de prison » était la bienvenue.

« J'étais sous le choc », nous confiait Paul. Il savait qu'il avait enfreint les règles et, vu la première réaction de Rebecca, il redoutait qu'elle veuille divorcer. « Lorsqu'elle m'a dit qu'elle me pardonnait, que je pouvais garder la Vespa et en profiter, je n'en croyais pas mes oreilles. »

Paul a rapidement réalisé qu'il avait une dette à l'égard de Rebecca. Une très grosse dette. Exactement ce que Rebecca attendait.

D'ailleurs, elle n'était pas tout sourire. Elle avait mis au point un nouvel accord et établi des conditions à son pardon. Alors que leur entente tacite stipulait qu'aucun ne dépenserait des sommes excessives, Rebecca a proposé à Paul un arrangement explicite : pas d'achat supérieur à 200 dollars sans consentement mutuel. Paul n'était pas enthousiasmé par cette idée, mais il était si content de sortir de prison qu'il ne voulait pas se montrer trop exigeant.

« Heureusement, un casque coûte moins de 200 dollars ! » se disait-il.

LA REVANCHE DE JANE

Jane et Tom formaient un couple uni. Tout allait bien entre eux, excepté une seule chose. Tous les matins, après le départ de Jane, Tom prenait sa douche et, sans y penser, laissait sa serviette mouillée sur le bord du lit – du côté où couchait Jane, évidemment. Du coup, Jane se couchait tous les soirs dans des draps humides.

Elle a demandé gentiment à son mari de suspendre la serviette. Elle a essayé de lui faire comprendre son problème sur le ton de la plaisanterie, en se mettant en colère, en boudant et, bien sûr, en le lui répétant constamment. En vain. C'était comme camper sous la pluie tous les soirs. Un jour, elle a eu une idée. Alors que Tom jouait dehors avec les enfants, elle a pris une douche et posé une serviette mouillée sous la couette du côté où dormait Tom. En se couchant, Tom n'a pas pipé mot, mais a compris le message.

Jane a puni Tom, une incitation que nous ne recommandons pas souvent, mais parfois. Dans le monde froid et logique de l'économie, la menace de punition s'appelle une « incitation coercitive ». Comme les PV pour excès de vitesse, la chaise électrique et les contrôles fiscaux, les incitations coercitives ont pour but d'encourager les individus à suivre le droit chemin. Elles ne sont pas la carotte, mais le bâton. À utiliser avec précaution.

Étude de cas n° 3

Les acteurs : Michel et Caroline

Michel et Caroline se sont rencontrés en 1996 dans la salle des marchés d'une petite banque d'affaires de Chicago. Michel était un homme calme, un as des mathématiques et des statistiques qui, autrefois, rêvait de devenir un spécialiste des fusées. À le regarder, on ne comprenait pas pourquoi ni comment il avait atterri là, dans l'univers de la finance, entouré de types tatoués qui n'arrêtaient pas de se donner des tapes amicales et se retrouvaient le soir pour se soûler et s'endormir tout habillés.

Caroline n'avait pas ce problème. Elle était parfaitement à sa place. Elle buvait de la tequila d'excellente qualité. Elle portait des lunettes hors de prix. Et c'était une « *sales trader* » hors pair – son métier consistait à servir d'intermédiaire entre des clients désireux de vendre et d'acheter de grandes quantités d'actions et sa banque, qui échangeait ces actions sur le marché mondial. C'était un métier très prenant et très stressant. Elle devait convaincre ses clients de lui faire confiance pour traiter avec elle. Et comme la plupart de ses interlocuteurs étaient de sexe masculin et assez machos, elle avait toujours l'impression qu'ils essayaient de jouer au plus fin avec elle et de profiter de son statut de femme. « Mes clients pensaient que je serais plus gentille et plus accommodante parce que j'étais une femme. Du coup, cela me rendait plus agressive. »

Caroline gérait sa clientèle avec ce que Michel appelait une « féminité virile » – une confiance totale avec un zeste de séduction. « Elle ne lâchait jamais rien sur le prix, mais réussissait à convaincre ses interlocuteurs qu'ils faisaient une affaire du tonnerre. »

Michel était tout le contraire du genre macho. Il méprisait les tentatives de séduction et répugnait à courtiser les clients. D'ailleurs, il détestait leur parler. Il perdait ses moyens quand il avait plusieurs coups de fil à la fois et il était terrorisé à l'idée de décrocher le téléphone. Il trouvait les salles de marchés horriblement bruyantes et les types qui y travaillaient totalement immatures. Ce qui l'intéressait, c'était de comprendre pourquoi les actions fluctuaient, d'étudier les tendances sous-jacentes du marché. Pour lui, tous ces types ne pensaient qu'à s'enrichir.

Caroline aurait pu essayer d'impressionner Michel par sa force de caractère et sa pugnacité, mais elle n'était pas stupide, elle non plus : elle voyait bien que Michel était différent, dans le meilleur sens du terme. Il y avait de la gentillesse dans ses yeux. « Il se démarquait des autres et tout le monde venait le voir quand les clients désiraient obtenir un renseignement important sur telle ou telle action. Il étudiait le marché, ce que nous ne faisions pas, nous », disait Caroline.

Michel n'était pas avare de son temps. Il voyait bien Caroline courir à droite à gauche, essayer d'être à sa place dans ce milieu hostile, mais il se disait que si elle était intelligente, elle en aurait vite assez de tout cela. Il en avait le pressentiment.

Et il avait raison. Au bout de deux ans, Caroline ne supportait plus la salle de marchés. Elle avait fait « la connerie » (ce sont ses termes) de sortir et de coucher avec quelques-uns de ses collègues, et elle le regrettait amèrement. Michel, flairant l'opportunité, lui envoya un e-mail pour l'inviter à dîner.

Ce qu'elle accepta.

Ils burent de la bière et parlèrent de leurs collègues. Et du football (Caroline adorait le foot). Et de leurs familles. Il apprit qu'elle avait trois sœurs en Nouvelle-Angleterre, qu'elle allait voir tous les mois, et un papa avec qui elle discutait tous les jours au téléphone. « Curieux, pour une femme si dure en apparence, de parler avec son papa tous les jours », se disait Michel. Il avait découvert un autre côté de sa personnalité.

Michel la raccompagna chez elle. Elle l'invita à boire un dernier verre. Puis elle le plaqua contre le mur, l'embrassa et lui dit que s'il voulait s'en aller maintenant, il était libre.

Michel est resté. Et vous devinez la suite.

***

Dans la maison, c'était Caroline qui dirigeait tout. Elle était le boss, le décideur. Ce qui arrangeait bien Michel. Lorsqu'il s'agissait d'organiser leurs vacances, elle appelait l'agence, choisissait la destination et, quelques jours plus tard, annonçait à Michel où ils allaient partir. Le matin, il avait deux cravates dans la main. « Laquelle ? lui demandait-il.

– Celle-là », répondait-elle en levant à peine les yeux.

Lorsqu'ils ont emménagé dans leur premier appartement, Michel ne s'est soucié de rien. « Nous n'avons pas eu une seule discussion sur le choix du mobilier, des tissus d'ameublement, des appareils électroménagers. Caroline s'occupait de tout. »

Lorsque Caroline est tombée enceinte, elle a pris une autre décision sans appel : arrêter de travailler. Elle n'avait aucune envie de faire des efforts pour concilier son boulot et un bébé. Mais ce qui a le plus étonné Michel, c'est à quel point elle prenait goût à la maternité et à son nouveau rôle de maman. Il n'aurait jamais cru cela possible de la part d'une femme comme Caroline. Elle cousait, préparait des purées poire-banane maison, organisait des séances de jeu. Elle a même cessé de dire « putain de merde » !

Michel et Caroline ont déménagé en banlieue, ont eu un autre enfant et ont commencé à orienter leur vie autour d'un nouveau groupe d'amis. La transition fut difficile et déboucha sur une « nouvelle vie conjugale » avec une « nouvelle Caroline », selon les mots de Michel. Il ne s'attendait pas à cela. Il se sentait complètement délaissé. Sa femme semblait focalisée à 200 % sur sa progéniture – réunions de parents d'élèves, événements sportifs, cours particuliers. Et même après avoir couché les enfants, Caroline était trop fatiguée pour être de bonne compagnie. Soit elle se glissait dans le lit et lisait, soit elle regardait la télé en sirotant un verre de vin. Elle ne songeait même pas au sexe. Tiens, ça existe, cette chose-là ?

« Elle ne faisait aucun effort pour moi, disait Michel. Elle me demandait comment s'était passée ma journée, mais n'écoutait même pas la réponse. »

Caroline n'était plus aussi « physique » qu'elle l'était au début de leur mariage. Elle se plaignait davantage d'être fatiguée, stressée de devoir prendre certaines décisions concernant les enfants ou préoccupée par la situation financière du ménage. Ce qui déconcertait Michel, lui qui pensait qu'elle aimait prendre des décisions, et il savait qu'ils n'avaient pas à s'en faire pour l'argent. « Ce n'était pas seulement moins de rapports sexuels, mais moins d'affection en général », avouait-il.

Michel a testé différentes solutions pour regagner l'affection de sa femme et pimenter leur vie sexuelle. Il a essayé de la complimenter sur tout ce à quoi elle attachait de l'importance, mais en vain. « Je n'ai pas envie de faire l'amour ce soir », répondait-elle après s'être entendu dire qu'elle avait « le plus beau cul du quartier ».

Puis, un jour, il y eut du répondant de la part de Caroline. Paul est revenu d'un voyage d'affaires à Londres avec un cadeau luxueux : un magnifique pull en cachemire qu'il avait vu en vitrine et acheté sur un coup de tête. Réaction de Caroline : « Oh, chéri, mais il est somptueux ! Tu es un amour ! C'est beaucoup trop ! » Elle est montée dans la chambre et l'a enfilé.

Ce soir-là, ils ont fait l'amour.

Quelques semaines plus tard, il a entendu Caroline discuter au téléphone avec son amie Alexandra à laquelle elle disait combien elle aimait son nouveau sac à main. Michel a appelé Alexandra en douce le lendemain pour lui demander quel genre de sac c'était. Il voulait faire une surprise à Caroline. « C'est Birkin, de chez Hermès », lui répondit Alexandra. Il se rendit chez Hermès à l'heure du déjeuner et demanda à voir le sac. À la vue de son prix sur l'étiquette, il interrogea la vendeuse : « Il doit y avoir une erreur. C'est 800, et non 8 000 dollars, n'est-ce pas ? »

Le sac valait bien 8 000 dollars, mais Michel l'acheta quand même.

Caroline a adoré.

Michel savait que ces cadeaux étaient excessifs. Il avait grandi dans une famille d'ouvriers où l'on dépensait 8 000 dollars pour deux voitures, pas pour un seul sac. Mais il était désespéré. Et ces présents somptueux redonnaient à Caroline l'étincelle qu'elle semblait avoir perdue. « Ils la rendaient si heureuse, je voyais ses yeux briller, disait Michel. Et cela me rendait heureux, moi aussi. Car j'en récoltais les bénéfices. »

Ces cadeaux ? Des incitations. À ce qu'elle retrouve le sourire, soit plus heureuse et plus détendue et – soyons honnêtes – à ce qu'elle se montre plus affectueuse avec Michel.

Le problème ? Ces incitations n'avaient pas d'effet durable. Elles n'apportaient à Caroline qu'une joie très éphémère. Le lendemain, elle était de nouveau épuisée et allait se coucher avec un bon bouquin.

Le problème : les incitations dont on abuse deviennent inefficaces

Le système incitatif mis en place par Michel a fini par échouer, comme il avait échoué pour Joe Cassano, le trader qui pesait 300 millions de dollars. Malheureusement, il lui a fallu un certain temps pour s'en rendre compte. Entre-temps, il avait acheté à sa femme un Kindle (qui ne semble pas l'avoir enthousiasmée), puis lui avait offert des leçons particulières de yoga. Caroline lui avait d'ailleurs répondu : « Mais pourquoi tu n'en ferais pas aussi, toi ? » (Du coup, il se demandait s'il n'avait pas grossi.)

L'inefficacité croissante des incitations de Michel ne surprendrait guère les économistes. Avec le temps, même les incitations les plus fortes peuvent perdre de leur pouvoir. Uri Gneezy, économiste à l'université de Californie à San Diego, et John A. List, économiste à l'université de Chicago, ont étudié le comment et le pourquoi de l'échec des incitations. Dans le cadre d'une expérience destinée justement à savoir si les incitations financières s'émoussent avec le temps, les chercheurs ont testé la réaction d'individus embauchés pour une tâche simple lorsqu'on leur donnait spontanément des augmentations de salaire conséquentes. L'argent supplémentaire les rendait-il plus productifs ?

Des étudiants ont donc été recrutés pour informatiser la bibliothèque d'une petite université américaine. Des affiches mentionnaient : 12 dollars de l'heure pour un travail de six heures. Lorsque les étudiants se sont présentés, ignorant bien sûr qu'ils étaient observés, 50 % d'entre eux ont touché les 12 dollars de l'heure et se sont mis au travail. Les autres 50 % ont eu la bonne surprise de recevoir 20 dollars de l'heure.

Au début, ceux qui avaient perçu 20 dollars de l'heure ont eu davantage d'ardeur au travail et ont exécuté leur tâche plus rapidement. Mais au bout d'un moment, ils ont ralenti et travaillé au même rythme que ceux qui étaient payés 12 dollars de l'heure. Comme dans le cas de Michel, l'incitation financière – une augmentation – a été un grand succès au début. Puis la motivation des étudiants est retombée. Conclusion : l'appât du gain est moins efficace à long terme.

La vie conjugale est une proposition à très long terme. Qui rend les incitations financières on ne peut plus banales et inefficaces à la longue. Si je lui achète une douzaine de roses, elle va peut-être me pardonner d'avoir oublié son anniversaire. À condition que ça ne se reproduise pas tous les ans. Si des incitations de ce type fonctionnent, c'est généralement parce qu'elles sont rares. Offrez tous les jours des fleurs à votre femme et elle va finir par oublier de les mettre dans un vase.

Un vendredi après-midi, alors qu'il était à son travail, Michel se demandait ce qu'il allait offrir à sa femme, ce qui lui ferait plaisir pour le week-end, et cette pensée le déprima profondément. Il s'arrêta de travailler pour analyser la situation. Caroline réagissait-elle à ses cadeaux ou à lui ? Il savait qu'elle l'aimait (vraiment ?), mais elle semblait lui montrer davantage son amour quand il revenait à la maison avec de beaux cadeaux. Est-ce qu'elle ferait attention à lui s'il revenait les mains vides ?

La solution : des incitations inédites et non financières

Dans une relation de couple, les gestes d'attention et de gentillesse peuvent être beaucoup plus efficaces que les incitations matérielles. Vous le savez, mais vous avez tendance à l'oublier.

C'est ce que Michel a découvert par hasard. Un jour, il a appelé Caroline à la maison pour prendre de ses nouvelles et savoir comment s'était passée sa journée. « La cata », lui avait-elle répondu. Il pleuvait à verse, donc pas de foot pour les enfants. Résultat : ils avaient joué au ballon dans la maison, ce qui avait donné très mal à la tête à Caroline qui, en plus, souffrait de dépression saisonnière. Sans compter que le copain de leur fils était venu s'amuser à la maison et, au bout d'une heure, était reparti en pleurant parce qu'on ne voulait plus jouer avec lui.

« Nos enfants sont des terroristes, dit Caroline. En plus, je n'ai rien à leur proposer pour le dîner.

– Je vais acheter ce qu'il faut sur le chemin du retour, lui assura Michel.

– À 20 heures ? Ce sera beaucoup trop tard pour eux.

– Je vais rentrer plus tôt aujourd'hui.

– D'accord.

– Caro, ne t'en fais pas, je m'occupe de tout. »

Et c'est ce qu'il a fait. Il a quitté le travail à 17 heures, acheté une douzaine d'œufs et quelques légumes, versé un verre de vin à Caroline en arrivant et préparé des omelettes aux enfants en les accommodant aux préférences de chacun (avec des tomates pour l'un, sans tomates pour l'autre ; avec des épinards pour l'un, avec du fromage pour l'autre). Il a réussi à leur faire terminer presque toute leur assiette sans rechigner, ce qui a suscité l'admiration de Caroline.

Après le dîner, Michel leur a donné le bain pendant que Caroline finissait de boire quelques gorgées de vin en répondant à ses e-mails. Elle avait reçu un article amusant d'une de ses amies sur un défilé de mode parisien gâché par des défenseurs des droits des animaux qui manifestaient contre la fourrure. Elle a ri, ce qu'elle faisait rarement entre 17 heures et 20 heures, lorsque les enfants la vidaient de toute son énergie. « Pendant deux heures, je n'ai pas eu à prendre de décisions, à amadouer les enfants pour leur faire prendre leur bain, à les menacer de les priver de télé ni à les supplier d'arrêter de se taper dessus, disait Caroline. Ma seule responsabilité a été de savoir jusqu'où aller pour ne pas terminer la soirée complètement soûle. »

Lorsque Michel est redescendu après avoir couché les enfants, Caroline a bien vu qu'il était épuisé. Il s'est versé un énorme verre de vin et s'est assis à côté de sa femme. Ils ont parlé de leur journée.

Caroline était soulagée. Détendue, sereine et de bonne humeur. Elle n'avait pas réalisé à quel point quelques coups de main de la part de son mari influençaient positivement son humeur. « Je ne lui demandais jamais rien. J'étais habituée à tout faire moi-même. »

Michel, lui aussi, était soulagé et détendu. Caroline ne l'avait pas écouté raconter sa journée et ce qu'il ressentait depuis longtemps. Il était incapable de se rappeler la dernière fois qu'il l'avait vue si disponible et si attentive. Même s'il ne voulait pas profiter de la situation, il a essayé de lui faire des avances d'une façon aussi subtile que possible… avances auxquelles Caroline a répondu très favorablement.

Le lendemain, en allant à son travail, Michel s'est dit qu'il devait faire davantage de choses dans la maison pour permettre à sa femme de relâcher la pression et de se montrer plus disponible. Il s'est engagé à prendre en charge le dîner, le bain et le coucher des enfants une fois par semaine. À apprendre à préparer autre chose que des omelettes. À accorder toute son attention à Caroline afin qu'elle lui accorde toute son attention en retour.

Nous ne vous surprendrons pas en vous disant que des économistes ont testé avec succès l'efficacité de cette incitation non financière. La prévenance et la gentillesse ont marché pour Michel, en effet. Mais nous attirons votre attention sur une subtilité de l'histoire. Au début, c'est Michel qui essayait d'inciter Caroline à lui prêter attention, n'est-ce pas ? Mais à la fin, c'est Caroline qui a incité Michel à l'aider dans la maison s'il voulait arriver à ses fins – lui faire l'amour.

DES CADEAUX QUI PLAISENT

Au cours de notre enquête à travers les États-Unis pour recueillir des témoignages, nous avons demandé aux participants : « Quel est le plus beau cadeau que votre conjoint vous ait fait récemment ? » Voici quelques unes des réponses les plus mémorables :

- « Il a commencé à parsemer la maison de Post-It avec des mots doux écrits dessus. Nous passons peu de temps ensemble à cause de nos emplois du temps surchargés alors c'est une façon de me dire qu'il ne m'oublie pas. »
- « Elle m'a laissé regarder les matchs éliminatoires. Je ne l'oublierai jamais. »
- « Il a admis qu'il avait tord à propos d'une discussion qu'on avait eue un mois plus tôt. Il ne reconnaît jamais qu'il s'est trompé donc ce n'est pas rien ! »
- « Elle a remarqué que je me suis fait couper les cheveux. »

6 LES COMPROMIS *(OU L'ART D'ÊTRE PRÊT À DÉPASSER LES DILEMMES)*

Le principe

Toutes les entreprises rêvent de faire du business à New York. Mais lorsque Costco, le géant américain de la distribution à prix cassés, a tenté d'ouvrir son premier magasin-entrepôt dans l'est de Harlem fin 2009, il s'est heurté à l'opposition d'un groupe de politicards new-yorkais particulièrement têtus qui exigeaient que le distributeur change de politique commerciale.

La pomme de discorde concernait les bons alimentaires destinés aux personnes sans ressources. Contrairement à la quasi-totalité de ses concurrents, dont Wal-Mart et BJ's, Costco n'acceptait pas les bons alimentaires dans ses magasins. Vu que plus de 30 000 habitants de Harlem utilisaient ces bons et que Costco avait reçu 55 millions de dollars de subventions gouvernementales, ainsi qu'une autorisation spéciale pour laisser ses camions de livraison traverser les quartiers résidentiels de minuit à 5 heures du matin dans un vacarme assourdissant, cette situation posait effectivement problème. Les politicards de la ville ont mis la pression sur le distributeur : s'il voulait exploiter la manne financière – 564 milliards de dollars, rien que ça ! – que représentait l'économie new-yorkaise, il avait intérêt à accepter les bons alimentaires.

Costco se trouvait devant une alternative très embarrassante : accepter les bons alimentaires et diminuer ses profits ou refuser les bons alimentaires et risquer de susciter une « croisade anti-Costco ».

Dans un monde aux ressources limitées, les dilemmes sont inévitables. Mick Jagger, économiste amateur, le savait d'instinct en nous rappelant qu'il est impossible d'obtenir toujours ce qu'on veut. Votre époux, économiste sans le vouloir, le savait aussi lorsque vous lui avez demandé de vous passer la bague au doigt ou de rester seul et malheureux le restant de ses jours. Et Greg Mankiw, économiste à Harvard, le savait pertinemment lorsqu'il a réduit le monde terriblement complexe de l'économie à dix principes très simples.

Son premier principe : les individus sont confrontés à des dilemmes.

Un exemple classique de dilemme, figurant dans tous les manuels d'économie américains : l'obligation de choisir entre les canons et le beurre. Plus un pays dépense pour son armement en vue de se protéger, moins il peut dépenser pour les biens d'équipement ménager qui améliorent la vie domestique. D'où l'image des canons et du beurre. (En réalité, la plupart des gouvernements qui se sont succédé au cours de l'histoire ont choisi de ne pas choisir et de dépenser imprudemment à la fois en canons et en beurre. Mais en choisissant de consommer inconsidérément aujourd'hui, ils laissent aux générations futures le soin de payer une note exorbitante.)

À moins d'être le gouvernement américain et d'avoir trouvé un moyen de tout avoir tout de suite, il n'est pas facile de choisir entre deux possibilités comportant toutes deux des inconvénients. Considérez les limites auxquelles vous devez faire face : vos journées n'ont que 24 heures, vous disposez d'une certaine somme, mais pas plus, sur votre compte bancaire et votre attention est sursollicitée. Préférez-vous vivre à l'étroit dans un petit appartement en ville et rentrer rapidement le soir ou vivre dans une grande maison en banlieue et mettre une heure tous les jours pour rentrer chez vous ? Préférez-vous travailler quinze heures par jour et mettre de l'argent de côté ou travailler à temps partiel et profiter de votre temps libre pour faire des sorties culturelles ? Préférez-vous mettre vos enfants dans le privé ou dans le public ? Épargner ou partir en vacances ? Faire l'amour ou dormir ? Tous les jours nous devons peser le pour et le contre de telle ou telle situation, tous les jours nous sommes confrontés à une montagne de décisions à prendre avec le souci d'optimiser notre temps et notre argent.

Car le problème, c'est que nous voulons tout, mais ne pouvons pas tout avoir. Impossible d'avoir le beurre et l'argent du beurre.

Heureusement pour nous, un économiste appelé Alfred Marshall est venu à notre secours en 1890 pour nous faciliter la tâche. Il nous a expliqué comment faire des compromis intelligents grâce à « l'analyse coûts/avantages ».

Alfred Marshall, grand économiste britannique, est l'un des pères de l'économie néoclassique. Ce que nous retenons de particulièrement intéressant chez lui, c'est d'avoir élargi la discipline en passant de l'étude des marchés à l'étude du comportement humain. Mais sa contribution majeure fut de montrer que les consommateurs achètent un bien si l'avantage marginal est supérieur au coût marginal.

L'analyse coûts/avantages n'est pas seulement un « joujou intellectuel » pour professeurs d'économie. Les grandes entreprises l'utilisent pour savoir si elles vont dépenser des milliards de dollars à mettre au point un médicament destiné à traiter les troubles de l'érection et détrôner le Viagra, ou à construire un nouveau siège social à la pointe du design. Les petites entreprises l'utilisent pour savoir si elles vont financer la construction d'un parking pour leur clientèle ou distribuer des primes de Noël à leurs salariés. Les gouvernements l'utilisent pour augmenter ou baisser les impôts et pour choisir entre la diplomatie et la guerre.

Mais calculer les coûts et les avantages est plus difficile qu'il n'y paraît. La plupart des coûts ne sont pas évidents. Par exemple, supposons que vous êtes consultant actuaire auprès des fonds de pension et face à un dilemme : vous vous demandez si vous allez garder votre emploi ou retourner à l'université pour passer un doctorat en peinture flamande. L'analyse coûts/avantages de cette décision peut présenter le profil suivant :

COÛTS	AVANTAGES
Frais de scolarité de 45 000 euros	Vous cultiver
	Faire la grasse matinée le vendredi
	Faire un métier qui vous plaît, à condition de réussir à décrocher un emploi

Facile, non ?

Eh bien non. Vous devez tenir compte d'autres coûts, ce que les économistes appellent les « coûts d'opportunité ». C'est ce à quoi vous devez renoncer lorsque vous effectuez un choix – et vous ne pouvez pas faire de compromis intelligent sans considérer ces coûts. (Sur la liste des dix principes de Greg Mankiw, les coûts d'opportunité arrivent en deuxième position.) Les coûts d'opportunité nous obligent à aller au-delà ce qui nous semble évident. Retourner à l'université, ce n'est pas seulement dire adieu à 45 000 euros, mais c'est renoncer à des tas de choses pour accomplir votre rêve de devenir un spécialiste de la peinture flamande – notamment à un bon salaire et à une promotion qui vous tendait les bras. Une fois que vous tenez compte des coûts d'opportunité, l'analyse coûts/avantages devient beaucoup plus complexe :

COÛTS	AVANTAGES
Frais de scolarité de 45 000 euros	Vous cultiver
Bon salaire, dont augmentation de salaire potentielle	Faire la grasse matinée le vendredi
Vie relativement insouciante, confortable financièrement	Faire un métier qui vous plaît, à condition de réussir à décrocher un emploi
Promotion quasiment assurée	
Week-ends libres	
Plan d'épargne retraite	
Belle moto	
Équipement pour la moto	

Soudain, le coût de cette décision n'équivaut plus seulement à 45 000 euros, mais à toutes les opportunités perdues en choisissant de ne pas conserver votre emploi ennuyeux à mourir. À tous les sacrifices auxquels vous consentez.

Nous ne sommes pas là pour vous inciter à garder votre emploi. Ni à reprendre vos études. Nous vous disons simplement que lorsque vous êtes face à une alternative, un choix difficile à faire, vous devez prendre en considération tous les coûts et tous les avantages, et notamment tenir compte des coûts d'opportunité dans votre décision.

Mais il y a un autre problème : lorsque nous identifions des coûts et évaluons des avantages, nous nous laissons facilement distraire par nos émotions, nos sentiments, la direction du vent, la phase de la lune, les réflexions de notre partenaire, etc. Autrement dit, nous sommes sujets à des « biais décisionnels », des nuages qui obscurcissent notre capacité à penser de façon rationnelle. Juste au moment où nous devons procéder à une analyse calme et objective du rapport coûts/avantages, nous sommes aveuglés par une émotion, impatients de trouver une solution et incapables d'apprécier l'ensemble des coûts et/ou l'ensemble des avantages.

Dans ce chapitre, nous allons vous présenter trois couples qui souffraient de trois des biais décisionnels les plus répandus – sous-estimer l'impact des petits changements ; être obsédé par les coûts irrécupérables, c'est-à-dire par des décisions déjà prises et irrémédiables ; et être obnubilé par l'équité, cette tendance très humaine de chaque individu à penser qu'il est plus mal loti que son voisin alors que ce n'est pas le cas.

ALFRED MARSHALL OU LE DILEMME « MON JOB OU LA FILLE »

Le coauteur de l'ouvrage le plus célèbre d'Alfred Marshall, *Principes d'économie politique*, n'était autre que... sa femme. Il l'avait rencontrée à Cambridge alors qu'il était son professeur et elle son élève. Il avait été viré de l'université pour cette histoire « scandaleuse », avait épousé son élève, puis avait été réintégré au sein du corps enseignant. Autrement dit, il avait été face à un dilemme : « mon job ou la fille ». Il avait choisi la fille et retrouvé son poste par la suite. Quel veinard !

Étude de cas n° 1

Les acteurs : Claire et Kevin

Nous les avons rencontrés dans la cuisine de leur maison du Wisconsin par un beau jour de septembre et prévoyions d'interroger Kevin le matin et Claire dans l'après-midi.

Kevin s'est assis à côté de nous et a ouvert sa canette de bière. Il a pris tout son temps pour boire sa première gorgée. Il semblait avoir davantage envie de boire que de parler de son couple. Mais nous lui avons posé une première question.

« Quel genre de problèmes rencontrez-vous dans votre vie conjugale ? »

« Ça roule. Mais notre budget est serré et nous nous disputons parfois sur des questions d'argent. » Nous avons également appris que Claire avait l'habitude de surveiller ses enfants « comme le lait sur le feu » à l'aire de jeu du quartier, ce qui énervait profondément Kevin. « Il est inévitable que des enfants se salissent, tombent et se fassent mal. Cela n'a rien de dramatique. » Quelques mois plus tôt, Kevin s'était retrouvé aux urgences parce que sa fille aînée était tombée et s'était ouvert la lèvre. Il avait été sermonné par Claire qui lui avait lancé : « Tu pourrais peut-être surveiller tes enfants pour changer ! »

Kevin avait ajouté que le ratio massages du dos/fellations était un peu déséquilibré à son goût (dix contre un), mais que globalement, sa vie conjugale était cool. « Nous avons de la chance, nous n'avons pas vraiment de gros problèmes. » Visiblement, il souhaitait clore la discussion.

Quelques heures plus tard, nous avons interrogé Claire. Elle était plus détendue que son mari et plus disposée à parler de sa vie de couple. En buvant un verre de vin, elle nous a confié : « Kevin est aussi sexy que le jour où je l'ai rencontré. C'est mon meilleur ami. Mais notre principal problème tourne autour des questions d'argent. » L'argent avait toujours été une source de tensions entre eux, notamment parce que Claire s'en inquiétait et que Kevin ne s'en préoccupait guère.

Claire comptabilisait chaque rentrée et chaque dépense. C'est elle qui faisait les comptes et réglait toutes les factures – Kevin ayant tendance soit à les ignorer, soit à les jeter à la poubelle par inadvertance. Lorsque Kevin faisait les courses, elle lui donnait la consigne de ne pas acheter d'avocats issus de l'agriculture biologique et de ne pas choisir les bâtonnets de poisson les plus chers. « Il pense à la santé des enfants, et je suis totalement d'accord avec lui, mais ils n'ont pas besoin de 100 % bio. Les pesticides ne peuvent pas pénétrer dans un avocat ! »

Les choses n'avaient pas toujours été ainsi. Lorsqu'ils s'étaient rencontrés vers l'âge de 20 ans, l'argent était la dernière chose dont ils se souciaient. Kevin était lanceur dans une équipe de base-ball locale et Claire travaillait comme serveuse, épargnant pour se payer une formation dans une école de cuisine. Kevin est allé déjeuner dans le restaurant où elle travaillait, l'a remarquée et lui a demandé si elle voulait sortir avec lui. Au bout d'un mois, ils vivaient déjà ensemble et, à la fin de l'année, ils étaient mariés. Toute l'équipe de Kevin est venue à son mariage. Les joueurs formaient une vraie famille et Claire se disait qu'elle avait de la chance d'appartenir à une bande de potes qui se serraient les coudes en toutes circonstances.

Claire s'est inscrite comme prévu dans une école de cuisine. Kevin a arrêté le base-ball après une blessure à l'épaule, ce qui sonnait le glas de sa carrière – il savait qu'il ne ferait jamais partie d'une équipe nationale. Mais il a trouvé un emploi assez bien payé dans une petite entreprise industrielle. Et ils ont eu un enfant.

Seul Kevin travaillait, d'où un budget particulièrement serré, et peu après l'arrivée du bébé, ils étaient débiteurs de 10 000 dollars sur leur carte de crédit. « Le lait maternisé coûte cher, disait Claire, et tout le reste aussi, des sièges auto aux sièges gonflables. Ça ne finit jamais. »

Mais comme ils étaient jeunes et pleins d'idées, ils ont trouvé le moyen de gagner de l'argent en plus. Kevin est devenu entraîneur sportif plusieurs soirs par semaine et Claire a repris son boulot de serveuse les soirs où son mari travaillait. Peu à peu, ils ont épongé leur dette.

Les anciens potes de Kevin sont venus donner un coup de main pour repeindre la maison et leurs épouses ont accepté de garder le bébé les soirs où ils bossaient.

La vie était dure, mais ils faisaient face.

Puis un événement inattendu a bouleversé leur situation.

Au moment où Claire était enceinte de leur deuxième enfant, Kevin a reçu une offre pour devenir entraîneur dans la petite équipe de base-ball locale où il jouait autrefois. Depuis sa blessure, il n'avait eu de cesse de chercher un moyen de faire son retour au sein de l'équipe. Et l'occasion se présentait enfin. Mais il y avait un problème, et de taille : pas de couverture maladie, un salaire très médiocre et des déplacements fréquents.

« Nous avions toujours dit que nous nous soutiendrions mutuellement dans la poursuite de nos rêves, nous disait Claire. Mais lorsque Kevin est rentré le soir en me parlant de l'offre qu'il avait reçue, je lui ai dit de but en blanc que c'était non. » Sa première grossesse avait été compliquée et sa seconde était à risque en raison de son âge. Par conséquent, il était hors de question qu'elle se passe de couverture maladie. Les frais d'hospitalisation pouvaient suffire à les faire replonger dans le rouge, et cette fois avec deux enfants à charge. Et comment feraient-ils si l'un d'eux ou l'un des enfants tombait malade ?

Malgré ses peurs – et après les supplications de Kevin –, Claire a finalement décidé qu'elle ne pouvait pas priver son mari du job de ses rêves. Mais ils se sont mis d'accord pour que Kevin ne commence qu'après la naissance du bébé. Il garderait son emploi actuel et sa couverture maladie au cas où l'accouchement se passerait mal.

Cela nous paraissait un bon compromis.

« Tu parles ! » a aussitôt ajouté Claire dans un long soupir avant de reprendre une gorgée de vin.

Le problème : se fixer sur une solution radicale

Peu après la naissance du bébé, Kevin a pris la route avec son équipe pour six jours, laissant Claire seule à la maison avec un nouveau-né et un jeune enfant. Sa seconde fille se révélait aussi peu dormeuse que la première. « Dormir comme un bébé ? J'ignore qui a inventé cette expression, mais elle ne s'applique absolument pas à mes filles ! »

Même si elle avait accordé sa bénédiction à Kevin, Claire était en colère. Et sa colère s'intensifiait à chaque nouveau déplacement de Kevin. « Quand Kevin m'appelait en route, j'étais trop furieuse pour lui parler. Je voulais qu'il soit heureux et fasse ce qu'il aime, mais c'était dur pour moi. Il le savait. Durant les premiers mois, je n'ai pas dormi, j'entendais pleurer sans arrêt et j'étais épuisée. Je devais m'occuper d'un nouveau-né avec un enfant de 2 ans à charge et sans mari pour me seconder. »

La situation n'a fait qu'empirer avec la crise économique en 2008 et la réduction de salaire subie par Kevin.

Tous les soirs, c'était la même conversation.

Claire : « Tu leur as parlé au sujet de ton salaire ?
– Non. Mais arrête de me demander. C'est déjà assez dur sans que tu me harcèles.
– Tu dois décrocher un nouveau job. Tu dois demander une aide financière à tes parents. Nous devons obtenir un prêt. Nous devons faire quelque chose. Tu as vu le relevé de compte de notre carte de crédit ? »

Oui, Kevin l'avait vu. Il savait qu'ils étaient encore plus endettés que le mois passé. Il n'était pas débile.

Au cours de ces discussions animées, ils lançaient des idées, chacun suggérant à l'autre ce qu'il pouvait faire pour résoudre les problèmes financiers du ménage. Claire suggérait à Kevin de trouver un boulot dans le bâtiment durant la morte-saison, mais Kevin lui répondait qu'il ne voyait déjà pas assez ses enfants. De son côté, Kevin suggérait à Claire de s'occuper d'enfants du quartier dans la journée, d'organiser à la maison une sorte de garderie informelle. Claire était séduite par cette idée, mais faisait quand même remarquer à Kevin qu'elle n'était pas baby-sitter et qu'elle avait déjà des enfants à charge.

Claire se réveillait en pleine nuit avec les idées les plus folles pour résoudre tous leurs problèmes. Et puis, au bout d'un moment, elle retombait sur Terre et se disait que tout cela n'avait ni queue ni tête.

La plupart des individus envisagent d'employer les grands moyens

Face à des choix difficiles, notamment gagner davantage d'argent mais avoir moins de temps en famille, la plupart des individus ont tendance à envisager des changements radicaux – comment gagner la supercagnotte du Loto pour travailler moins ou vivre de ses rentes et avoir du temps en famille. Et avec ce genre d'idées extravagantes, ils risquent de dépenser le peu d'argent qu'il leur reste en billets de loterie et autres jeux de hasard. Outre gagner le gros lot, voici d'autres exemples de solutions radicales :

- Demander de l'argent à un riche cousin brouillé avec le reste de sa famille.
- Entamer son plan d'épargne retraite.
- Vendre son sperme.
- Vendre ses ovules.
- Se mettre à vendre de la coke.
- Transformer sa fille de 10 ans en baby-sitter pour tous les jeunes enfants du quartier.
- Partir en vacances dans son jardin.

La solution : envisager des changements marginaux

Du point de vue d'un économiste, le problème ne résidait pas dans le salaire insuffisant de Kevin (certes, il n'était pas assez payé, et c'était un problème, mais ce n'était pas le problème majeur), mais dans le fait que ce couple n'envisageait que des solutions radicales. Demander de l'argent à la famille, trouver un nouvel emploi, emprunter, se priver de vacances le restant de ses jours, voire devenir dealer… cela s'appelle employer les grands moyens ! Sans compter que ces solutions peuvent ne pas être applicables.

Les économistes proposent une autre voie : adopter le marginalisme, c'est-à-dire évaluer les coûts et les avantages de petits changements progressifs.

Voici comment le marginalisme fonctionne concrètement : imaginez que vous devez choisir entre emprunter 10 000 euros à un taux d'intérêt de 5 % ou emprunter 11 000 euros à un taux d'intérêt de 6 %. Les deux prêts semblent similaires. Six pour cent, c'est un peu plus que 5 %, mais quand on a besoin d'une somme d'argent plus importante, ce n'est pas beaucoup plus cher, n'est-ce pas ?

Eh bien si. Des intérêts de 5 % sur un prêt de 10 000 euros représentent 500 euros. Des intérêts de 6 % sur un prêt de 11 000 euros représentent 660 euros. L'avantage marginal du prêt le plus important s'élève à 1 000 euros – 1 000 euros dans votre poche. Mais le coût marginal est de 160 euros d'intérêts par an (la différence entre 660 et 500), soit 16 % de l'avantage marginal de 1 000 euros, ce qui est énorme.

Évaluer les coûts et les avantages de ces 1 000 euros supplémentaires s'appelle faire du marginalisme.

Les entreprises l'utilisent pour augmenter leur chiffre d'affaires. Les compagnies aériennes bradent leurs places à la dernière minute si leurs avions ne sont pas remplis parce qu'elles estiment que faire rentrer un peu d'argent est préférable à ne pas en faire rentrer du tout. Les hôtels font la même chose avec leurs chambres. Ces entreprises ne dégagent pas les mêmes bénéfices que si elles avaient vendu leurs places et leurs chambres plein tarif, mais quand même davantage d'argent que si leurs places et leurs chambres étaient restées inoccupées. Autrement dit, des petites choses peuvent avoir une grande influence sur les résultats.

Kevin s'est mis à avoir ce genre de considérations. Surtout qu'il préférait mourir que de demander de l'argent à ses parents ou d'abandonner le boulot de ses rêves. Et plus Claire lui criait dessus, plus il y pensait.

Un soir, après une dispute particulièrement violente, Kevin était couché et fixait le plafond, essayant d'éviter les rognures que Claire lui envoyait au visage en se coupant les ongles de pieds. Il se demandait ce qui se passerait si sa chère épouse essayait de replonger l'un de ses orteils dans le monde du travail. Elle adorait cuisiner, elle imaginait des recettes étonnantes et, là où ils habitaient, il y avait une clientèle prête à payer pour se régaler les papilles. S'il pouvait rester à la maison quelques heures par jour pour surveiller les enfants,

Claire aurait le temps de cuisiner – encore mieux, elle pourrait préparer des muffins, ce qu'elle savait faire les yeux bandés. Qui n'aimait pas les muffins ? Le coût d'opportunité serait de devoir rater quelques séances d'entraînement avec l'équipe, mais d'autre part, il passerait davantage de temps auprès de sa famille et permettrait à sa femme d'avoir le temps de cuisiner.

Claire voyait quelques problèmes dans ce projet.

« Qui s'occupera des enfants pendant que je préparerai mes muffins ?
– Moi », répondit Kevin en faisant remarquer à Claire que puisqu'il ne touchait pas la totalité de son salaire, il n'avait pas besoin d'être aux entraînements dès l'aube. « J'irai travailler à 11 heures tous les jours et tu prépareras tes muffins le matin.
– Mais qui va m'acheter mes muffins ?
– Tous ceux qui apprécient les bonnes choses.
– Non, je veux dire : où est-ce que je vais les vendre ? Est-ce que nous allons aussi ouvrir un magasin ? Ou bien suis-je censée les vendre au bord de la route ?
– T'inquiète pas, nous distribuerons quelques plateaux de muffins dans les cafés en ville et nous verrons bien les retours.
– Il n'en est pas question, je n'aime pas parler aux étrangers.
– Mais nous n'avons pas d'argent. »

Il avait raison.

Finalement, Claire accepta de faire l'essai.

Ensemble, ils ont préparé le discours commercial que Claire tiendrait aux propriétaires des cafés pour vendre ses muffins. Claire réalisa une fournée de muffins aux myrtilles et quelques muffins plus originaux – fraise et noix, poire et potiron, fromage frais et banane – qu'elle présenta sur un plateau, et se rendit en ville. Le propriétaire du café qu'elle visita ce jour-là fut médusé de voir cette femme debout dans l'embrasure de la porte, tenant un plateau de muffins et accompagnée de deux enfants suspendus à son anorak. Claire était tellement nerveuse qu'elle avait envie de vomir.

Mais le propriétaire a dû être séduit par son baratin (ou n'avait rien à perdre), parce qu'il a accepté de présenter une douzaine de muffins sur le comptoir le lendemain matin. À 10 heures, il n'en restait plus un seul. Il lui a proposé de lui en prendre deux douzaines par jour. Claire n'a pas tardé à dégager un bon profit sur chaque muffin vendu. De plus, le propriétaire lui donna accès à sa cuisine. Tous les matins, Claire préparait ses muffins et allait discuter avec les clients pour mieux connaître leurs attentes. Le propriétaire lui a même suggéré d'étendre son offre et de préparer des tartes.

La dernière fois que nous les avons vus, Claire et Kevin étaient toujours endettés et se disputaient toujours. Mais ils avaient une nouvelle méthode pour trouver des solutions à leurs problèmes : lancer des petites idées qui semblent toutes bêtes... et vous savez maintenant que des petites idées peuvent faire la différence. Dans le cas de notre couple, elles avaient signifié un peu plus de rentrées d'argent, un peu plus de temps avec les enfants et un moyen pour Claire de poursuivre ses rêves culinaires.

Étude de cas n° 2

Les acteurs : Maud et Victor

Maud et Victor se sont rencontrés à une soirée étudiante. Lorsque Victor aperçut Maud pour la première fois, elle avait gagné un pari – boire trois bières d'affilée sans reprendre une seule fois sa respiration. Il nous a demandé : « Combien de filles capables de faire ça connaissez-vous ? »

Ils avaient ensuite engagé la conversation. Sur quoi ? Ils ne s'en souvenaient pas. « Je ne me rappelle pas de quoi nous avons parlé, mais je me rappelle avoir pensé qu'elle était trop géniale pour me laisser une chance », nous confiait Victor.

« Je trouvais qu'il ressemblait à Alex P. Keaton », ajouta Maud.

Mais elle lui a donné sa chance. Ils sont sortis ensemble. Et cinq ans plus tard, ils étaient mariés.

Ils ont poursuivi leurs études – elle en droit et lui en neuropsychologie clinique. Ils avaient entendu dire qu'il était difficile de mener de front de hautes études et une vie de couple, mais ils ne s'en souciaient guère. Ils savaient qu'ils allaient beaucoup fréquenter les bibliothèques.

Après ses études de droit, Maud a décroché un emploi dans une grande société et n'a pas tardé à travailler 80 à 90 heures par semaine, prenant fréquemment l'avion pour Düsseldorf et gardant une brosse à dents et trois slips propres dans le tiroir de son bureau au cas où elle ne pourrait pas rentrer chez elle le soir. Elle se disait que son emploi du temps inhumain ne nuisait pas à sa vie conjugale puisque Victor écrivait sa thèse et passait des journées entières au laboratoire. De plus, ils n'avaient pas d'enfants.

Certes. Mais Maud avait négligé un problème : Victor et elle ne se voyaient jamais. Lentement mais sûrement, ils évoluaient chacun de leur côté, tissant des liens étroits avec les personnes qu'ils côtoyaient dans leurs univers respectifs – pour Maud, ses collègues dans l'entreprise ; pour Victor, ses condisciples à l'université. Ils communiquaient essentiellement par e-mail, dînaient rarement ensemble et ne traînaient plus le dimanche en lisant le journal comme ils le faisaient auparavant.

Et lorsqu'ils se voyaient, ils avaient beaucoup moins de choses à se dire. « Je ne connaissais pas les gens avec lesquels elle travaillait et, du coup, ce qu'elle me racontait ne m'intéressait pas beaucoup », disait Victor. Maud avait rencontré quelques-uns des collègues de laboratoire de Victor et les trouvait allumés. « Bien sûr qu'ils sont allumés ! Mais si tu leur laissais une chance, tu verrais qu'ils sont bien plus drôles que les avocats que tu fréquentes ! »

Maud et Victor ont commencé à se voir des défauts qu'ils n'avaient jamais remarqués auparavant. Victor découvrait chez sa femme un côté combatif, mais un peu suffisant et m'as-tu-vu, tandis que Maud trouvait qu'il pouvait être parfois passif-agressif et d'humeur changeante.

Un soir, Victor est rentré avec la grippe et s'est couché illico. Maud, qui avait déjà organisé sa soirée, a décidé de lui acheter une pizza, de la lui déposer à la maison et d'aller retrouver ses amis au bar. Lorsqu'elle en parla à l'un de ses collègues de travail, ce dernier eut l'air surpris. « Il m'a dit que s'il était malade et que sa femme lui apportait une pizza avant de repartir faire la fête avec ses amis, cela lui ferait de la peine, nous confiait Maud. Ses propos ont touché une corde sensible. Je me voyais de l'extérieur et je n'aimais pas ce que je voyais. »

L'incident de la pizza encouragea Maud à parler à Victor.

« Que se passe-t-il avec notre vie de couple ? » demanda-t-elle, pensant qu'au pire sa question engendrerait une banale dispute. Mais pas du tout. Elle avait ouvert les vannes. Victor répondit qu'il avait l'impression qu'elle avait troqué leurs rêves communs d'une vie familiale pour un emploi rémunérateur mais sans âme. De son côté, Maud était choquée de voir à quel point quelqu'un qui levait rarement les yeux de son écran et passait cinquante heures par semaine dans un laboratoire à étudier les itérations sans fin de l'activité des ondes cérébrales pouvait être si hypocrite.

« Nous nous sentions tous les deux négligés et nous nous accusions mutuellement, nous expliquait Maud. Mais ce n'était pas tout. Au cours de la conversation, nous avons réalisé que nous nous étions terriblement éloignés l'un de l'autre, que nous ne nous connaissions plus et que nous ne voulions peut-être plus refaire connaissance. »

Quelques mois plus tard, Maud déménagea.

Le problème : les coûts irrécupérables

Pour Maud et Victor, vivre séparés était plus difficile que prévu.

« Quand je rentrais le soir, je voulais entendre Maud me raconter sa journée », nous disait Victor en admettant que les histoires du cabinet juridique de sa femme lui manquaient. « Rétrospectivement, je les trouvais assez drôles. »

De son côté, Maud se demandait si elle n'était pas partie trop tôt, sans laisser la moindre chance à son mariage. « Je ne me suis jamais vue baisser les bras, mais avec Victor, j'ai fui sur un coup de tête au premier nuage. Je n'étais pas fière de moi. »

Ils ont décidé de se remettre ensemble et de faire un nouvel essai. Mais comment ? Le principal écueil – la vie de fous qu'ils menaient à cause de leurs jobs respectifs – était toujours là. Maud allait devenir associée dans son cabinet juridique, d'où des responsabilités accrues, et Victor était en train de postuler auprès des meilleures universités américaines. Ils avaient déjà à peine le temps de prendre une douche, comment pourraient-ils recoller les morceaux de leur vie conjugale ? Bien sûr, ils pouvaient faire le choix de ralentir leur rythme et de jeter par la fenêtre tout le temps et l'argent qu'ils avaient investis dans leurs carrières. « Nous avions sacrifié des années de notre vie, plus de 100 000 dollars en frais de scolarité et notre mariage », nous disait Victor.

Les économistes lui répondraient que rester fixé sur les investissements passés – ce qu'ils appellent les coûts irrécupérables – pour envisager l'avenir est une perte de temps. Les coûts irrécupérables ou irrécouvrables veulent bien dire ce qu'ils veulent dire – ils appartiennent à l'histoire ancienne. Il faut les oublier une fois pour toutes pour se tourner vers les coûts et les avantages futurs.

Les gouvernements français et britannique l'ont appris à leurs dépens en continuant de faire voler le Concorde pendant tant d'années – un vrai gouffre financier – parce que l'interdire de vol les aurait fortement embarrassés et qu'ils avaient déjà dépensé des milliards à essayer de prouver leurs compétences aéronautiques hors du commun au monde entier. Les dépenses astronomiques de la NASA sont souvent critiquées. En 2008, si elle a investi 100 millions de dollars supplémentaires dans le projet Mars Science Laboratory, une sonde spatiale au budget faramineux et dont le lancement avait pris un sérieux retard, c'est en partie parce qu'elle y avait déjà englouti 1,8 milliard de dollars.

Vous vous rappelez Greg Mankiw et ses dix principes économiques ? Avant de devenir un économiste célèbre, il a expérimenté personnellement les coûts irrécupérables. En effet, alors qu'il était à peine inscrit en doctorat d'économie, il a été accepté à la faculté de droit de Harvard. Mais il a décidé de remettre ses études de droit à plus tard et de commencer son doctorat. Un an après, il a abandonné l'économie pour le droit, mais au bout de la deuxième année, il s'est rendu compte qu'il était bien meilleur en économie qu'en droit, alors il a quitté la faculté de droit pour terminer son doctorat d'économie. « Me rappelant le manque de pertinence des coûts irrécupérables, je suis passé du parking de la faculté de droit à celui de la faculté d'économie, où je suis depuis plus de vingt ans », disait-il.

Réfléchissez à tous les coûts irrécupérables qui ont mis à mal vos finances au cours de ces dernières années. Les mauvais films que vous êtes allé voir au cinéma. Le sashimi que vous avez mangé alors qu'il avait un goût d'algues rancies. La ceinture en croco – dont vous ne vouliez pas et dont vous n'aviez pas besoin – que vous vous êtes sentie obligée d'acheter à la fin de votre journée de shopping pour justifier vos heures passées à essayer de dépenser de l'argent.

Ou imaginez que vous achetiez une maison dans une ville où les impôts fonciers sont exorbitants pour que vos enfants, qui n'ont encore que 18 mois, puissent un jour aller dans la meilleure école publique de la ville. Quelques années ont passé et vous avez englouti des sommes folles dans votre maison. À présent, vos enfants entrent à l'école primaire. Sauf que vous avez récemment rencontré des parents dont les enfants vont dans une école privée du quartier ; ces chers petits sont si bien élevés et si intelligents que vous envisagez d'inscrire vos enfants dans cette école à 15 000 euros par enfant et par an. Vous êtes perplexe. Vous calculez les sommes astronomiques que vous avez investies dans votre maison tout en étant de plus en plus convaincu que votre petite Sophie a besoin des programmes d'« enrichissement intellectuel » de cette école privée et que votre petit Tom risque de devenir un tyran si personne ne lui chante *Frère Jacques* en mandarin deux fois par jour. Vous avez le choix entre rester sur l'idée de mettre vos enfants à l'école publique ou les inscrire à l'école privée pour leur donner toutes les chances de gouverner le pays plus tard.

La solution : ignorer les coûts irrécupérables

Maud et Victor étaient devant un terrible dilemme : travailler moins et passer davantage de temps ensemble ou garder le même rythme d'enfer et risquer une séparation définitive. Ils n'auraient pas dû tergiverser longtemps si les coûts irrécupérables ne leur avaient pas embrouillé les idées.

Ils ont essayé d'avoir le beurre et l'argent du beurre. Maud est retournée vivre avec Victor et ils ont décidé de passer tous les samedis ensemble à faire du vélo, à lire le journal et à aller au cinéma. Ils ont prévu d'aller à la messe le dimanche et se sont engagés à quitter le travail à une heure raisonnable une fois par semaine pour pouvoir dîner tous les deux. Mais ils pouvaient s'estimer heureux de réussir à dîner ensemble une fois par mois, et les balades à vélo du samedi étaient invariablement reportées si l'un ou l'autre avait du travail qui ne pouvait pas attendre le lundi. « Notre situation n'était pas aussi critique qu'auparavant, mais toujours très tendue », nous disait Victor.

Tout a changé lorsqu'ils ont essayé d'avoir un enfant, sans succès. Les mois passaient, et toujours rien. Ils ont fini par aller voir un spécialiste des problèmes de fertilité qui leur a suggéré de ralentir leur rythme pendant quelques mois avant de commencer un traitement. Ce médecin voulait voir si une réduction du stress pouvait avoir un impact sur leur fertilité.

« Le spécialiste pensait également qu'avec tous mes déplacements, nous n'avions probablement pas beaucoup de rapports sexuels, nous confiait Maud. Il avait raison. »

Ils ont pris quelques semaines de congé et sont allés camper au bord du Pacifique. Ils ont randonné, lu, dormi et fait beaucoup l'amour. Et, au beau milieu de la chaîne des Cascades, ils ont soudain décidé de jeter aux oubliettes les coûts irrécupérables. Ils ont réalisé qu'ils avaient poursuivi leurs carrières avec des œillères, perdant de vue ce qui était important à leurs yeux : la famille, l'amitié et une journée sans BlackBerry de temps en temps.

Et un jour, Maud est tombée enceinte.

Quelques mois plus tard, elle a décroché un emploi moins stressant dans un cabinet juridique moins renommé et son mari s'est mis à travailler dans un laboratoire de recherche – un emploi certes moins prestigieux qu'une chaire universitaire, mais aussi bien rémunéré et à heures fixes. « Nous avons traversé des moments difficiles, mais nous avons réussi à sortir de l'ornière. Si nous avions continué sur la même voie, nous serions riches, reconnus et divorcés », concluait Maud.

Étude de cas n° 3

Les acteurs : Anna et Joseph

Anna et Joseph se sont rencontrés un an après avoir terminé leurs études universitaires dans une société d'investissement basée au Japon qui regorgeait de jeunes diplômés à la recherche d'une expérience internationale. Joseph était sud-africain et Anna américaine. Ils se sont tout de suite bien entendus, passant des heures à débattre de la politique mondiale, à discuter des progrès de la société sud-africaine et du lourd héritage de l'apartheid, et à méditer sur la libido de Bill Clinton. Ils se faisaient découvrir des auteurs – Joseph lui faisait lire Carl Hiassen et Anna lui prêtait des bouquins de Milan Kundera. Ils faisaient des excursions en montagne et passaient des nuits entières à boire du saké. Ils sont allés à Bali où ils ont passé les deux premiers jours à jouer au frisbee sur la plage et à nager, et les cinq derniers jours à lutter contre une saleté de parasite qui leur donnait de la fièvre, des nausées et la peur d'avoir attrapé la dengue.

Ils aimaient leur environnement professionnel, mais savaient qu'ils ne resteraient pas indéfiniment dans le secteur bancaire où la concurrence était acharnée. Ils parlaient de leur avenir et il leur semblait – du moins à Anna – qu'ils souhaitaient les mêmes choses : une grande famille, la liberté de voyager et un travail épanouissant.

Au bout d'un an, Anna a annoncé à Joseph qu'elle en avait marre de travailler comme une dingue à rendre les riches encore plus riches et qu'elle était prête pour une autre aventure.

Pourquoi ne partiraient-ils pas tous les deux à Hong Kong ? Ou à Londres ? Ou au Mozambique ? Avec leur diplôme et leur expérience, ils n'auraient aucune difficulté à se faire embaucher. « J'avais envie de travailler dans l'humanitaire », nous disait Anna.

Joseph lui a répondu qu'il n'était pas prêt à vivre ailleurs qu'au Japon. Du moins pour l'instant. Et que s'il quittait un jour le pays du Soleil levant, il voulait d'abord faire le tour du monde. En ajoutant qu'Anna serait toujours la bienvenue.

« Toujours la bienvenue ? C'est ce qu'on dit à ses potes ou à sa mère, lui avait répondu Anna. Pas à sa petite amie. »

Elle en voulait à Joseph de lui laisser penser que leur histoire n'était rien de plus qu'une amourette d'étudiants. Joseph ne voyait pas les choses de cette manière. Il aimait Anna et ne voulait pas la perdre. Simplement, il n'était pas prêt à se mettre en ménage. Il voulait explorer le monde. Faire des expériences. Il n'était pas un salaud pour autant. Et pourquoi Anna devrait-elle tout décider ? Elle n'avait pas à le forcer à s'installer s'il ne se sentait pas prêt. À 30 ans, oui, mais pas maintenant.

« J'étais sûre que Joseph était l'homme de ma vie. Il n'était pas arrogant, juste sûr de lui. Il n'a appris que quelques mots de japonais et, pourtant, il donnait l'impression de parler la langue depuis des années. Il a convaincu des types de la banque de lui confier des tâches qu'il ne savait absolument pas faire et trouvé ensuite quelqu'un pour tout lui expliquer. »

Elle pensait que Joseph avait également confiance en elle. Mais Anna n'était pas du style à jouer les victimes. Elle a fait ses valises pour Londres où elle a trouvé un emploi dans une organisation non gouvernementale antinucléaire et s'est mise à sortir avec quelqu'un d'autre.

Lorsque Joseph, qui avait fréquenté des filles qui n'arrivaient pas à la cheville d'Anna, a appris par l'un de ses copains qu'Anna sortait avec un autre homme, il s'est senti extrêmement jaloux. Il a sauté dans le premier avion pour Londres et expliqué à Anna qu'il voulait qu'elle revienne – tout en ajoutant qu'il n'était toujours pas prêt pour le mariage.

Réaction d'Anna : « C'est ton engagement ou rien. » Elle nous a avoué qu'elle bluffait un peu. Mais elle ne voulait pas montrer sa déception.

Joseph a mis quelques jours pour évaluer les coûts et les avantages, et finalement lui a promis le mariage avant la fin de l'année. Anna a laissé tomber son petit ami de substitution.

Leurs premières années de mariage ont été formidables. Ils ont eu un enfant et découvert qu'ils partageaient la même vision des choses sur tout, ou presque, qu'il s'agisse de calmer bébé ou d'avoir envie de sortir chacun de son côté une fois par semaine. Ils se partageaient les tâches domestiques équitablement et continuaient de travailler.

Leur vie était un long fleuve tranquille, jusqu'à ce qu'un soir, un an après l'arrivée de l'enfant, Anna invite Joseph dans son restaurant thaï préféré pour lui annoncer quelque chose d'important. À 32 ans, elle voulait entreprendre des études de médecine.

« Devenir médecin ? Mais c'est de la folie ! Nous n'avons plus l'âge. Nous sommes heureux. Nous gagnons bien notre vie. Pourquoi vouloir nous créer des ennuis ? » a répondu Joseph. Mais Anna tenait bon. Finalement, au bout d'un an de discussions interminables, et voyant qu'Anna ne changerait pas d'idée, Joseph a décidé de l'encourager du mieux qu'il le pouvait : il avait trouvé un métier qu'il aimait et souhaitait la même chose à Anna. Il lui a promis qu'il la soutiendrait – psychologiquement et, bien sûr, financièrement.

Les dix années suivantes ont été une vraie galère. Anna a réussi tant bien que mal sa première année de prépa et, une fois à la faculté de médecine, a dû supporter un emploi du temps particulièrement lourd. Sans compter qu'elle a eu un deuxième enfant. « Le temps passait et je me suis dit que c'était maintenant ou jamais. »

Aussitôt après l'accouchement, elle a bossé 80 heures par semaine comme interne. « Je passais deux fois plus de temps à l'hôpital qu'à la maison. Sans exagérer. »

Joseph subvenait aux besoins de la famille grâce à son poste de directeur financier d'une société spécialisée dans la conception de sites Web à Los Angeles, et s'occupait des enfants presque à lui tout seul. Il les emmenait chez le médecin, leur trouvait des baby-sitters quand il devait effectuer des voyages d'affaires et rencontrait les conseillers d'orientation. Quant à Anna, elle allait se coucher bien après Joseph et se levait bien avant lui.

Joseph savait que tous leurs efforts paieraient un jour ou l'autre et qu'Anna travaillait dur pour elle-même et l'avenir de sa famille. Pourtant, il se sentait de plus en plus exploité. Il se disputait souvent avec sa femme – lorsqu'il avait la chance de ne pas la voir seulement en coup de vent – et s'arrangeait pour ne pas être à la maison les rares samedis et dimanches matin où elle ne travaillait pas. « J'avais envie de ne pas être gentil. J'avais du ressentiment. Tout le temps », nous confiait-il.

Le problème : l'aversion à l'inégalité

Les économistes ont récemment découvert une vérité choquante : aucun d'entre nous n'aime être le plus mal loti et notre « aversion à l'inégalité », notre désir de justice, nous conduit à prendre des décisions qui ne nous sont pas toujours favorables. Eux qui, pendant longtemps, étaient partis du principe que les individus agissaient toujours dans leur intérêt... La question de l'équité ne se posait pas pour les partisans de l'économie de marché. En effet, je vais être heureuse de relier des documents pour 2 euros de l'heure même si, dans ce magasin de reprographie, on vous le fait pour 5 euros de l'heure. Pourquoi ? Parce que 2 euros valent mieux que zéro – ce que je gagnais avant de décrocher ce job stupide.

Pas si vite. Une fois que mon aversion à l'inégalité entre en jeu, soit généralement à la fin de ma première journée, je décide de quitter ce travail parce qu'il est totalement injuste que je gagne moins que ces crétins. Je rentre chez moi et songe à trouver un autre boulot le lendemain.

« Si vous vous préoccupez à l'excès de savoir si quelqu'un gagne plus que vous, vous serez malheureux, nous expliquait l'économiste Robert Frank. Mais vous ne pouvez pas vous en empêcher. »

Quel rapport avec les dilemmes ?

En considérant cette alternative simple – a) garder un emploi qui rapporte peu ou b) abandonner cet emploi, avoir la liberté de boire de la bière au milieu de la journée et ne rien gagner –, j'ai laissé mon sentiment inné de ce qui est juste et de ce qui ne l'est pas m'inciter à choisir l'option (b). Et maintenant je suis fauché.

Il y a une trentaine d'années, un groupe de trois économistes allemands – Werner Güth, Rolf Schmittberger et Bernd Schwarze – a inventé un jeu pour voir si le sens de l'équité influençait les décisions économiques. Ils l'ont baptisé « le jeu de l'ultimatum » et ce jeu a fait sensation dans le monde de l'économie, peu porté aux activités ludiques. Voici le principe : vous avez 100 euros. Vous devez partager cet argent avec un autre joueur que vous ne connaissez pas. Appelons-le Michel.

Il y a des règles dont vous êtes tous les deux au courant. Vous ne pouvez pas parler à Michel et vous êtes dans une pièce séparée de la sienne. Il n'y a pas de négociation, pas de marchandage possible. Vous ne pouvez jouer qu'une fois – ce qui signifie que si vous escroquez Michel, vous n'avez pas à vous inquiéter, vous ne le reverrez jamais. Mais il y a un hic : Michel sait de combien vous disposez et s'il n'apprécie pas votre offre, il peut la rejeter, auquel cas vous vous retrouvez tous les deux sans un centime.

Bien sûr, vous voulez proposer le minimum d'argent à Michel pour en garder un maximum. Mais si vous lui proposez une somme ridicule – disons 5 euros –, il peut juger cette offre inéquitable et la rejeter.

D'un point de vue purement économique, le désir de Michel de recevoir une offre « équitable » est irrationnel. Même si vous ne lui proposez que 1 euro, c'est 1 euro qu'il n'avait pas dans sa poche avant de commencer le jeu. C'est mieux que rien. Il devrait se satisfaire de ce que vous lui donnez. Mais comme l'ont constaté nos trois économistes, plus de 50 % des joueurs rejettent des offres inférieures à 20 euros. Et probablement parce qu'ils savent que l'autre va rejeter une offre « inéquitable », deux tiers d'entre eux font des offres comprises entre 40 et 50 euros. Seuls 4 % proposent moins de 20 euros.

C'EST DANS NOTRE NATURE

Un groupe d'économistes et d'anthropologues particulièrement ambitieux ont poussé plus loin le jeu de l'ultimatum. Ils ont cherché à savoir comment plusieurs microsociétés jouaient à ce jeu, des Kazakhs en Mongolie aux Quichuas en Équateur. Ils ont découvert que certaines tribus offraient davantage d'argent, d'autres moins, mais en général, l'équité semblait être un facteur de motivation assez universel.

Bien sûr, il y avait des extrêmes. Les Lamaleras d'Indonésie, par exemple, se montraient extrêmement généreux, proposant en moyenne

→

58 % de leur argent (ils étaient habitués à chasser tous ensemble la baleine dans des canoës et donc à partager, en concluaient les économistes). Au contraire, les Machiguengas du Pérou n'offraient que 26 % de leur argent (un comportement emblématique d'une société qui fonctionnait davantage en familles qu'en communautés). Certains groupes, dont les Gnaus de Papouasie-Nouvelle-Guinée, offraient une somme d'argent assez conséquente, mais fréquemment rejetée. Les économistes attribuaient cette attitude à des cultures où accepter un présent était un signe de faiblesse et de soumission.

Comme le dit l'économiste Richard Thaler : « La plupart des individus préfèrent plus d'argent que moins, aiment être traités équitablement et aiment traiter les autres équitablement. Dans la mesure où ces objectifs sont contradictoires, les individus font des compromis. »

Naturellement, Thaler met le doigt sur ce que savent tous les couples mariés depuis plus de dix minutes : l'égalité compte. La seule différence entre le jeu de l'ultimatum et une vie conjugale, c'est que dans un mariage, les enjeux sont bien supérieurs à 100 euros.

Mais comme vous le diront aussi tous les couples, assimiler l'équité à la politique du tout ou rien – rester ou partir – n'est pas une stratégie gagnante. À moins d'être dans un mariage qui va vraiment à vau-l'eau, l'équité est une cible mouvante. Elle peut ne pas être présente certains jours, mais au bout de nombreuses années de mariage, les choses ont tendance à s'égaliser, les déséquilibres ponctuels à s'harmoniser. Il n'est donc pas toujours judicieux de surévaluer la question de l'équité à court terme et de risquer des disputes aussi terribles qu'inutiles.

Anna et Joseph se trouvaient justement dans cette situation.

Joseph avait commencé à critiquer l'ambition de sa femme, une qualité qu'il admirait autrefois chez elle. Sa propre carrière lui convenait, mais ne décollait pas. Certes, Anna apportait sa contribution, recrutait les nounous, cherchait la meilleure école pour les enfants et organisait quelques séances de jeu, mais le gros du travail revenait à Joseph. Quand les enfants étaient malades, c'était lui qui les retirait de la garderie et prenait sur ses propres congés maladie pour rester avec eux à la maison.

« Je ne peux pas m'occuper de tout, tout le temps, disait-il à Anna. Je n'ai pas choisi d'être un père célibataire ; quand vas-tu commencer à fournir ta part du travail ? Ce n'est pas juste. »

Anna accusait Joseph d'être égoïste. Elle disait qu'elle faisait de son mieux, quittant souvent l'hôpital après avoir fait les trois-huit pour aller chercher les enfants à l'école, même si elle tombait de sommeil. « Est-ce que c'est juste que tu voies les enfants plus que moi ? Est-ce que c'est juste que les autres mères voient leurs enfants tous les matins et pas moi ? Est-ce que c'est juste que ce boulot fasse de moi la plus mauvaise mère du monde ? »

Anna en voulait à son mari d'avoir accepté de la soutenir et, maintenant, de se plaindre à longueur de temps. Elle en voulait à ses enfants de sembler préférer la compagnie de leur père. Elle s'en voulait de faire subir à tout le monde une épreuve aussi pénible. « Je voulais tout abandonner, lâcher l'internat. Je n'avais qu'une envie : m'écrouler dans le lit et dormir pendant deux mois. »

La solution : être prêt à dépasser le problème

Les économistes disent que dans une économie de marché, les individus se retrouvent inévitablement en situation de choisir entre l'équité – ce qui est juste – et l'efficacité – la meilleure allocation des ressources. Tout le monde ne devient pas riche, même si c'est injuste. Certains sont faits pour diriger une entreprise, d'autres pour trier le courrier. Certains font leur internat et d'autres sont condamnés à surveiller les enfants.

Le problème avec notre obsession de l'inégalité, c'est qu'elle nous empêche de réfléchir clairement et lucidement à des compromis, d'où des solutions souvent très inefficaces.

La solution : être prêt à dépasser le problème. Dépasser notre aversion à l'inégalité et reconnaître que plus nous passons de temps à nous dire que la situation n'est pas juste, moins nous en avons pour calculer les avantages à long terme d'un compromis, évaluer les coûts à court terme et, au bout du compte, trouver des solutions.

Pendant longtemps, rien n'a été équitable dans la vie de Joseph et d'Anna. Mais Anna n'a pas abandonné l'internat et Joseph n'a pas claqué la porte. Avant de laisser la situation déraper et devenir complètement incontrôlable, ils ont trouvé des moyens de tenir le coup – à commencer par respecter le compromis sur lequel ils s'étaient mis d'accord initialement.

Le plus difficile était de trouver des solutions qui profitaient un peu à chacun et beaucoup à la situation générale. D'abord, ils se sont interdit de « prendre la température de l'équité » tous les jours. Ensuite, ils ont opéré de petits changements dans leur quotidien (le marginalisme économique !) au lieu de mettre en place des solutions radicales. Par exemple, Anna s'est mise à cuisiner davantage, ce qu'elle adorait faire. Les rares jours où elle était de repos, elle préparait de bons petits plats – des lasagnes, un ragoût de bœuf, des quiches – et les congelait pour éviter à Joseph d'avoir à faire toute la cuisine (ou de commander des pizzas tous les soirs). « Je voulais que lui et les enfants aient une nourriture saine et équilibrée. Et en cuisinant, j'avais l'impression d'être une meilleure mère. »

Anna a convaincu son époux, ancien marathonien, de faire un jogging trois fois par semaine en rentrant de son travail, c'est-à-dire de parcourir le trajet bureau-maison en courant. « Pour Joseph, l'exercice est un moyen de garder le moral. Peu importe qu'il faille demander à la baby-sitter de rester une demi-heure de plus. » Anna n'en tirait pas d'avantage direct, mais grâce à la pratique d'une activité physique régulière, Joseph était plus heureux et plus détendu, ce qui constituait un avantage indirect pour sa femme et ses enfants.

Tous les deux mois, ils « découchaient » dans un motel bon marché – partant après avoir mis les enfants au lit et revenant le lendemain pour le déjeuner.

Enfin, ils ont essayé de ne pas laisser leur sexualité tomber aux oubliettes. Ils en étaient arrivés à un point où, pendant deux mois, seuls leurs orteils se touchaient dans le lit. Ils ont donc décidé de faire l'amour au moins une fois par semaine. Au début, Anna trouvait cela trop mécanique – pourquoi se forcer à avoir une relation sexuelle alors qu'elle avait du mal à garder les yeux ouverts ? Mais elle s'est dit que si elle était capable de rester éveillée pour ses patients, elle pouvait l'être pour sa vie de couple. « C'était étrange. Je pensais que j'avais vidé tout mon réservoir d'énergie et que je n'aurais absolument pas la force de faire l'amour. Mais j'ai accepté d'essayer, et je me suis sentie mieux. Je me sentais plus connectée à Joseph à une époque où nos vies étaient déconnectées sur tous les autres plans. »

Bien sûr, tout n'était pas parfait et ils se disputaient encore sur la question de savoir qui en avait fait plus que l'autre certains jours. Quand Anna revenait avec une dette de sommeil importante, il arrivait encore à Joseph d'être agacé et de lui faire la gueule. Quand Joseph se montrait trop dur avec les enfants, Anna regrettait de ne pas avoir vraiment son mot à dire : il s'occupait d'eux la majeure partie de la journée, de quel droit irait-elle lui dire de s'y prendre comme ceci ou comme cela ?

Ils ont galéré pendant neuf ans, mais en sont sortis indemnes. Anna ne réalisait pas qu'on puisse l'appeler « docteur » et Joseph se vantait d'avoir une femme aussi sexy en blouse blanche. Il mourrait d'envie d'aller s'installer à Small Town avec Anna et les enfants – elle serait le meilleur médecin de la région et il cultiverait des salades. « Je dois grandement ma réussite à Joseph. Sans lui, je n'en serais pas là aujourd'hui », nous confiait Anna.

Actuellement, Anna s'occupe davantage des enfants et Joseph est plus libre. Il voyage beaucoup, ce qu'il ne pouvait pas faire auparavant. Sa femme est radiologue, avec des horaires « normaux », fait partie d'une association de parents d'élèves et s'est mise à la boxe, un sport qui, selon elle, est parfait pour libérer son agressivité. Et même si Anna ne travaille plus à l'hôpital, disons que Joseph apprécie de la voir revêtir une blouse blanche de temps en temps !

7 L'ASYMÉTRIE D'INFORMATION *(OU POURQUOI VOUS DEVEZ DIRE – À BON ESCIENT – CE QUI NE VA PAS)*

Le principe

Lorsqu'ils sortaient ensemble, c'était toujours merveilleux. Simon était intelligent et plutôt bien fait de sa personne. Titulaire d'un doctorat en histoire de la Russie, il détenait une chaire dans une université de renom. Il était juif. Et il invitait toujours Lydie à dîner. Et riait de ses plaisanteries. Puis il la raccompagnait chez elle, lui donnait un baiser dans le hall, n'essayait pas de la suivre dans l'ascenseur et lui envoyait un e-mail le lendemain pour lui proposer une nouvelle sortie.

Alors pourquoi Lydie hésitait-elle à lui dire oui ?

Parce qu'elle se posait toujours la même question : s'il était si bien, pourquoi était-il toujours célibataire ?

Ses amies voulaient lui tordre le cou à chaque fois qu'elle leur faisait part de ses inquiétudes. « Tu es ton pire ennemi, lui disaient-elles. Arrête de te poser toutes ces questions. Tu veux rester célibataire toute ta vie ? »

Nous ne connaissons pas Lydie aussi bien que ses amies, mais nous sommes plutôt d'accord avec elles. Nous pensons qu'elle était sur le point de faire une découverte intéressante. Et nous vous en dirons plus dans quelques instants.

Mais d'abord, imaginez que vous vouliez acheter une voiture d'occasion. Vous repérez l'annonce d'un particulier pour une Toyota Corolla DX de dix ans qui semble parfaite. Son prix : seulement 400 euros !

Le samedi suivant, vous rencontrez le vendeur, un type avec une moustache et une bague au petit doigt qui vous dit que vous n'allez jamais tomber sur une aussi bonne affaire que la sienne. « Je serai honnête avec vous. Ce n'est même pas une question d'argent. C'est pour ma grand-mère qui a 90 ans ; à son âge, elle ne doit plus conduire, explique-t-il.
– Quand votre voiture a-elle été révisée pour la dernière fois ?
– Euh, il y a quelques mois.
– Vous avez les papiers ?
– Pas sur moi. Il faudrait que je les cherche.
– Quand votre grand-mère l'a-t-elle achetée ? Savez-vous qui l'a conduite avant elle ? A-t-elle eu des accidents ?
– Des accidents ? Bien sûr que non. Regardez ! Je crois qu'elle l'a achetée neuve... oui, je me rappelle, elle l'a achetée neuve.
– Vous avez une facture ?
– Je peux lui demander, mais je doute qu'elle l'ait conservée. Elle perd un peu la tête, vous savez. »

Cette affaire supposée exceptionnelle commence à sentir le roussi.

Les économistes appellent ces scénarios trop beaux pour être vrais des problèmes de vieux tacots ou de mauvaises occasions (« *lemon problems* », en anglais) qui chassent les bonnes. Le terme a été inventé par l'économiste George Akerlof en 1970 et désigne des marchés où une partie détient davantage d'informations que l'autre – où il existe une « asymétrie d'information », avec toutes les conséquences qu'on imagine. (George Akerlof, Michael Spence et Joseph Stiglitz ont reçu le prix Nobel d'économie en 2001 pour leurs travaux pionniers sur les asymétries d'information.)

Il existe une asymétrie informationnelle dans votre situation parce que le vendeur sait que la voiture a eu trois accidents, que la boîte de vitesses a été changée et que l'odomètre a été remis à zéro après 160 000 kilomètres, alors que vous, vous l'ignorez. Vous êtes donc désavantagé. Et si vous signez un chèque au vendeur, repartez dans votre Corolla et ne pouvez plus la faire redémarrer le lendemain, vous allez être très en colère.

Même chose pour Simon et Lydie. Simon sait qu'il se désintéresse d'une fille dès qu'il a couché avec elle et ne veut pas d'enfants, mais Lydie l'ignore. Elle est donc désavantagée. Et si elle sort de nouveau avec Simon – se disant pourquoi pas, puisqu'il est si gentil –, couche avec lui et n'entend plus jamais parler de lui, elle va être très en colère, se sentir salie et jurer de ne plus jamais avoir de rapport sexuel sans bague au doigt.

C'est pourquoi nous ne reprochons pas à Lydie d'y aller avec prudence, aussi gentil que soit Simon.

Sans information, nous ne pouvons pas prendre de décisions en toute connaissance de cause. Et si nous ne pouvons pas prendre de décisions en toute connaissance de cause, soit nous prenons des décisions au hasard qui peuvent se révéler désastreuses (nous héritons d'un salaud ou d'un vieux tacot), soit nous choisissons de ne pas prendre de décision, ce qui signifie que nous risquons de passer à côté d'une opportunité (un type bien ou une voiture en parfait état).

C'est clair comme de l'eau de roche, non ? Sauf que lorsque George Akerlof a identifié le problème de l'asymétrie informationnelle, ce n'était pas vraiment clair aux yeux des économistes. Avec leurs théories de la consommation et du marché, ils sont partis du principe que les vendeurs et les acheteurs savaient tout ce qu'ils devaient savoir sur les biens et les services disponibles sur le marché. Qu'ils avaient un accès égal aux informations disponibles. C'est ce qu'ils appelaient la théorie de l'information parfaite et la main invisible était censée fonctionner selon cette théorie.

Akerlof jugeait que la théorie de l'information parfaite laissait trop de questions importantes sans réponse – à savoir : pourquoi achèterait-on une voiture d'occasion ? Et puis d'abord, le fait que quelqu'un veuille vendre sa voiture d'occasion n'est-il pas déjà suspect ?

Les questions d'Akerlof soulignaient une lacune dans la théorie de l'information parfaite : parfois, les vendeurs ont davantage d'informations sur ce qu'ils vendent que les acheteurs. Seul le vendeur sait s'il a un vieux tacot entre les mains.

Allez jusqu'au bout du raisonnement et l'ensemble du marché des voitures d'occasion s'effondre. Sachant que le vendeur peut garder des informations pour lui, l'acheteur ne peut pas lui faire confiance d'emblée. Si le vendeur insiste en lui disant que sa voiture est géniale, l'acheteur commence par se demander pourquoi il la vend. Si le vendeur lui propose de baisser le prix, l'acheteur trouve ce geste suspect et se dit que la voiture doit vraiment avoir un problème. Puisque l'acheteur ignore s'il va faire une bonne ou une mauvaise affaire, il propose au vendeur de lui acheter sa voiture à un prix qui lui évitera d'avoir l'impression de s'être fait rouler complètement si l'engin s'avère être un vieux tacot. Ce prix, disait Akerlof, est à mi-chemin entre le prix d'une voiture en parfait état et le prix d'une vieille guimbarde.

Le problème, c'est que les vendeurs de voitures d'occasion en parfait état vont retirer leurs voitures du marché, se disant qu'ils ne vont jamais obtenir un prix équitable. Et si les bonnes voitures quittent le marché, que reste-t-il ? Les mauvaises ! Les marchés asymétriques sont problématiques pour tous les acteurs, vendeurs inclus.

Et pas seulement le marché des voitures d'occasion. Les marchés de l'assurance, du crédit ou du travail en pâtissent également. Comment un assureur peut-il calculer le montant des primes qu'il va faire payer à ses clients s'il ignore lesquels d'entre eux sont des fumeurs en surpoids et lesquels sont des sportifs qui ne boivent jamais d'alcool ?

Comment les établissements de crédit peuvent-ils fixer un taux d'intérêt sans savoir lesquels de leurs emprunteurs sont dignes de confiance et lesquels risquent de manquer à leurs engagements ?

Comment une entreprise peut-elle embaucher un nouveau salarié sans savoir s'il n'a pas mis le feu à la cafétéria dans son emploi précédent ?

Comment une femme peut-elle décider de coucher avec un homme sans savoir si ce dernier recherche l'âme sœur ou une simple aventure d'un soir ?

Mais avant de jeter la pierre aux vendeurs de voitures d'occasion, aux compagnies d'assurances, aux établissements de crédit, aux entreprises qui exploitent leurs salariés et aux hommes célibataires trop mielleux, rappelez-vous qu'il existe des moyens d'égaliser l'information. De rétablir sa symétrie.

Les vendeurs de voitures d'occasion peuvent garantir la qualité de leurs produits en fournissant un certificat du fabricant. Les assureurs peuvent passer au crible vos antécédents médicaux. Les établissements de crédit pratiquent l'encadrement du crédit. Les employeurs demandent des références. Quand aux femmes célibataires, c'est un peu plus délicat, mais des recherches judicieuses sur Google peuvent leur permettre d'identifier les psychopathes.

Pour les économistes, l'information est fondamentalement une bonne chose. Plus nous en savons, plus nous pouvons prendre des décisions avisées et plus les marchés sont efficients.

Cela vaut aussi pour votre vie conjugale. Un échange constant d'informations est indispensable au bon fonctionnement du ménage. C'est pourquoi vous passez toujours un coup de fil à votre partenaire si vous êtes en retard pour qu'il attende de se mettre à table. Et c'est pourquoi vous n'hésitez jamais à dire franchement à votre conjoint qu'il vous a blessée pour qu'il s'excuse. Et c'est aussi pourquoi vous dites à votre cher et tendre que vous avez mal à la tête pour qu'il sache que vous ne refusez pas de faire l'amour, mais que vous ne pouvez pas pour raisons médicales.

Comment ? Vous n'êtes pas toujours d'une transparence absolue l'un avec l'autre ? Vous ne prévenez pas systématiquement de votre retard ? Vous n'avez pas toujours envie de parler ? De dire ce que vous avez sur le cœur ? Vous avez tendance à garder les choses pour vous jusqu'à ce que ça explose ? Vous croyez qu'il devrait deviner ce que vous pensez sans avoir besoin de le lui dire ?

Se pourrait-il que votre vie conjugale souffre d'une asymétrie informationnelle ?

La nôtre aussi, rassurez-vous. La plupart des problèmes de communication au sein des couples proviennent d'une asymétrie d'information. Quand vous taisez certains détails parce que vous ne voulez pas que votre moitié sache toute l'histoire ou parce que vous craignez sa réaction, c'est de l'asymétrie. Quand vous partez du principe qu'il sait ce que vous voulez, ce que vous pensez ou ce que vous attendez de lui et que, par conséquent, vous ne lui dites pas les choses, c'est de l'asymétrie. Quand quelque chose vous ennuie mais que vous le gardez pour vous, c'est de l'asymétrie.

Dans ce chapitre, nous allons vous exposer différents moyens de rendre l'information plus symétrique : envoyer des signaux à votre partenaire ou dire ce que vous pensez et faire ce que vous dites.

Qu'est-ce que la main invisible ?

Voici un extrait de *Recherches sur la nature et les causes de la richesse des nations* d'Adam Smith : « L'individu est conduit par une main invisible à poursuivre une fin, ce dont il n'avait absolument pas l'intention. Il arrive fréquemment qu'en recherchant son intérêt propre, il favorise beaucoup plus celui de la société que lorsqu'il a réellement l'intention de la promouvoir. »

Traduction : même quand nous recherchons notre intérêt personnel (disons, gagner de l'argent), nous sommes guidés, comme par une main invisible, à œuvrer dans l'intérêt général.

Traduction : tout le monde gagne dans une société capitaliste.

Plus de deux cents ans après la publication de la *Richesse des nations*, la main invisible demeure un principe économique fondamental. Malheureusement, il existe de nombreuses situations – dont le marché des voitures d'occasion – où la main invisible n'est pas seulement invisible, mais inexistante :

- Vous étiez le mieux placé pour obtenir une promotion, mais c'est votre collègue souffrant de narcolepsie qui la décroche parce que votre patron est trop occupé à jouer au golf pour prêter attention à ce que fait son personnel.
- Vous deviez regarder une super émission à la télé ce soir, mais vous vous retrouvez devant une énième rediffusion parce que votre partenaire détient la télécommande et donc tout le pouvoir.
- Nous devrions être capables de produire notre électricité avec des éoliennes, mais nous continuons de vider les ressources pétrolières de la planète parce que c'est plus commode.

Étude de cas n° 1

Les acteurs : Bill et Angela

Bill et Angela prétendent avoir passé leurs nuits sur Internet avant de se trouver. Tous deux avaient déjà été mariés et, au départ, se montraient réticents à utiliser les sites de rencontres en ligne.

« Je ne suis pas si désespérée que ça », se disait Angela.

« N'y a-t-il pas que des femmes désespérées qui cherchent l'âme sœur sur Internet ? » se demandait Bill.

Mais vu le nombre de leurs amis qui avaient trouvé à se marier pour la première, la deuxième ou la troisième fois sur la Toile, ils ont fini par ravaler leur fierté et s'inscrire.

Pour Bill – « Restaurateur cherche table pour deux » –, l'univers des rencontres en ligne était une planète merveilleuse, peuplée de femmes qui ne demandaient rien de plus que des promenades sur la plage et des dîners aux chandelles. Il pouvait les deux. Sa première épouse était morte dans un accident de voiture alors qu'il n'avait pas encore 30 ans et sa seconde femme l'avait quitté au bout de deux ans pour l'un de ses amis. En parcourant attentivement les profils qui s'affichaient sur son écran, il était comme un enfant dans un magasin de bonbons. Il a accepté des dizaines de rendez-vous – amusants pour certains, ratés pour d'autres, comme cette femme qui avait attendu qu'il soit aux toilettes pour commander le vin le plus cher de la carte. « Elle n'a pas fait long feu avec moi, vous pouvez me croire ! »

Angela – « Hé, bel étranger, envie d'aller au septième ciel ? » – n'était pas prête à se remarier tout de suite. Elle était restée vingt-deux ans avec son premier mari, depuis qu'ils s'étaient connus au lycée, et voulait s'autoriser les quatre cents coups, ce qu'elle n'avait jamais pu faire auparavant. Elle avait accepté une centaine de rendez-vous sur le Net et, comme Bill, avait eu pas mal de déconvenues. Elle se rappelle en particulier ce type qui prétendait faire 1,80 m, être un génie des maths et avoir une très belle situation. En réalité, il mesurait à peine plus de 1,50 m, était incapable de calculer le pourboire à laisser au serveur et n'avait même pas de quoi se payer un taxi pour rentrer. « À partir de ce moment-là, je me suis dit que si je tombais sur une mauvaise pioche, je trouverais une excuse pour partir le plus tôt possible, rentrer chez moi et retourner surfer sur Internet. »

Mais, finalement, Angela jugeait qu'elle s'était suffisamment amusée. Elle avait eu sa dose de rapports sexuels insignifiants, de conservations interminables sur les ex et de rencontres foireuses. Elle rêvait de l'amour avec un grand A. Elle a commencé à être plus lucide et plus perspicace. Elle a exclu d'emblée les types qui ne montraient que des gros plans de leur visage, qui avaient fréquenté des universités dont elle n'avait jamais entendu parler et qui utilisaient plus d'un point d'exclamation dans un seul paragraphe. Elle se montrait également méfiante vis-à-vis de ceux qui employaient un langage pompeux pour impressionner. Des déclarations du style : « Je suis prêt à tout pour rendre une femme que j'estime infiniment la plus heureuse des femmes » lui semblaient excessives – « trop beau pour être vrai », se disait-elle.

Elle était surprise de voir que, au bout du compte, peu d'hommes avaient le profil qu'elle recherchait. Au bout de plusieurs semaines, elle n'avait trouvé que quatre prétendants sérieux. Bill était l'un d'eux.

Pour leur premier rendez-vous, ils se sont rendus au bord d'un lac et Bill a loué un pédalo. « Un peu ringard, mais mignon », se disait Angela. Alors qu'ils pédalaient et discutaient des dangers des rencontres en ligne, Angela demanda à Bill comment il se débrouillait avec ses deux enfants – aujourd'hui adolescents – d'un premier mariage. « Je pense qu'ils me détestent. Ils ne m'ont toujours pas pardonné de m'être remarié. Après la mort de leur mère, nous n'étions plus que nous trois. Ce n'était pas facile pour eux d'être élevés par un seul parent, en l'occurrence leur père, mais tant que je suis resté seul, ils m'acceptaient et les choses se passaient à peu près bien. Mais quand j'ai rencontré ma deuxième épouse, ils ne l'ont pas supporté et ont explosé. »

Angela avait rencontré de nombreux hommes qui avaient des enfants – elle-même avait une fille au lycée – et tous prétendaient avoir une relation formidable avec eux. Sachant que sa fille lui en voulait terriblement d'avoir divorcé et qu'aucun enfant n'aime voir ses parents se séparer, elle avait du mal à croire tous ces pères de famille qui lui assuraient qu'ils s'entendaient merveilleusement bien avec leurs enfants. « Je crois qu'ils me disaient ce qu'ils pensaient que je voulais entendre. Mais moi, je voulais de l'honnêteté de leur part. »

Bill était également soulagé de rencontrer une femme authentique, qui ne tournait pas autour du pot. « Au bout d'une heure, je savais déjà qu'elle avait une fille qui se faisait régulièrement virer du lycée, un ex-mari qui lui envoyait une belle pension alimentaire tous les mois et qu'elle avait eu des rendez-vous avec la moitié du Net ! »

Bill et Angela se sont mariés six mois plus tard.

***

Lorsque nous avons fait leur connaissance, trois ans après leur mariage, ils nous ont dit qu'ils avaient déjà rencontré des problèmes au sein de leur couple dès la fin de la première année. Leurs difficultés étaient largement liées à leur mode de communication – ce qui nous a semblé paradoxal vu la manière ouverte, franche et directe dont ils avaient discuté lors de leur première rencontre. Selon Bill, Angela ne lui disait jamais quand elle lui en voulait de quelque chose. « Elle attendait de moi que je devine ses pensées. Mais je ne suis pas télépathe. »

Angela disait qu'il lui était difficile de dire à Bill qu'elle était en colère. « Je n'ai jamais été douée pour gérer les conflits. Je suis bien meilleure lorsqu'il s'agit de refouler mes émotions. » Lorsqu'elle était de mauvaise humeur ou pleurnicharde, elle pensait qu'il allait finir par remarquer que quelque chose n'allait pas chez elle et s'excuser. Elle nous a raconté l'histoire du lave-vaisselle. Leur lave-vaisselle ne se vidangeait plus et Bill avait dit qu'il allait le réparer. Sauf qu'il lui a fallu deux semaines rien que pour passer au magasin d'électroménager et trouver la pièce dont il avait besoin. « Pas de suite dans les idées. C'était normal pour lui », nous confiait Angela.

Ce qui aurait été normal pour Bill, c'est que sa femme lui dise ce qu'elle avait sur le cœur. Mais lorsqu'il voyait Angela de mauvais poil, il en déduisait qu'elle était mal lunée. « Un jour, je lui ai demandé si elle avait ses règles. C'était une erreur. Je ne lui ai plus jamais redemandé ce genre de choses. » Angela pouvait avoir le cafard pendant des jours, voire des semaines, puis elle explosait soudain, sans raison. Comme avec le lave-vaisselle. Bill ignorait que son épouse bouillait de colère au fond d'elle jusqu'à ce qu'un soir, après le dîner, elle ouvre le lave-vaisselle, le referme violemment et dise à son mari qu'elle allait se tirer une balle dans la tête si elle devait se coltiner une énième vaisselle à la main.

Le problème : l'équilibre mélangeant

Bill n'était pas un imbécile. Il savait que le lave-vaisselle était toujours en panne. Il l'avait inscrit sur sa liste de choses à faire – une liste qu'il gardait en tête. Il ne s'inquiétait pas de savoir quand ces choses à faire seraient accomplies, car il finissait toujours par les accomplir.

Ce qu'il ignorait, c'est qu'Angela tenait également une liste dans sa tête – celle de toutes les choses que Bill avait laissées en suspens. En tête de cette liste : le lave-vaisselle.

Vous pensez que puisque Bill savait que le lave-vaisselle était toujours en panne, il aurait dû aussi savoir, plus ou moins consciemment, que cela ne pouvait que mécontenter Angela. Certes. Mais les économistes vous répondront qu'il pouvait ne pas le savoir – ou du moins ne pas savoir à quel point sa femme était en colère – parce qu'elle ne le lui avait jamais dit.

En l'absence d'information de la part d'Angela, Bill continuait de faire ce qu'il avait toujours fait : l'embrasser à son retour le soir, la taquiner sur sa cuisine et... remettre à plus tard la réparation du lave-vaisselle.

La plupart des gens ont un terme très particulier pour désigner le modèle où la femme bout intérieurement et où le mari n'y voit que du feu : le « mariage ». Mais nous préférons employer un terme économique, à savoir « l'équilibre mélangeant ». C'est quand un individu est incapable de faire la distinction entre deux choses différentes parce qu'il ne possède pas l'information nécessaire. Du style : « Comment veux-tu que je te rende heureuse si tu te comportes de la même façon quand tu es heureuse et quand tu es malheureuse ? »

Dans la réalité, un employeur peut être confronté à un équilibre mélangeant si les deux CV posés sur son bureau appartiennent à des candidats tous deux sortis de Harvard. L'un peut être intelligent, mais l'autre peut n'être qu'un

« fils à papa » pistonné à Harvard. L'employeur ne peut pas le savoir. Alors il promet au candidat un salaire digne d'un type intelligent diplômé de cette prestigieuse université. Tant pis pour lui s'il embauche le moins bon.

Un établissement de crédit peut être devant un équilibre mélangeant s'il ne peut pas distinguer les emprunteurs crédibles des mauvais payeurs systématiques. Il doit donc proposer le même taux d'intérêt élevé à tous les demandeurs de prêt, ce qui n'est pas très bon pour ses affaires puisqu'il risque de dissuader tous les clients fiables mais au budget serré.

La plupart des individus préfèrent un « équilibre séparant » où les bons peuvent être distingués des méchants. Mais à condition de posséder des informations que seule l'autre partie peut vous fournir. Si elle accepte de vous les fournir. C'est ce qu'a choisi Angela.

La solution : émettre des signaux avertisseurs

Vous vous rappelez certainement cette femme au chapitre 3 qui s'est mise à utiliser des signaux pour avertir son mari qu'elle avait envie de faire l'amour. Ces signaux ont aidé des conjoints à trouver une meilleure coordination dans leur vie de couple alors que toutes leurs tentatives précédentes avaient échoué.

Les signaux avertisseurs constituent l'un des outils les plus fréquemment utilisés pour rétablir la symétrie informationnelle. Des signaux efficaces sont envoyés par la partie informée à la partie non informée. Et plus ils coûtent de temps, d'argent ou d'efforts à leur émetteur, plus ils sont crédibles.

Un vendeur de voitures d'occasion qui fournit un rapport de contrôle de ses véhicules et un historique des éventuels accidents subis sans qu'on le lui demande signale à un acheteur potentiel que ses voitures ne vont pas tomber en panne sur le chemin du retour.

Des annonces publicitaires pour des balles d'entraînement utilisées par les astronautes de la Station spatiale internationale signalent la durabilité de ces objets. D'ailleurs, les fabricants sont si confiants qu'ils vous remboursent intégralement si vous n'êtes pas 100 % satisfait !

Les banques s'installent souvent dans des bâtiments anciens à l'architecture grand style pour insister sur leur longévité et leur solidité, et faire savoir au monde entier que les voleurs vont avoir du mal à les braquer.

Heureusement pour Angela, elle n'a pas eu à concevoir des signaux tous plus ingénieux les uns que les autres. Elle pouvait se contenter de mots ou de gestes qui, s'ils réclamaient beaucoup d'efforts de sa part, seraient un gage de crédibilité.

« Un mot me suffira, a fini par lui dire Bill. Quelque chose pour que je puisse savoir ce que tu attends de moi. Je te promets de ne pas en faire tout un plat. »

Le premier mari d'Angela ne lui avait jamais rien promis de tel. Il était aussi nul qu'elle pour gérer les conflits, à la seule différence qu'au lieu de réfréner ses émotions puis de les laisser exploser d'un coup, il hurlait et claquait la portière de sa voiture. « Je m'estimais heureuse d'avoir trouvé un type comme Bill qui me répondait avec son cœur, pas avec son ego. »

La prochaine fois qu'Angela allait ajouter un élément à la liste des choses que Bill n'avait pas encore faites, elle se jurait de lui exprimer directement son mécontentement. Un vendredi, alors que les gonds de la porte de la cuisine avaient sauté depuis trois jours, Angela décida de surprendre Bill avec un bon petit plat maison qui le changerait des sempiternels plats tout préparés. Elle avait cuisiné un pot-au-feu et sorti les sets de table des grands jours – ceux que la sœur de Bill leur avait offerts pour Noël et qui représentaient un Père Noël volant au-dessus d'une maison en pain d'épice. À chaque fois qu'Angela les sortait, c'étaient des fous rires assurés. Sauf que là, elle avait écrit dessus à l'aide d'un marqueur indélébile : « Je suis très excitée par un homme avec un marteau et des gonds neufs dans les mains… notamment si cet homme, c'est toi. »

Bill répara la porte le lendemain. Ou le surlendemain. Mais ce qui est sûr, c'est qu'il la répara dans un délai aussi bref que possible.

Faites attention à ce que vous dites et comment vous le dites

Selon une étude récente réalisée par Dominguez Hills, un chercheur de l'université de Californie, le choix des mots employés sur les sites de rencontres en ligne est important parce qu'il véhicule toutes sortes d'informations.

On a demandé à des volontaires de lire deux e-mails, l'un de Jim et l'autre de Franck, adressés à une certaine Jenny. Le contenu de ces messages était quasiment identique. Seul le ton différait. Les deux hommes disaient qu'ils géraient un petit magasin, qu'ils aimaient voyager et passer du temps avec leurs amis, et qu'ils cherchaient une femme pour partager leur vie. Mais Jim exprimait les choses d'une manière plus émotionnelle, qui donnait l'impression qu'il éprouvait des sentiments plus forts que Franck. Il disait qu'il « adorait » son travail ; Franck, qu'il était « satisfait » de son travail. Jim disait que les voyages l'« excitaient » ; Franck, qu'il était « heureux » de voyager. Jim disait qu'il avait une vie « fantastique » ; Franck, qu'il « aimait » la vie qu'il menait.

Soixante-douze pour cent des volontaires ont conseillé à Jenny de sortir avec Jim, notamment parce qu'il semblait « plus assuré, plus heureux, plus enthousiaste, plus joyeux, plus dynamique ».

Étude de cas n° 2

Les acteurs : Kate et Dave

Kate et Dave ont été mariés quinze ans. Ils se sont rencontrés à la faculté de droit, au sein d'un groupe d'étude du droit constitutionnel. Dès le départ, ils avaient un point commun : leur âge. Ils étaient pratiquement les deux seuls individus, sur des centaines d'étudiants, à avoir dépassé la trentaine.

« Lorsque Dave m'a demandé de sortir avec lui pour la première fois, il m'a dit un truc du genre : "Je suis adulte, tu es adulte, lâchons-nous !", nous confiait Kate. Un discours pas vraiment vendeur, mais je me suis dit : après tout, pourquoi pas ? »

Lors de ce premier rendez-vous, ils se sont découvert un autre point commun : ils avaient tous les deux été enseignants. Kate avait passé quelques années en Amérique centrale avec le Peace Corps, une organisation américaine de coopération et d'aide aux pays en développement, et enseigné à l'école primaire dans une petite ville du Costa Rica. Quant à Dave, il avait enseigné l'histoire dans une école privée du Bronx et servi dans un bar.

Ils se sont revus une deuxième fois, puis une troisième, et ont fini par sortir ensemble régulièrement. Leur diplôme en poche, ils ont décroché un job en or : avocats-conseils auprès de grandes entreprises de Philadelphie. « Pas exactement ce que nous voulions faire, mais intéressant, disait Dave. Surtout que nous avions de lourdes dettes à rembourser. »

Au fil des années, Dave et Kate ont pris leur travail à cœur et y excellaient. Ils avaient leur propre bureau et leur secrétaire particulier. Ils portaient des attachés-cases, étaient respectés par leurs pairs et possédaient une telle force de conviction qu'ils pouvaient faire croire n'importe quoi, ou presque, aux jurés. Si vous aviez eu la chance d'être invité à une soirée chez eux, assis entre un juge itinérant et un rédacteur en chef du journal *Inquirer*, vous auriez été impressionné et sans doute intimidé.

Mais si vous connaissiez la vérité – à supposer que vous soyez une mouche sur le mur de leur salon –, vous seriez soulagé de voir que dans leur fonction d'époux, ils étaient loin d'être intimidants.

C'est parce qu'ils se disputaient beaucoup. Ils laissaient une petite prise de bec ou un petit malentendu dégénérer en guerre totale. Dave admettait que c'était en partie de sa faute : il la bouclait dès qu'il était contrarié, ce qui avait tendance à envenimer les choses. Mais s'il se comportait ainsi, c'est parce que dans le passé, à chaque fois qu'il avait essayé de parler à Kate, soit elle s'était mise sur la défensive, soit elle avait refusé d'admettre sa culpabilité, soit elle avait répliqué en disant que le problème venait de lui, pas d'elle… « Bienvenue dans la vie avec une avocate ! »

Kate reconnaissait qu'elle sentait tout de suite la critique dans la voix de Dave, même s'il n'avait pas vraiment l'intention de la critiquer. Mais elle ajoutait que la moindre petite chose le faisait partir au quart de tour et que si elle était sur la défensive, c'était uniquement parce qu'il passait toujours à l'offensive. « Il organise sa vie avec une efficacité militaire. Moi, je suis plus relax », nous disait Kate. Enfin, si l'on veut.

Un soir, Kate est rentrée tard de son travail – ce qui ne lui arrivait pas tout le temps, mais assez souvent quand même. Lorsqu'elle sonna à la porte, elle était encore sur son BlackBerry. Dave lui ouvrit la porte. Il avait un tablier et un large sourire. Kate le trouva adorable, mais devait terminer de répondre à un e-mail. C'est pourquoi elle leva l'index, comme pour dire « attends une seconde », et se remit à taper frénétiquement sur son clavier.

« Devine quoi, lui dit Dave. J'ai...
– Attends, lui répondit Kate, je dois finir de... mince... une seconde... zut... ça y est... encore une seconde... »

Lorsqu'elle passa devant son mari, elle ne remarqua pas que son grand sourire s'était soudain transformé en grimace. Dave était rentré de bonne heure, avait ouvert une bouteille de bordeaux et s'était mis à préparer des boulettes de viande à la provençale. Il voulait fêter le fait qu'il avait gagné un procès sur lequel il travaillait depuis plus d'un an.

Beau projet, soirée ratée.

Kate était en retard et claquée. Elle ne semblait pas avoir de temps à lui accorder, ni même se rendre compte qu'il s'était donné du mal pour faire la cuisine. Lorsqu'elle eut fini d'envoyer son e-mail « super important » et dit enfin bonsoir à son mari, c'était trop tard. L'humeur de Dave avait changé.

« Quelle journée ! » dit Kate en s'effondrant sur un tabouret et en se versant un verre de vin.

« Ah oui ? » demanda Dave en essayant de ne pas montrer qu'il avait une charge de dynamite dans sa tête prête à exploser.

« Tu ne sais pas le quart de ce que j'ai vécu aujourd'hui », reprit Kate en consultant de nouveau ses messages. Elle se mit alors à raconter en long, en large et en travers que son déjeuner avec le juge avait duré trois heures et qu'en retournant à son bureau, elle n'avait pas eu le temps de préparer la déposition qu'elle devait recueillir d'une femme qui intentait un procès contre la municipalité après avoir trébuché sur un trottoir et s'être cassé le col du fémur ; mais qu'elle avait improvisé parce que… etc., etc.

Dave ne disait rien. Il se contenta de faire claquer la porte du four en la refermant et de jeter ses maniques sur la table.

« Tout va bien ? » lui demanda Kate.

« Ouais », lui répondit Dave en coupant un oignon et en manquant de se couper le doigt en même temps. « Tout va très bien. »

« Tu sembles stressé. Tu es sûr que tout va bien ? » reprit Kate en commençant à se demander si elle n'avait pas dit ou fait quelque chose qui lui avait déplu. Elle espérait qu'il allait lui expliquer ce qui n'allait pas, mais en même temps, elle avait peur d'entendre la vérité, peur de gâcher complètement une soirée déjà à moitié ratée.

Pas de réponse. Kate demanda à Dave s'il voulait qu'elle l'aide à préparer le dîner. Dave lui répondit qu'il avait tout prévu.

Elle lui demanda comment s'était passée sa journée. Bien.

Elle lui répéta qu'il semblait préoccupé. Non, rien de particulier.

Tout allait pour le mieux dans le meilleur des mondes.

Pour finir, elle lui demanda s'il voulait regarder leur émission préférée sur le câble tout en dînant. « *Yes, Sir.* »

Le problème : préférences révélées contre préférences déclarées

Dave disait qu'il allait bien, mais sa manière d'agir montrait qu'il n'allait pas bien. Il disait qu'il voulait bien regarder la télé, mais il a passé son temps à fourgonner dans la cuisine et à aller sur Amazon. Il disait à Kate que ça ne lui faisait rien qu'elle le fasse attendre pendant qu'elle tapait son message, mais il était suffisamment en colère pour faire brûler les boulettes de viande.

Un économiste expliquerait que les « préférences déclarées » de Dave étaient en totale contradiction avec ses « préférences révélées » – et que nos préférences déclarées sont les indicateurs les moins fiables de ce que nous ressentons et voulons vraiment.

L'un des exemples les plus célèbres de ce décalage est « l'effet Bradley » – du nom du maire de Los Angeles Tom Bradley, un Afro-Américain qui a perdu les élections au poste de gouverneur de Californie en 1982 après avoir été donné gagnant, non seulement dans les sondages d'opinion, mais aussi dans les sondages effectués à la sortie des bureaux de vote. Avant les élections, les électeurs avaient déclaré qu'ils n'auraient aucun problème à élire un Afro-Américain, mais le jour J, dans le secret des isoloirs, une majorité a choisi le candidat blanc.

Prenez les crèmes glacées. Si l'on croyait les Américains quand ils disent vouloir perdre du poids, comme l'affirment 55 % d'entre eux dans le dernier sondage Gallup, le secteur des crèmes glacées serait sinistré. Or, les supermarchés regorgent de crèmes glacées et doivent être réapprovisionnés quotidiennement pour satisfaire la demande. En fait, seuls 27 % des Américains disent qu'ils sont *effectivement* en train d'essayer de perdre du poids. Les actes sont plus éloquents que les paroles.

Mais si les fabricants de crèmes glacées peuvent sans trop de mal distinguer le faux du vrai entre ce que les consommateurs disent vouloir et ce qu'ils veulent vraiment, ce n'est pas aussi facile pour les couples mariés. Vous prêtez une grande attention à ce que dit votre partenaire, et vous êtes troublé, frustré ou en colère si ce qu'il fait n'est pas en accord avec ce qu'il dit.

Comparez les préférences déclarées de l'un des conjoints (ce qu'il a dit) et ses préférences révélées (ce qu'il a fait) :

CE QU'IL A DIT	CE QU'IL A FAIT
« Ce qu'on va manger ? Ça m'est égal. »	Il a refusé de manger des sushis.
« Je vais ranger. »	Il a regardé la télé.
« Nous avons besoin de vacances. »	Il a oublié de poser ses congés.
« Nous devrions faire plus souvent l'amour. »	Il s'endort sur le canapé.
« Je vais m'occuper des enfants ce soir. »	Il rentre tard du travail.
« Je n'irai jamais habiter en banlieue. »	Il regarde les petites annonces pour des maisons en banlieue.
« Nous devons faire des économies. »	Il achète un home cinéma.
« Je vais planter des impatientes cette année. »	Il regarde les mauvaises herbes pousser.

Si Dave avait fait coïncider ce qu'il dit (« Je vais très bien ») avec ce qu'il fait (avoir des gestes d'énervement, faire brûler les boulettes de viande), Kate aurait été informée de la situation. Nous savons pourquoi il n'a rien dit – parce qu'il craignait sa réaction –, mais se taire n'était pas une meilleure solution.

La solution : un mécanisme révélateur

Plus Dave disait que tout allait bien sans se comporter comme si tout allait bien, plus Kate le soupçonnait de ne pas aller bien sans savoir ce qui n'allait pas. Comment le lui en vouloir ?

La solution évidente – évidente pour tout le monde, sauf pour ce pauvre Dave – était de dire à Kate ce qu'il avait sur le cœur, du style : « Kate, ça me perturbe quand tu ne m'appelles pas pour me dire que tu seras en retard et quand tu utilises ton BlackBerry pour être avec quelqu'un d'autre que moi. J'étais tout excité à l'idée de partager un bon dîner avec toi ce soir, parce que j'avais eu une bonne nouvelle au travail, mais maintenant, je suis de mauvaise humeur. »

Plutôt bien, non ?

Imaginons que Dave ait dit cela. Kate aurait pu lui répondre quelque chose du genre : « Excuse-moi. C'est vrai, j'aurais dû t'appeler. Et j'admets que je devrais éteindre mon BlackBerry et penser à toi en premier quand je rentre à la maison. Mais maintenant, je suis impatiente d'apprendre cette bonne nouvelle ! Raconte-moi tout pendant que nous allons dîner. Et après avoir débarrassé la table, je te déshabillerai et te ferai l'amour trois fois de suite. »

Mais supposons que Dave n'ait rien dit, continuant de garder ses émotions pour lui. Dans ce cas, un économiste aurait pu mettre la balle dans le camp de Kate en disant qu'elle aurait pu imposer un « mécanisme révélateur » qui aurait persuadé Dave de parler franchement.

Un mécanisme révélateur est quelque chose qu'un « principal » (une personne qui tente d'en inciter une autre à faire quelque chose) impose à un « agent » (une personne censée faire ce que lui demande le principal). La relation employeur/employé, assureur/assuré, professeur/élève, client/serveur est une relation entre un principal et un agent. Le « paradigme principal-agent » se pose à chaque fois que les agents refusent de faire ce que les principaux attendent d'eux. Pour les convaincre, les principaux doivent leur offrir des incitations efficaces. Les patrons promettent des augmentations, les assureurs proposent des bonus aux bons conducteurs, les professeurs écrivent des lettres de recommandation à leurs meilleurs étudiants, les clients laissent des pourboires généreux aux serveurs les plus zélés.

Si les principaux veulent que les agents disent la vérité, ils peuvent leur imposer un mécanisme révélateur. Par exemple, le fisc (principal) menace de contrôler les contribuables (agents) pour les inciter à déclarer tous leurs revenus. Les sites de rencontres (principaux) procèdent à des vérifications pour inciter les internautes (agents) inscrits à être francs et honnêtes sur leur passé en dents de scie.

Kate (principal) devait inciter Dave (agent) à ne pas craindre de lui exprimer franchement ses émotions. Comment ? Notamment en prenant l'habitude de ne pas le critiquer violemment quand il lui disait qu'il lui en voulait de ceci ou de cela. Bien sûr, cela n'allait pas se faire du jour au lendemain, mais elle pouvait commencer par hocher la tête en disant « O.K. ! » ou « Pas de problème ! » ou « Désolée » lorsqu'il lui demandait de s'arracher à son BlackBerry pendant cinq petites minutes.

Nous ne sommes pas en train de dire que Kate doit se plier à toutes les exigences de Dave. Elle n'a pas à dire : « Tu as raison, je suis horrible » à chaque fois que son mari est en colère, mais elle peut simplement l'écouter et éviter de se mettre sur la défensive.

Vous pensez peut-être que ce n'est pas très romantique de qualifier une relation de couple de relation d'agence. De parler de « principal » et d'« agent » pour désigner deux êtres qui s'aiment… Les termes « époux » et « épouse » sont-ils plus glamour ? Au moins, les termes « principal » et « agent » sont adaptables, car interchangeables selon la situation. Ce qui signifie que ce n'est pas toujours à la même personne de résoudre tous les problèmes.

Malheureusement, ni Kate ni Dave ne lisaient *Couplonomics* à l'époque, ce qui explique pourquoi Kate n'a pas eu l'idée de concevoir un mécanisme révélateur pour inciter son mari à s'ouvrir. Du coup, Dave n'a pas raconté sa journée à sa femme et Kate ne lui a pas fait l'amour trois fois de suite ce soir-là.

Étude de cas n° 3

Les acteurs : Luc et Sabrina

Luc aimait beaucoup Sabrina. Il n'avait pas rencontré de femme qu'il aimait autant que Sabrina depuis cette femme au prénom imprononçable. Il pensait même que Sabrina pouvait être *la* femme de sa vie. Mais… mais… Si elle ne l'était pas ? Jusque-là, il n'avait pas eu de chance dans ce domaine. Après avoir rompu avec la femme au prénom imprononçable, sa famille et ses amis lui avaient dit : « Nous ne l'aimions pas beaucoup. » Ce qui le rendait fou. S'ils ne l'aimaient pas beaucoup, pourquoi n'avaient-ils rien dit pendant les cinq ans où ils étaient sortis ensemble ? Ils lui ont répondu : « Tu semblais tellement amoureux. Nous pensions qu'elle était différente avec toi. »

Cette fois, Luc avait décidé de présenter Sabrina à sa meilleure amie, Liz, et si Liz lui donnait sa bénédiction, il continuerait de fréquenter Sabrina. Mais si Liz avait une quelconque hésitation, il envisagerait de quitter Sabrina. Liz était lucide, heureuse en couple, connaissait Luc depuis toujours et ne lui voulait que du bien. De plus, elle disait toujours ce qu'elle pensait (sauf pour la précédente petite amie de Luc, mais nul n'est parfait).

Luc était franc avec Sabrina. « Je t'aime beaucoup et j'ai l'impression que ça peut marcher entre nous, mais nous devons d'abord aller à Washington.
– Washington ? Pourquoi Washington ?
– Parce que je veux te présenter à mon amie Liz.
– Et pourquoi veux-tu me présenter à ton amie Liz ?
– Parce que j'ai confiance en Liz et que j'aimerais voir ce que Liz pense de toi.
– Intéressant. Je croyais que ce que tu pensais de moi suffisait.
– Bien sûr que c'est important ! Et je pense… beaucoup de bien de toi… mais je t'ai dit ce qui m'était arrivé la dernière fois, et maintenant je ne me fais plus confiance. »

Sabrina devait le reconnaître : elle était choquée. Ne pouvaient-ils pas savoir s'ils étaient faits l'un pour l'autre sans jugement extérieur ? De quel droit Liz déciderait-elle du sort de leur relation ? C'était absurde.

Mais elle a fini par céder. « Je me disais que si Luc me plaquait parce que l'une de ses amies lui avait conseillé de me plaquer, il n'était pas pour moi. C'était un test pour moi aussi. »

Ils sont sortis dîner en ville tous les trois – Liz ayant laissé son mari à la maison pour ne pas être influencée. La soirée s'est merveilleusement bien passée (l'alcool aidant un peu…). Elle ne pouvait pas s'être mieux passée. À la fin, Liz annonça à Sabrina qu'elle avait son approbation, et Sabrina, qu'elle aimait encore davantage Luc d'avoir une amie comme Liz. « J'avais l'impression que nous venions de nous marier ! » nous confiait Sabrina.

Luc et Sabrina se sont donc mariés et semblaient même filer le parfait amour. Ils riaient de leurs plaisanteries mutuelles – qui ne faisaient rire qu'eux –, ils avaient des horaires de travail suffisamment souples pour passer beaucoup de temps avec leurs deux filles, ils prenaient des cours de cuisine ensemble et ils jouaient dans la même équipe de softball. C'était ce qu'on pouvait appeler une relation de couple harmonieuse.

De l'extérieur.

Chez eux, Luc et Sabrina avaient des conflits comme n'importe quel couple. Dans leur cas, le conflit était un problème en soi.

Luc nous donnait l'exemple d'une dispute qu'ils avaient eue récemment à propos d'argent. Sabrina voulait créer un budget à respecter scrupuleusement. Luc ne voulait pas en entendre parler. Sabrina avançait qu'ils vivaient au rythme des salaires qui rentraient et que, s'ils ne songeaient pas à établir un budget, ils ne mettraient jamais d'argent de côté (notamment pour les études de leurs filles), n'auraient jamais une retraite confortable et ne pourraient jamais s'offrir une maison plus grande où chaque fille aurait sa chambre.

Luc comprenait le point de vue de Sabrina, mais ne voyait pas pourquoi ils ne pouvaient pas économiser en se montrant plus attentifs à leurs dépenses et en les réduisant. Avec un budget, il aurait eu l'impression d'être un gamin à qui l'on donne de l'argent de poche.

À ce stade de la dispute, Sabrina est montée d'un cran dans son argumentation et Luc ne pouvait plus l'arrêter. Elle ne parlait plus de budget, mais disait à Luc qu'il n'était pas sensible à ses besoins à elle. Qu'il était têtu et qu'il pouvait au moins accepter de faire l'essai. Qu'il ne pensait pas aux enfants. Que leurs dépenses alimentaires avaient été inhabituellement élevées ces derniers mois – peut-être à cause du prix du salami qui avait augmenté. Qu'elle ne s'était pas acheté une paire de chaussures depuis trois mois. Qu'il ne faisait pas suffisamment de ménage dans la maison, transformée en « site de déchets toxiques », et que si cela continuait, ils auraient besoin de prendre une femme de ménage. Bien sûr, leur budget en pâtirait. Et patati, et patata !

Luc se rappelle vaguement qu'une partie de son cerveau a enregistré certains éléments du discours de Sabrina. Il savait qu'il était têtu et qu'il aurait pu faire plaisir à son épouse en acceptant d'établir un budget. D'ailleurs, c'est elle qui s'en serait chargée en utilisant un tableur. Pourtant, il se disait aussi qu'il se préoccupait de ses besoins et de ceux de ses enfants, et que la maison n'était pas un site de déchets toxiques. Avait-il tort ou raison ? Était-il à mettre dans le camp des bons ou dans celui des méchants ?

Le problème : des coûts élevés de traitement de l'information

Les paroles de Sabrina restaient sans effet. Luc ne parvenait plus à traiter les informations qu'elle lui transmettait, alors il se fermait et n'entendait plus rien. C'était devenu son mode de comportement habituel.

« Nous étions en train de discuter d'un sujet, puis elle me débitait systématiquement tout ce qui n'allait pas, comme si c'était à moi de tout arranger ou comme si je devais être son souffre-douleur », nous disait Luc.

« Une chose m'en rappelait une autre et je voulais absolument tout dire », confiait Sabrina.

Mais pour sa plus grande frustration, Luc ne lui répondait jamais : « Merci Sabrina, tu as raison. J'ai commis des erreurs et je comprends maintenant qu'il faut faire les choses à ta manière. » Que faisait-il ? Il entrait dans un coma relationnel.

Pour Sabrina, Luc devait savoir tout ce qui n'allait pas, alors qu'elle aurait dû lui dire uniquement ce qu'elle attendait de lui à cet instant précis.

D'autres couples nous ont également raconté qu'en essayant de communiquer de la manière la plus ouverte et la plus honnête possible, c'est-à-dire d'éliminer l'asymétrie informationnelle, ils en faisaient parfois trop. Trop d'information nuit à l'information.

En économie, une trop grande masse d'informations peut entraîner des « coûts de traitement de l'information » élevés. Il s'agit des coûts liés à la digestion de toutes les informations dont nous avons besoin pour prendre une décision. Prenez le rayon céréales du petit déjeuner. Il y a tellement de choix que vous pourriez rester indécis pendant des heures. Imaginez tout le temps que vous économiseriez si vous n'aviez qu'à choisir entre céréales avec sucre ajouté et céréales sans sucre ajouté.

Les recherches montrent qu'une trop grande quantité d'informations peut nous paralyser. La psychologue Sheena Iyengar a mené l'étude suivante : elle a installé un stand de confitures dans un supermarché. Elle faisait choisir les consommateurs qui passaient entre 6 confitures ou 24 confitures selon l'heure de la journée. Même si les consommateurs étaient plus nombreux à s'arrêter devant le stand lorsqu'elle avait plus de choix, ils étaient beaucoup plus nombreux à acheter de la confiture lorsque le choix était moindre. Seulement 3 % des consommateurs qui se sont arrêtés ont effectué un achat face à 24 variétés de confiture, alors qu'ils étaient 30 % à acheter un pot de confiture devant 6 variétés.

Dans l'économie de la vie conjugale, celui ou celle qui reçoit un torrent d'informations en vrac de la part de l'autre peut se sentir tout aussi submergé(e). C'est ennuyeux si ces informations concernent toutes les tâches domestiques que vous n'avez pas terminées ou toutes les manières dont votre fils va prendre du retard en maths s'il ne bénéficie pas de leçons particulières. Mais les déluges d'informations peuvent être particulièrement désagréables s'ils se déversent au cours d'une discussion animée ou d'une dispute qui dégénère. Dans ce cas, ce que les économistes appellent des coûts de traitement de l'information élevés, le psychologue John Gottman l'appelle une « inondation ». Quand l'un des conjoints se sent submergé d'arguments ou de plaintes lancés par l'autre, son rythme cardiaque s'accélère, ce qui le rend incapable de participer à la conversation de manière productive ; il est inondé.

C'est ce qui était à l'origine du « coma verbal » de Luc.

Dans un couple, faut-il tout se dire ?

Dans le cadre de notre enquête, nous avons demandé à des couples mariés de nous dire comment leur communication avait évolué au fil des années et s'ils avaient choisi de garder des informations pour eux – et si oui, pourquoi. Voici ce que nous avons découvert :

- Ils étaient plus nombreux à regretter d'avoir été trop honnêtes avec leur partenaire (42 %) plutôt que d'avoir manqué d'honnêteté (35 %).
- 42 % ont avoué avoir gardé pour eux des informations importantes. Parmi les raisons pour lesquelles ils ont gardé des informations :
  - 89 % ne voulaient pas perturber, voire bouleverser leur partenaire ;
  - 72 % pensaient que leur partenaire en aurait fait tout un plat ;

→

- 67 % ne voulaient pas entrer dans des discussions interminables ;
- 48 % se disaient embarrassés ;
- 43 % ne voulaient pas avoir à faire de compromis.

La solution : un compte-rendu optimal

Le marché remédie aux coûts de traitement de l'information élevés via un compte-rendu optimal – un individu (ou un ordinateur) réduit une énorme masse d'informations à la « juste » quantité d'informations dont les consommateurs ont besoin pour prendre des décisions. C'est le but des classements établis entre les établissements scolaires. Ils vous font gagner beaucoup de temps.

Si vous cherchez le meilleur parmesan de Paris, vous pouvez soit tester tous les parmesans au risque d'y laisser beaucoup de temps et d'argent, soit aller sur Internet et consulter les recommandations des internautes.

Si Sabrina veut que Luc accepte un budget et balaie la cuisine tous les quinze jours, elle peut enfouir ces demandes parmi 27 autres, ou isoler ces deux demandes et laisser le reste dans sa tête.

Il fallut une journée de spa à Sabrina pour aboutir à cette conclusion.

Elle était allongée sur une table de massage, profitant des bienfaits d'un gommage au cacao, et elle appréciait la délicieuse odeur de chocolat qui effleurait ses narines. Elle se sentait tellement enveloppée de chocolat que, pour la première fois de sa vie, elle n'avait pas envie de croquer un carré de son péché mignon. Elle pensait à tout le chocolat qu'elle avait mangé dans sa vie, elle pensait qu'elle avait toujours voulu perdre 4 kilos sans jamais y parvenir, que sa vie aurait été différente si elle avait pu contrôler ses fringales et pourquoi elle était incapable de modération.

Puis, soudain, elle se mit à rire en pensant à Luc : que ferait-il s'il était dans cette pièce à écouter sa femme exprimer toutes ces pensées ? Elle voyait son visage – morose, distrait, voulant être n'importe où, mais pas là. Un visage qu'elle avait si souvent observé au cours de leurs disputes. Pour la première fois, elle se demanda si « moins » n'était pas « plus ».

« J'ai sans doute passé mes cinq premières années de mariage à pratiquer ce que j'appelle maintenant du "dumping informationnel" sur Luc, nous disait Sabrina. Une partie de moi savait que cela n'aboutissait à rien, mais une autre partie ne pouvait pas s'en empêcher. »

Sa révélation au spa n'a pas réglé le problème d'un coup. Une semaine plus tard, elle se retrouvait à déverser un flot d'informations sur son mari. Luc s'est levé alors qu'il avait de l'eau jusqu'à la taille (expression parlante, n'est-ce pas ?), est sorti et n'est pas revenu jusqu'au lendemain. « C'est là que je me suis dit qu'il fallait absolument que je change de comportement », avoua Sabrina.

Pendant l'absence de Luc, Sabrina passa beaucoup de temps dans la voiture à essayer de faire le point le plus lucidement possible. « J'ai toujours aimé faire de longs trajets en voiture. Être toute seule dans la voiture, à écouter la radio. » Elle se dit que rouler comme ça, sans destination précise, pour clarifier ses idées, était une technique qu'elle pouvait utiliser avant que les conversations entre Luc et elle ne dégénèrent. Pas après. « Aujourd'hui, quand je me sens à bout, je prends le volant et je roule sans but précis jusqu'à ce que je comprenne ce qui me tracasse. Ou j'écris tout ce que j'éprouve dans une lettre, puis je fais le tri entre ce qui est important et ce qui est secondaire. »

C'est ce qu'on appelle un compte-rendu optimal.

Lorsque Sabrina se décide à parler à Luc, c'est après avoir réduit ce qu'elle voulait lui dire à quelques phrases pertinentes. Résultat : il est capable d'entendre ce qu'elle lui dit. « Je n'ai plus peur d'avoir des discussions avec ma femme », nous dit en souriant Luc. Il est sorti du coma.

8 LE CHOIX INTERTEMPOREL *(OU COMMENT DEVENIR QUELQU'UN DE BIEN… SI TANT EST QUE VOUS Y PARVENIEZ)*

Le principe

Nous envisageons d'être quelqu'un de bien. De mettre un peu d'argent de côté tous les mois. De manger cinq fruits et légumes par jour. Sans oublier les céréales complètes. De rester présentables physiquement. De porter des vêtements propres. De ne plus nous énerver quand nos bambins renversent leur bol de lait, comme d'habitude. Et de prendre soin de l'être aimé. De le chérir et de lui donner tout l'amour dont nous sommes capables.

Et puis la vie en décide autrement.

Nous dépensons des sommes folles dans des vêtements que nous ne porterons jamais, acceptons bon gré mal gré un petit bourrelet graisseux de plus, perdons patience pour la énième fois avec nos enfants et traitons notre cher et tendre comme un garçon de courses asexué avec lequel nous partageons notre vie par hasard.

Alors, pourquoi ?

Parce que nous avons du mal à faire des choix intertemporels sensés, valables, sérieux, judicieux.

Le choix intertemporel est un terme savant inventé par les économistes pour qualifier une décision que nous prenons aujourd'hui et qui a des conséquences futures. C'est un sujet d'étude brûlant, parce que ces décisions n'affectent pas seulement les individus, mais aussi les politiques publiques, et avec des coûts extrêmement élevés. Goinfrez-vous de pizzas, de sodas et de crèmes glacées aujourd'hui et vous contribuerez à la montée en flèche des dépenses de santé de votre pays demain. Attendez encore une année de plus pour commencer à cotiser pour votre retraite et nous mettons notre main au feu que vous allez demander de l'aide à l'État au moment de raccrocher. Accumulez des milliards de crédits impayés aujourd'hui et vous viendrez grossir le lot des débiteurs insolvables demain.

L'homme auquel on doit le concept économique du choix intertemporel au début du XIXe siècle n'était pas un grand économiste et n'a reçu aucune récompense de prestige pour son invention. Il s'appelait John Rae et il était écossais. Cet homme à la silhouette frêle, qui portait des favoris, était un ancien instituteur devenu inspecteur médical. Il avait passé les dernières années de sa vie à Hawaï. Il s'intéressait à la géologie, à l'agriculture, au patinage et, comme Adam Smith avant lui, à la richesse des nations. Et, plus particulièrement, à la raison pour laquelle certaines nations s'enrichissaient alors que d'autres s'enlisaient dans la pauvreté.

Selon lui, les pays riches devenaient riches en partie parce que leurs habitants savaient se restreindre, voir les choses à long terme et différer la satisfaction de leurs désirs. « Des plaisirs tels que ceux dont on peut jouir aujourd'hui éveillent généralement une passion qui incite fortement à en profiter », écrivait-il en 1834 dans son traité *The Sociological Theory of Capital* [La théorie sociologique du capital]. « Une fois l'attention éveillée, la présence à l'esprit effective de l'objet immédiat du désir semble stimuler toutes les facultés, comme pour les polariser sur lui, et les conduit à une conception très expressive des plaisirs qu'il offre à leur possession instantanée. »

Autrement dit, rien ne vaut l'instant présent.

John Rae n'a jamais accédé à la notoriété ni à la fortune d'Adam Smith. Il a passé les dernières années de sa vie à administrer des vaccins contre la variole – rien à voir avec l'invention de nouveaux concepts économiques, mais rien dont il n'ait à rougir non plus. Et au milieu des hordes d'économistes qui étudient le choix intertemporel aujourd'hui, il est devenu une sorte de légende. Tandis que Smith avançait que les pays deviennent riches en épargnant, Rae faisait remarquer que les pays ne peuvent épargner que s'ils sont capables de se serrer la ceinture. Quiconque a essayé de devenir plus riche, plus heureux ou plus mince sait que la retenue est indispensable à la réussite de son entreprise.

Alors pourquoi avons-nous tant de mal à nous restreindre ? Pour plusieurs raisons.

La première tient à ce qu'on appelle « l'escompte hyperbolique ». Ne faites pas attention à la complexité de la terminologie. En gros, cela signifie que nous sommes loin d'apprécier autant d'avoir telle ou telle chose demain que de l'avoir maintenant. Il est très tentant d'aller vers ce qui nous gratifie immédiatement, même si nous avons l'intuition que ce n'est pas une bonne idée.

Supposons que votre ami ait 10 euros dans son portefeuille. Il est tout content parce qu'avec cette somme, il peut s'acheter une bouteille de vin ou une place de cinéma. Ces 10 euros lui semblent réels, immédiats et utiles. Mais il vous dit que quelqu'un lui a proposé de lui donner 20 euros dans quelques mois s'il renonce à ses 10 euros aujourd'hui. Que doit-il faire ? Vous lui conseillez vivement de dire oui, puisqu'il aura au final le double de ce qu'il avait au départ. Il n'a même pas besoin de réfléchir !

Maintenant, imaginez que ce sont vos 10 euros et que quelqu'un vient vous proposer le même marché : 10 euros aujourd'hui contre 20 euros dans quelques mois. Soudain, la décision ne coule plus de source. Vous déposséder de cette somme alors qu'elle vous permet d'aller au cinéma ce soir ? Il n'en est pas question ! C'est ainsi que fonctionne l'escompte hyperbolique. Il souligne que la tentation de garder les 10 euros que vous avez maintenant est bien plus forte que votre capacité à attendre pour gagner le double. Il faut de la patience pour se préoccuper de l'avenir, et la patience n'est généralement pas notre fort.

Ou prenez l'exercice physique, un exemple classique pour illustrer l'escompte hyperbolique. L'exercice est une activité que seuls les fous apprécient, mais vous savez que vous devez en faire parce que c'est bon pour vous – ou, plutôt, ça sera bon pour vous au bout de quelque temps.

L'une des façons de raisonner est la suivante : vous motiver pour aller au club de gym vous coûtera 6 unités de valeur (votre temps et votre énergie). Mais les avantages (une silhouette mince et musclée) équivaudront à 8 unités de valeur. Bénéfice net ? Deux unités de valeur. Pourquoi hésiter plus longtemps ?

Mais attendez. Il y a un problème. Les 8 unités de valeur viendront plus tard, peut-être très tard, alors que les 6 unités doivent être investies immédiatement. Vous suivez ? Parce que vous accordez beaucoup moins de valeur aux unités futures qu'aux unités actuelles, vous vous persuadez que les 8 unités ne valent, disons, que 4 unités. Du coup, vous vous dites que vous allez dépenser 6 unités aujourd'hui pour obtenir 4 unités demain. Perte nette ? Deux unités. Adieu la gym !

	COÛT PRÉSENT	AVANTAGE FUTUR	GAIN NET/PERTE NETTE
Valeur réelle de l'engagement à pratiquer une activité physique	6 unités	8 unités	+ 2 unités
Valeur perçue de l'engagement à pratiquer une activité physique	6 unités	4 unités	– 2 unités

Disons-le franchement. Vous êtes quelqu'un de bien. Vous ne serez jamais un escompteur hyperbolique. Vous n'êtes pas stupide. Vous savez reconnaître ce qui est important. Vous savez la valeur de l'exercice physique, et c'est pourquoi vous adhérez à un club de gym. Vous vous ruez vers le tapis de jogging tous les soirs après votre travail. Ou tous les deux ou trois jours. Ou disons toutes les semaines. Peu importe. Continuons.

Et les questions d'argent ? Vous vous y entendez aussi, probablement. Vous savez que le système de santé est voué à l'échec et que c'est à vous de financer les retraites. Vous savez que les prix de l'immobilier sont au plus haut et que vous ne voulez pas travailler après l'âge de 59 ans. C'est la raison pour laquelle vous mettez de l'argent de côté tous les mois et cotisez scrupuleusement à votre plan d'épargne retraite. Ou vous envisagez de mettre de l'argent de côté, et le mois dernier vous n'avez pas pu parce que vous deviez acheter de nouvelles enceintes. Et vous avez pris tous les renseignements nécessaires sur ce plan d'épargne retraite. Vous avez même les documents à remplir. Il ne vous reste qu'à trouver un crayon pour signer.

Bienvenue au club ! Nous disons tous que nous allons épargner, mais peinons à joindre le geste à la parole. Les histoires d'actions, d'obligations, de taux d'intérêt… tout cela est trop compliqué. Mais la vraie raison, c'est que la plupart d'entre nous n'aiment pas épargner. Nous voulons épargner. Nous envisageons d'épargner. Mais l'heure d'épargner venue, nous préférons craquer pour un jean ou une séance de thalasso.

PAS TRÈS PSYCHOLOGUE, L'ANCIENNE ÉCOLE

Les économistes néoclassiques ne nous sont pas d'une grande aide pour nous permettre de comprendre pourquoi nous ne faisons pas d'économies. Ils ne passent pas beaucoup de temps à psychanalyser l'esprit humain. Que disent-ils ? Que les individus sont rationnels et font des choses rationnelles, comme équilibrer leurs comptes, manger des lentilles et serrer dans leurs bras les êtres chers. Selon leurs calculs, nous devrions savoir de combien d'argent nous aurions besoin pour nous assurer une retraite confortable et commencer à épargner la « juste » somme aujourd'hui en tenant compte du nombre d'années de travail que nous envisageons de faire, du taux d'inflation et du taux d'intérêt annuel. Les économistes néoclassiques observent des graphiques comme celui représenté ci-dessous, qui illustre le pouvoir des intérêts composés, et vous disent : « Braves gens, mais comment pouvez-vous ne pas épargner ? »

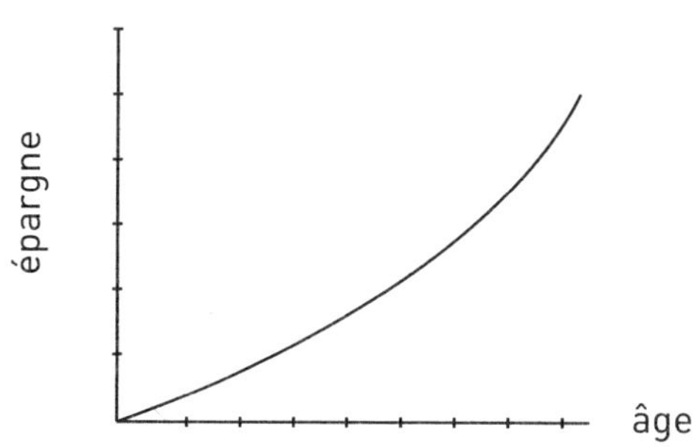

Le pouvoir des intérêts composés

La deuxième raison pour laquelle nous avons tant de mal à faire des choix intertemporels judicieux (la première étant l'escompte hyperbolique, si vous l'aviez oubliée) tient à un phénomène psychologique appelé le « fossé empathique chaud/froid ». Quèsaco ? C'est très simple. Quand vous êtes dans un état émotionnel « froid », c'est-à-dire calme, sensé, pondéré et raisonnable, vous avez la certitude que vous serez aussi calme, sensé, pondéré et raisonnable à l'avenir.

- Lorsque je vais aller au théâtre tout à l'heure, je vais profiter de l'entracte pour croquer une pomme au lieu de succomber à un croissant aux amandes.
- Je dois me lever de bonne heure demain pour aller à mon cours de Pilates, alors je ne resterai pas longtemps à la soirée de Laurence et je serai au lit à 22 heures.
- Ce week-end, je vais accompagner mon amie faire du shopping – moi, je ne ferai que du lèche-vitrine.
- La prochaine fois, j'utiliserai un préservatif.

Vous vous reconnaissez ? Tout à l'heure, demain ou ce week-end, vous serez passé de l'état « froid » à l'état « chaud » et aurez toutes les chances de faire exactement le contraire de ce que vous avez dit.

« Lorsque nous n'avons pas faim, pas peur ou pas mal, il nous est très difficile d'imaginer ce que nous ressentirions si nous avions faim, peur ou mal, ou d'évaluer vraiment la puissance incitative que ces états pourraient avoir sur notre comportement », écrit George Loewenstein, l'économiste inventeur de l'expression « fossé empathique chaud/froid ».

Lorsque nous sommes dans l'état dit « chaud », nous fermons le bar et rentrons avec le barman – après tout, qui le saura ? Au lieu d'acheter une petite télé d'occasion, nous jetons notre dévolu sur un magnifique téléviseur LED Full HD 3D 140 cm. Nous achetons les bottes tout cuir qui ont attiré notre regard dans la vitrine, dénigrons notre meilleure amie et engueulons notre partenaire parce qu'il n'a pas pensé à mettre un sachet de minicarottes dans le panier-repas des enfants. Quand nous sommes dans cet état, nous disons des choses que nous ne pensons pas, commettons des actes que nous regrettons ensuite et causons des souffrances que nous mettons des années à tenter de réparer. Mais quand nous passons à l'état « froid », nous ne pouvons pas imaginer pouvoir être autrement parfois.

Une étude récente sur « la prise de décision et l'excitation sexuelle » visant à illustrer le fossé empathique chaud/froid a été réalisée sur un groupe d'étudiants de sexe masculin de l'université de Californie à Berkeley. Les questions qui leur ont été posées avaient trait à la sexualité, notamment à leurs préférences sexuelles et à leur probabilité plus ou moins grande d'avoir des rapports sexuels non protégés ou des comportements sexuels immoraux. La première fois que les chercheurs les ont interrogés, ils leur ont demandé d'imaginer simplement qu'ils étaient excités sexuellement (ce qui était censé représenter un état « froid »). La seconde fois, les chercheurs leur ont demandé de se masturber avant de répondre aux questions (ce qui était censé représenter un état « chaud »).

Vous vous doutez que les réponses des étudiants sont différentes selon le cas de figure. Lorsque les chercheurs leur ont demandé s'ils pouvaient imaginer être sexuellement attirés par une fille de 12 ans, leur réponse moyenne dans un état « froid » était de 23 sur une échelle de 0 (« non, pas du tout ») à 100 (« oui, tout à fait »). Mais lorsqu'ils étaient dans un état « chaud », leur réponse moyenne grimpait à 46. Quand on leur a demandé s'ils étaient capables de glisser un médicament dans le verre d'une femme pour la rendre plus consentante à avoir un rapport sexuel avec eux, leur réponse moyenne dans un état froid était de 5 et de… 26 dans un état chaud. De quoi vous faire froid dans le dos.

La conclusion est claire : nous sommes des paniers percés pervers, faibles, paresseux et voraces voués à avoir des gros ventres, des retraites misérables, des partenaires qui nous en veulent et, dans les cas extrêmes, des casiers judiciaires. Que faire ? Avons-nous besoin de poser des verrous sur nos réfrigérateurs et d'embaucher des coaches personnels à demeure ? Avons-nous besoin de recruter des comptables qui nous envoient des décharges de Taser à chaque fois que nous dépensons trop ? De moniteurs cardiaques pour nous indiquer quand nous sommes dans un état chaud et incapables de prendre une décision rationnelle ?

Oui.

La bonne nouvelle, c'est qu'il existe des moyens de faire de meilleurs choix intertemporels – et de s'y tenir. Des moyens qui ont fait leurs preuves. C'est ce qu'on appelle un « dispositif d'engagement » – n'importe lequel, pourvu qu'il nous oblige à faire des choses que nous refusons de faire mais qui, nous le savons, seront payantes ultérieurement. Bien que les verrous, les Taser et les moniteurs cardiaques puissent apparaître comme des dispositifs extrêmes, ils sont très efficaces pour nous forcer à tenir nos engagements.

Bien sûr, rien ne vous oblige à en arriver à de telles extrémités.

Il existe une multitude de dispositifs d'engagement moins pénibles. Par exemple, travailler plus et payer plus d'impôts, ce qui veut dire moins de temps disponible pour faire du shopping et moins d'argent à dépenser. Et pourquoi ne pas souscrire un plan d'épargne logement ? À condition que votre effort d'épargne soit significatif, c'est un bon moyen de vous obliger à mettre de côté ce que vous auriez dépensé inutilement, non ?

Savez-vous qu'il existe aux États-Unis un dispositif de cyber-engagement ? Un site sur lequel vous pariez une somme d'argent ou votre réputation que vous êtes capable de respecter un engagement. Pourquoi pas, si l'efficacité est au rendez-vous.

Mais le plus dispositif le plus efficace demeure… le mariage. Au cas où vous ne l'auriez pas remarqué, le mariage est un excellent outil d'engagement. À ne pas avoir de rapports sexuels avec d'autres partenaires. À ne pas penser qu'à soi, mais aussi à sa moitié. À partager les joies et les lourds fardeaux des crédits hypothécaires, des enfants et des beaux-parents. Bref, à s'engager pleinement et ardemment à long terme.

Certes, nous pouvons partir en claquant la porte à tout instant. Cinquante pour cent des couples mariés le font. Mais pour la plupart d'entre nous, si nous avons voulu le mariage, c'est pour prendre un engagement fort vis-à-vis de l'être aimé, et pas seulement sortir avec lui le week-end indéfiniment.

Malheureusement, l'effort quotidien d'être marié ne semble pas aussi motivant que l'acte même de se marier. Une fois que nous sommes passés devant monsieur le maire, nous pouvons avoir du mal à envisager l'avenir. C'est ainsi que nous prenons l'habitude de remettre toujours au lendemain les conversations « délicates », en nous disant que nous serons mieux lunés… demain. Nous différons aussi les relations sexuelles, cela va sans dire. Et nous n'économisons pas assez pour les futures études de nos chères têtes blondes.

Nous avons pris un engagement pour la vie, et pourtant nous sommes incapables de nous engager d'un jour sur l'autre.

Toujours est-il que si vous prenez l'engagement de lire ce chapitre, nous vous promettons que vous allez apprendre à améliorer vos choix intertemporels, à minimiser votre escompte hyperbolique et à éviter les fossés empathiques chaud/froid. Une façon savante de vous dire que nous allons vous montrer comment réfréner vos penchants égoïstes, diminuer vos tendances à la paresse et libérer l'époux(se) bienveillant(e) qui sommeille en vous.

Étude de cas n° 1

Les acteurs : Alice et Donald

Donald vivait l'un des pires mois de son existence, et Alice le savait. D'abord, leurs deux fils étaient tombés malades, l'un après l'autre, et comme Alice était partie en voyage d'affaires, Donald avait dû se lever avec eux, leur faire leur toilette et changer leurs draps quatre fois au cours de la nuit parce qu'ils avaient vomi et eu la diarrhée. Puis, dès que les enfants étaient allés mieux, il avait sauté dans le premier avion pour l'Arizona – lui aussi voyageait pour ses affaires. Il avait dû rester trois jours là bas – suffisamment pour dérégler encore un peu plus son horloge interne – et, comble de malchance, les gosses lui avaient refilé leur gastro-entérite. Pour couronner le tout, sa mère de 87 ans avait refait une chute et atterri pour la énième fois à l'hôpital. À son retour, Donald s'était retrouvé submergé de papiers à remplir et de radios du col du fémur, et s'était vraiment demandé pourquoi les médecins de sa mère ne communiquaient jamais entre eux. Il songeait depuis longtemps à mettre sa chère maman en maison de retraite, mais la culpabilité le dévorait trop.

Bref, un sale mois.

Donald avait l'habitude de tout porter sur ses épaules, y compris les corvées et les emmerdes. Lorsqu'il a rencontré Alice huit ans auparavant, il était divorcé, travaillait comme cadre moyen dans le marketing à Chicago et n'avait pas tellement d'ambition. Alice, elle, était directrice de stratégie d'une agence de publicité en ligne et n'était guère portée à la concession, dans son travail comme dans sa vie personnelle. Donald ne comprenait pas pourquoi elle était encore célibataire à 40 ans, alors qu'elle possédait tout ce qui faisait défaut à son ex-femme : elle était sûre d'elle et ambitieuse, réussissait tout ce qu'elle entreprenait et, ce qui ne gâchait rien, était terriblement sexy.

L'ex-épouse de Donald n'avait jamais eu beaucoup d'ami(e)s, était dépressive et souffrait de toute une panoplie de troubles chroniques – réels ou imaginaires ? Donald ne l'aura jamais su. Il voulait des enfants, elle ne se sentait pas capable de faire face. Il voulait voyager, elle ne voulait pas de complications. Il se sentait piégé, mais ne voulait pas l'abandonner… elle avait tellement besoin de lui. Jusqu'au jour où elle lui a annoncé qu'elle voulait retourner vivre chez sa mère, prétendant que seule sa maman savait s'occuper d'elle. Donald lui a répondu qu'elle était libre de partir, mais qu'il ne l'accompagnait pas.

Le jour où un ami lui a présenté Alice, il s'est dit : « Ne rêve pas trop ! » Il était pourtant parti avec des préjugés quand cet ami lui avait parlé d'Alice. Quarante ans et célibataire à New York ? Il avait fréquenté suffisamment de femmes pour savoir ce que cela signifiait : une malade des clubs de gym sans un gramme de graisse doublée d'une névrosée avec trois chats. Lorsqu'il a vu Alice pour la première fois, elle portait des bottes en daim violettes et une robe noire assez moulante. Première impression : dotée d'une forte personnalité, intelligente, bien roulée et un peu froide. Donald n'était pas convaincu d'avoir de la sympathie pour cette femme, et encore moins des sentiments, mais il savait que si l'occasion se présentait, il coucherait volontiers avec elle.

Après une deuxième bouteille de vin, Alice s'est déridée. Donald a senti que la glace se brisait. Elle souriait davantage et lui a montré des photos de ses neveux et nièces, lui expliquant qu'elle avait l'intention d'emmener sa nièce préférée à la Nouvelle-Orléans pour ses 16 ans.

Alice voulait des enfants, elle aussi. Mais sa vie amoureuse avait été une suite d'échecs. Elle avait eu un type qui voulait bien avoir des rapports sexuels avec elle, mais refusait de lui tenir la main en public. Un autre, agent immobilier et adepte des parties de jambes en l'air, qui ne l'invitait jamais à sortir avant 22 heures. Le Français qui avait des tas de bons côtés mais aucun humour. Et le fameux banquier, soi-disant hostile à tout engagement, qui vantait les mérites de sa nouvelle fiancée sur Facebook.

Donald lui semblait différent. Il voulait un engagement durable. Il cherchait une relation monogame, saine et agréable, susceptible de déboucher un jour sur un mariage. « Il était sérieux et sincère, ce qui n'est pas souvent le cas des représentants du sexe masculin vivant à New York, et possédait un humour féroce », nous disait Alice.

Après être sortis ensemble très régulièrement pendant dix mois, ils se sont mariés, sont allés consulter un spécialiste de la fertilité et ont eu des jumeaux au bout d'un an. Alice ne voulait pas d'une nounou (« Pourquoi payer quelqu'un pour faire ce que nous sommes parfaitement capables de faire nous-mêmes ? »), mais adorait son travail et savait que s'ils voulaient continuer de vivre à New York, ils avaient besoin de son salaire. Il fut donc décidé que Donald travaillerait à temps partiel pour s'occuper des enfants et qu'Alice garderait son emploi à plein-temps particulièrement bien rémunéré.

Alice était consciente de la difficulté du rôle de Donald. « Vendre de l'espace publicitaire en ligne, c'est de la rigolade à côté de gérer deux garçons ! » avouait Alice. C'est pourquoi, lorsque son mari a dû assumer la gastro des enfants, son voyage d'affaires en Arizona et l'hospitalisation de sa mère, elle s'est sentie un peu coupable de ne pas avoir pu l'aider davantage.

Alice a donc pris la décision de se lever plus tôt plusieurs jours par semaine pour préparer le petit déjeuner des enfants et les accompagner à l'école – ce que Donald avait l'habitude de faire en se levant le premier. De rentrer plus tôt de son travail pour préparer le dîner et laisser Donald souffler un peu. De prendre un jour de congé prochainement pour permettre à son époux de se relaxer, de paresser au lit, de faire du sport ou de s'asseoir à la terrasse d'un café pour lire tranquillement le journal.

Autant de choix intertemporels – des décisions qui auraient des conséquences dans le futur. Des choix qui permettraient à leur vie de couple d'être plus agréable, à Donald d'être plus heureux et moins stressé... (Mais que répondrait-elle à un collègue qui aurait besoin d'elle et lui reprocherait de partir de bonne heure trop souvent ?)

Prendre de bonnes résolutions, c'est bien. Mais les appliquer, c'est mieux. Or, tous les matins, il y avait des choses plus urgentes que de préparer le petit déjeuner : une réunion qu'elle ne pouvait pas rater, un argumentaire qu'elle devait préparer, une téléconférence qui avait déjà été reportée deux fois. Alice rentrait toujours aussi tard du travail et il incombait toujours à Donald de mettre les enfants au lit après le dîner. « Je vais revoir mon planning demain », se disait Alice en engloutissant le reste des lasagnes. Elle y croyait vraiment. Jusqu'à ce que le lendemain arrive, et avec lui une nouvelle réunion importante à laquelle elle se devait d'assister.

« Bon, je vais prendre une journée, comme ça Donald pourra se reposer. »

Malheureusement, elle n'arrivait jamais à prendre une journée. Elle se souvenait que les enfants avaient un match de hockey au fin fond du Connecticut le week-end prochain. Elle a entouré la date en rouge dans son agenda et s'est promis de se lever tôt – l'entraîneur commençait les échauffements à des heures inhumaines – pour accompagner elle-même les enfants et laisser Donald regarder le sport à la télé, ce qu'il faisait rarement. Cela l'obligeait à annuler une petite escapade qu'elle avait prévue avec quelques copines, mais son mari avait la priorité. Il fallait qu'elle pense à dire à Donald qu'elle accompagnerait les garçons ce jour-là et à téléphoner à ses amies pour les informer qu'elle ne pouvait pas partir avec elles. Elle envisageait même de prendre une baby-sitter ce soir-là pour pouvoir sortir avec Donald – pourquoi ne pas aller dîner en amoureux dans ce restaurant turc qu'ils appréciaient tant ? Et faire l'amour après ? Cette perspective l'excitait terriblement.

Mais Alice a oublié d'annuler les billets d'avion et de prévenir ses copines qu'elle ne venait pas avec elles. Et elle n'a jamais parlé à Donald de son projet d'accompagner les garçons à leur match de hockey. Difficile de trouver le temps de tout faire…

Lorsque le fameux week-end arriva, Alice était dans l'avion avec ses amies. Elle avait beaucoup travaillé ces derniers temps et sentait qu'elle avait vraiment besoin de se changer les idées. De plus, les billets n'étaient pas remboursables. Elle se disait, pour se donner bonne conscience : « Cela va me faire beaucoup de bien et, à mon retour, je serai une bien meilleure épouse. »

Le problème : l'escompte hyperbolique

Vous rappelez-vous le club de gym au début de ce chapitre ? Aller à la gym aujourd'hui me coûte 6 unités et les bienfaits futurs valent 8 unités, mais comme ces bienfaits ne sont pas pour tout de suite et qu'il faut investir cet argent maintenant, je me dis que ces avantages potentiels ne valent finalement que 4 unités.

C'est exactement le calcul que faisait Alice, bien qu'inconsciemment, à chaque fois qu'elle repoussait le moment de soulager Donald. Accompagner les garçons à leur match de hockey lui coûterait un week-end avec ses copines, mais cela en valait la peine, car son mari serait très heureux et lui en serait infiniment reconnaissant. Un bénéfice net, c'est certain.

Oui, mais ce bénéfice net n'était pas pour aujourd'hui. Il était très loin dans le futur, très abstrait, et qui dit que son mari serait si content que cela ? Comparées à un bénéfice net ici et maintenant – un week-end détente et bien-être avec ses amies sur la plage –, la joie et la gratitude futures de Donald ne lui paraissaient pas peser aussi lourd dans la balance.

	COÛT AUJOURD'HUI	BÉNÉFICE DEMAIN	BÉNÉFICE NET/ PERTE NETTE
Valeur réelle d'accompagner les enfants au match de hockey	Week-end détente entre copines	Mari heureux	Vie de couple satisfaisante
Valeur perçue d'accompagner les enfants au match de hockey	Week-end détente entre copines	Mari heureux (sans doute, probablement, peut-être)	Week-end perdu

Avant de vous raconter comment Donald a réagi à la décision d'Alice de partir avec ses copines, nous allons vous donner un autre exemple d'escompte hyperbolique. En s'appuyant sur leur propre expérience de location de cassettes vidéo, des chercheurs ont mené une étude pour voir si des individus étaient capables de tenir un engagement aussi simple que de regarder le film qu'ils avaient prévu de voir. Ils ont donc établi une liste de films et demandé à des volontaires de l'université de l'Illinois d'en choisir trois qu'ils aimeraient regarder. Ils ont demandé à un premier groupe de volontaires de choisir les trois films immédiatement, mais en leur disant qu'ils ne les regarderaient que plus tard, alors qu'ils ont expliqué à un second groupe de volontaires qu'ils allaient choisir chacun des trois films le jour où ils le regarderaient. Ce qu'aucun des deux groupes ne savait, c'est que la liste comprenait deux types de films : des films intellectuels qui avaient reçu des oscars ou comportaient un sous-titre – *La Liste de Schindler*, par exemple – et des films sans prétention, plutôt divertissants, comme *Nuits blanches à Seattle*.

Le groupe de volontaires qui a choisi des films à regarder plus tard avait les intentions les plus nobles – 71 % ont choisi un film intellectuel en troisième position. En revanche, les volontaires qui ont choisi des films en sachant qu'ils allaient les regarder tout de suite ont opté pour un troisième film divertissant – seulement 44 % ont choisi un film intellectuel. Morale de l'histoire ? Au fond de nous-mêmes, nous savons que *La Leçon de piano* va nous enrichir, mais nous pouvons toujours nous enrichir l'esprit demain – aujourd'hui, passons un bon moment avec *Madame Doubtfire* !

Donald n'avait pas besoin d'être au courant des dernières études scientifiques pour comprendre qu'Alice avait choisi la facilité, l'option divertissante. Sa frustration n'a fait qu'augmenter au fil des jours. Sa femme était toujours partie quand il en avait le plus besoin !

Au retour d'Alice, Donald a fini par exploser : « Tu pars en Floride alors que ma mère est à l'hôpital, que nos enfants ont des activités auxquelles il faut les accompagner et que je suis claqué par le boulot. C'est ça que tu appelles un soutien ? » Il lui a également fait remarquer que ce sont les membres de sa famille qui se sont relayés pour aller voir sa mère et s'occuper d'elle à la maison de repos, alors qu'elle, sa propre épouse, était allée la voir une seule fois en coup de vent. « J'en ai marre d'inventer des excuses à ton comportement irresponsable ! »

La première réaction d'Alice a été de répliquer : « Ta mère ne peut pas me voir ! » Mais elle avait à peine prononcé ces paroles qu'elle les regrettait déjà. Donald est parti en secouant la tête. Ce n'était pas bon signe.

En vérité, Alice n'avait aucune excuse. Elle n'allait pas dire à Donald qu'elle avait prévu de rentrer plus tôt du travail (sans blague ?), d'annuler son week-end entre copines (ma pauvre chérie !) et d'être une meilleure épouse (tu parles sérieusement ?). Elle ne pouvait pas reconnaître qu'elle avait vu la fatigue sur le visage de Donald, mais n'avait rien fait pour y remédier. Elle envisageait d'expliquer à son mari que c'était le moment où les primes de fin d'année étaient décidées et que c'est la raison pour laquelle elle s'était donnée à fond ces derniers temps, mais elle devinait sa réponse et a jugé plus sage de se taire. Alors qu'elle s'apitoyait sur son sort, elle dressait la liste de toutes les choses qu'elle ne faisait plus, de tous les sacrifices auxquels elle avait consenti pour être une épouse et une mère – plus de sport, plus de sorties entre filles, plus de grasses matinées...

Mais elle a gardé cela pour elle. C'était préférable, en effet.

Nous nous sentons un peu gênées d'accuser Alice de tous les maux. Car nous sommes toutes et tous un peu comme elle. Dépassés par les événements. Nous avons l'intention d'aider nos maris ou nos femmes, mais, comme par hasard, oublions de tenir nos engagements. Pourtant, ce n'est pas parce que tout le monde le fait que c'est bien.

« Je voulais vraiment être là pour Donald, mais j'étais toujours prise par d'autres choses », nous confiait Alice.

Quels dispositifs d'engagement ?

Dans le cadre de notre enquête, des couples nous ont fait part des dispositifs d'engagement originaux qu'ils avaient inventés pour tenir parole.

- S'entraîner à courir un marathon destiné à recueillir des fonds pour la recherche sur la leucémie – un bon moyen de s'engager à retrouver la forme. Difficile de faire marche arrière lorsque vous avez récolté 3 000 euros pour la cause que vous défendez.
- Demander à votre femme de quitter la ville pendant trois jours pendant que vous apprenez à vous occuper de Bébé. Vous ne pouvez pas le lui coller dans les bras en lui disant « Démerde-toi ! » si elle n'est pas dans la même ville.

→

- Souscrire à un programme qui vous prévient tous les deux à chaque fois que vous êtes en débit de 50 euros sur votre carte de crédit. Vous ne pouvez plus dépenser impunément pour vous acheter des mocassins ou un grand cru sans que votre moitié le découvre.

La solution : des dispositifs d'engagement

Après sa dispute avec Donald, Alice a eu mauvaise conscience. Elle savait qu'elle n'avait pas fait ce qu'il fallait et qu'elle devait opérer certains changements. Mais par où commencer et comment tenir ses engagements ? Elle a d'abord établi une liste des problèmes, des « points de tension » entre elle et Donald, avant de proposer une solution à chacun de ces problèmes – des dispositifs d'engagement, en somme.

Problème : Alice dînait avec des clients trois fois par semaine, ce qui obligeait Donald à préparer le dîner des enfants, à les faire manger et à les mettre au lit.

Solution : remplacer les dîners avec les clients par des petits déjeuners. Ainsi, elle n'aurait pas d'excuse pour rentrer tard de son travail.

Problème : Alice se désintéressait totalement des activités extrascolaires de ses enfants.

Solution : assister l'équipe de hockey sur glace dont ses garçons faisaient partie. Puisque les autres parents sauraient qu'elle avait décidé de jouer ce rôle, elle serait la mère la plus haïe si elle n'était pas présente pour soutenir l'équipe.

Problème : la belle-mère.

Solution : promettre de lui apporter son dîner un lundi sur deux. Comme elle déteste cuisiner, elle ferait appel à un traiteur et réglerait d'avance les repas du mois.

Problème : pas assez de temps avec Donald.

Solution : régler, d'avance également, une baby-sitter pour garder les enfants un samedi soir par mois. Comme pour le problème précédent, il est toujours plus difficile d'annuler au dernier moment quand on a déjà payé…

C'était un beau dispositif mais, comme tout dispositif, il n'était pas infaillible. Inévitablement, des obstacles surgissaient de temps en temps. Alice devait toujours prendre l'avion par-ci par-là pour son travail, et certains soirs, elle devait rester tard à son bureau. Mais Donald ne se plaignait plus. Il savait qu'Alice avait fini par l'entendre.

Étude de cas n° 2

Les acteurs : Boris et Diane

Boris était le premier à admettre qu'il possédait une forte personnalité et aimait bien dominer. « C'est un tyran », nous confiait Diane d'un air curieusement détaché. Mais elle ajoutait que ce n'était pas entièrement de sa faute puisqu'il avait quatre frères et, dans son enfance, avait dû se battre pour obtenir l'attention de ses parents. Une belle preuve de tolérance de la part de Diane.

Boris avait voulu entreprendre des études de droit pour devenir avocat-conseil. Un milieu où la concurrence était rude et où il fallait mieux ne pas être trop sensible ni trop timide. Il passait ses journées à défendre des criminels et des voleurs. En dehors de son métier, il adorait jouer au foot, organiser des barbecues et participer à des courses de stock-cars. « Certains hommes aiment jouer au golf. Mon mari, lui, aime conduire des voitures à cent à l'heure », nous disait Diane.

Même si Boris s'était un peu adouci avec l'âge, à 44 ans, il ne parvenait pas toujours à maîtriser son tempérament. Parmi les choses qui le mettaient hors de lui : le désordre. Tous les jours, il rêvait de rentrer chez lui dans une maison calme et bien rangée, et non pas dans un salon jonché de jouets pour le chien, de morceaux de bretzels à moitié écrasés et de voitures en boîtes d'allumettes.

Diane était également avocate et issue d'une famille nombreuse. Et elle aussi rêvait d'une maison bien rangée. Travaillant toute la journée dans un environnement aussi stressant que celui de Boris, elle rentrait à la maison fatiguée et, tout ce qu'elle demandait, c'était un peu de sérénité et un bon martini pour se détendre. Mais contrairement à son mari, elle était capable d'oublier le désordre et de focaliser son attention sur les enfants. « Un petit apéro, ça aide ! » confiait-elle.

Quand Boris se mettait en colère en voyant tout le désordre, Diane lui expliquait inlassablement que des enfants, ça ne range pas. Ce que Boris semblait oublier à chaque fois.

Boris n'avait jamais été doué pour mémoriser ce qu'il ne voulait pas mémoriser. À l'université, il n'avait cessé de demander à Diane de sortir avec lui alors qu'elle le lui refusait systématiquement. La première fois, il le lui avait demandé en faisant la queue à la cafétéria. Puis il a réessayé lors d'une soirée. Sans succès. « Boris m'a couru après pendant six ans avant que je lui donne sa chance, disait Diane. J'écoutais Les Smiths et je sortais avec des poètes. Je ne pense pas que Boris ait écouté de la musique à l'époque. Il ne pensait qu'à faire la fête, boire et draguer les filles. »

Après ses études, Diane est partie à Washington collecter des fonds au sein d'une association d'aide aux réfugiés palestiniens. Quant à Boris, il est entré à la faculté de droit de l'université de Georgetown et, même s'il était un peu moins tête brûlée, il gardait un côté très téméraire. Un jour, il s'est pointé à une soirée organisée par Diane avec une jambe dans le plâtre – une chute à ski en voulant faire un hélicoptère. « Je suis de Long Island. Je ne sais pas vraiment skier. »

Deux ans plus tard, au moment de Noël, Diane et Boris se sont retrouvés tous les deux coincés à Washington. Boris travaillait, comme d'habitude, et Diane ne pouvait pas prendre l'avion à cause de la neige. Elle venait de rompre avec son petit ami de l'époque et se retrouvait seule et déprimée. Boris lui a proposé de venir la voir et de cuisiner pour elle. Il a apporté deux bouteilles de vin rouge, un demi-litre de glace Häagen-Dazs et s'est mis à préparer des pâtes aux palourdes, une recette de sa grand-mère.

Après le dîner, il est resté coucher chez Diane.

Soudain, Diane a vu Boris autrement. « Il était étonnant. Complètement aux petits soins pour moi et axé uniquement sur ce qui pouvait me faire plaisir. Je ne m'y attendais pas du tout. » Pendant deux jours, ils ne sont sortis qu'une fois pour acheter un sapin de Noël qu'ils ont décoré… à poil.

***

Avant l'arrivée des enfants, le fort caractère de Boris n'était pas vraiment un problème pour Diane. Elle savait qu'il n'hésitait pas à engueuler un serveur s'il ne lui apportait pas ce qu'il avait commandé. Et elle s'amusait même de le voir baisser la vitre et lancer des jurons aux conducteurs qui lui coupaient la route. Elle faisait un clin d'œil de connivence au serveur ou posait sa main sur celle de Boris dans la voiture en lui disant : « Boris, relax ! » Et, souvent, Boris se calmait.

À partir du moment où ils ont eu des enfants, le tempérament de Boris est devenu ingérable. Il travaillait plus et dormait moins. Ils ne faisaient plus l'amour que toutes les deux à trois semaines, Diane prétendant souvent qu'elle était épuisée. Et Boris semblait ne rien comprendre aux enfants – notamment qu'ils n'étaient pas nés en sachant anticiper les sautes d'humeur de leur père et y réagir convenablement. « Boris est un père formidable. Il aime ses enfants. Il leur a appris à nager. Il leur a appris à dire "s'il vous plaît" et "merci", et à appeler leur grand-mère une fois par semaine. D'une certaine manière, il a plus de patience que moi avec eux. Mais il a aussi un côté terriblement soupe au lait qu'il est incapable de contrôler », nous expliquait Diane.

Au moins une fois par semaine, Boris rentrait de son travail complètement hors de lui parce qu'il y avait eu des embouteillages, parce qu'il manquait de sommeil, parce qu'il avait faim, parce qu'il était préoccupé par une affaire judiciaire. Il rouspétait parce que la poubelle n'avait pas été sortie, parce que le couloir était encombré par des tricycles, parce que le parquet du salon était encombré de jouets… ces fichus jouets ! Il ne comprenait pas pourquoi il régnait tant de désordre dans la maison. « C'est vraiment si difficile de laisser les jouets dans une seule pièce ? » demandait-il d'une voix tonitruante à qui voulait bien l'entendre – en général, sa femme, les enfants et les deux chats, qui n'attendaient qu'une chose : que l'orage passe.

Le problème : le fossé empathique chaud/froid

À chaque fois que Boris se calmait devant un bon verre de vin et se rendait compte qu'il avait gâché l'ambiance pour toute la soirée, il prenait une décision : « Demain, je ne perdrai pas mon sang-froid. »

Et le lendemain, invariablement, il perdait son sang-froid.

Comme n'importe quel individu faisant des choix intertemporels, Boris savait que les décisions qu'il prenait concernant sa colère avaient des conséquences futures. Il savait que rester calme aujourd'hui serait profitable à sa femme et à ses enfants demain – et, bien sûr, lui ferait le plus grand bien à lui. (Les hommes stressés ne meurent-ils pas plus tôt que les autres ? Il avait lu cela quelque part.) Toujours est-il que les équations étaient d'une simplicité enfantine :

- Un papa gentil aujourd'hui = des enfants qui m'aiment et deviendront des adultes utiles à la société.
- Un papa méchant aujourd'hui = des enfants qui me détestent et deviendront des tueurs en série.
- Un mari gentil aujourd'hui = une femme heureuse et, probablement, une vie sexuelle satisfaisante.
- Un mari méchant aujourd'hui = le divorce et devenir un vieux garçon habitué à s'asseoir sur un banc pour reluquer les femmes au décolleté plongeant.

Le problème, c'est que Boris prenait toujours la décision de se maîtriser après s'être calmé – notamment après avoir grignoté quelque chose et bu un verre de vin. Autrement dit, quand il était dans un état « froid ». Rappelez-vous que les états froids nous permettent de prendre des décisions raisonnables et raisonnées, en toute sérénité. Et qu'ils ont l'étrange faculté de nous faire tout oublier de nos états « chauds ». À froid, Boris pensait qu'il serait calme le lendemain et que le Boris aux réactions à chaud appartenait désormais au passé.

Diane lui disait que ses colères soudaines perturbaient toute la famille et faisaient peur aux enfants. Alors Boris promettait de se maîtriser et, ensemble, ils envisageaient différents moyens de faire baisser la pression dans la Cocotte-Minute.

« Pourquoi ne quitterais-tu pas ton travail plus tôt pour aller au club de gym ? lui suggérait Diane. Tu brûlerais ainsi une grande partie de ton énergie négative.

– Oui, mais je ne serai jamais rentré pour le dîner, lui répondait Boris.
– Et te passer des CD de méditation en conduisant ?
– Tu te moques de moi, dis !
– Et si tu comptais jusqu'à vingt avant de franchir le seuil de la porte ?
– Pourquoi ne pas compter jusqu'à vingt et, après, on fait l'amour ? proposait Boris, toujours prêt à trouver une excuse pour s'envoyer en l'air.
– Non, je suis trop fatiguée. Tu sais, il me faut beaucoup d'énergie pour calmer les enfants lorsque tu leur as crié dessus en rentrant !
– Je sais, je suis désolé, cela ne se reproduira plus, ma chérie », répondait Boris.

Cela se passait toujours ainsi quand Boris était sorti de son état chaud pour entrer dans son état froid. Il avait confiance en lui, il se disait qu'il était sûr de pouvoir être le Boris qu'il voulait être la prochaine fois qu'il rentrerait du travail de mauvaise humeur. Il savait qu'il avait mauvais caractère, mais il savait aussi qu'il pouvait se contrôler. La preuve !

Mais il se passait souvent quelque chose sur le chemin du retour, quelque chose qui faisait perdre patience à Boris et le mettait dans tous ses états. Alors il rentrait chez lui comme un ouragan. Envolées, les belles résolutions ! Comme Alice avec son escompte hyperbolique, Boris était incapable de tenir ses engagements. Les CD de méditation n'allaient pas lui suffire.

La solution : le jeu du drapeau rouge

Notre couple a passé des années à tenter de trouver une solution. Boris a essayé de compter jusqu'à vingt, et même de pratiquer la respiration profonde. En vain. « Respirer ne marche pas si vous ne pouvez pas vous arrêter de lancer des jurons assez longtemps pour respirer », nous confiait Diane.

Boris et Diane ont fini par essayer autre chose.

Ils ont mis au point un dispositif d'engagement capable de leur permettre d'obtenir ce qu'ils voulaient dans leur vie conjugale. Boris voulait davantage de rapports sexuels, Diane un mari plus calme et plus gentil. Ils l'ont appelé le jeu du drapeau rouge. À chaque fois que Boris était sur le point de perdre son sang-froid, Diane lui criait : « Drapeau rouge ! » S'il réussissait à ne pas avoir d'avertissement pendant trois jours, elle acceptait de faire l'amour avec lui. S'il se passait une semaine sans qu'il se mette en colère, elle acceptait de faire l'amour avec lui deux jours de suite (à condition qu'il ne reçoive pas un avertissement entre-temps). Un mois sans drapeau rouge, et elle était prête à faire tout ce qu'il voulait au lit.

Mais à chaque fois que Boris s'entendait crier « Drapeau rouge ! », il était privé de relations sexuelles pendant une semaine. Deux drapeaux rouges, et il devait masser les pieds de sa femme tous les soirs pendant une semaine. Trois drapeaux rouges, et Diane avait gagné une journée de détente au spa pendant que Boris accompagnait les enfants à leur cours de musique et à leur entraînement de foot.

« Il avait besoin de quelque chose pour le motiver, et le sexe était une excellente motivation ! » nous disait Diane.

En son for intérieur, Diane pensait que le jeu du drapeau rouge n'allait pas fonctionner longtemps et, qu'au bout de deux semaines, Boris retrouverait ses colères habituelles. Elle avait lu suffisamment d'ouvrages de développement personnel pour savoir que son époux n'allait pas changer comme ça.

Mais elle se trompait. Aussi bizarre que ce jeu puisse vous paraître – se servir de la sexualité pour récompenser un comportement satisfaisant ? –, il s'est révélé un grand succès pour leur couple. Boris et Diane voulaient juste trouver une solution à ce problème de colère et jugeaient inutile de suivre une thérapie de couple pendant des années. Et puisqu'ils savaient ce que chacun attendait de l'autre, ils ont trouvé un moyen de satisfaire leurs attentes à tous les deux. Une approche très économique.

Le jeu se déroulait très simplement : en entrant dans la maison, Boris voyait l'amoncellement de jouets recouvrir le sol. Au même moment, Diane apercevait une petite étincelle de colère surgir dans les yeux de son mari. Mais Boris levait les yeux vers elle et savait qu'un drapeau rouge le menaçait. Alors il enlevait son manteau et ses chaussures et tentait de faire le calme en lui. « J'ignore ce qu'il se disait, mais il disait aux enfants qu'il avait besoin d'une minute et, une minute plus tard, il entrait dans le salon de bien meilleure humeur », nous disait Diane.

Grâce au jeu du drapeau rouge, Diane et Boris faisaient beaucoup plus souvent l'amour. D'ailleurs, Boris faisait tellement de progrès dans l'autocontrôle que Diane se sentait un peu dépassée par la fréquence de leurs rapports sexuels. « Une à deux fois par semaine, c'est bien, mais Boris pouvait rester des semaines sans piquer une seule colère… »

Inutile de vous faire un dessin, n'est-ce pas ?

Les économistes et le sexe

Durant l'écriture de ce livre, nous avons interrogé de nombreux économistes, dont certains avaient même reçu le prix Nobel. Leurs QI combinés frôlaient probablement les 3 600. Ce qui ne nous a pas empêchées de leur demander des conseils sur des questions du style : « Comment avoir une vie sexuelle plus satisfaisante ? » – les grosses têtes font aussi l'amour, non ?

« J'ai reçu de nombreuses demandes de conseil », nous disait Gary Becker, récipiendaire du prix Nobel d'économie en 1992 et de la Médaille présidentielle de la liberté (*Presidential Medal of Freedom*) en 2007. Il a été l'un des premiers à étudier l'économie du mariage. « J'ai souvent pensé que le conseil conjugal serait un domaine très lucratif. »

Un autre économiste, qui souhaitait garder l'anonymat, nous confiait que sa femme et lui se douchaient ensemble tous les jours depuis quarante ans. Une question de bonnes habitudes…

George Loewenstein, l'inventeur du concept du fossé empathique chaud/froid, nous expliquait qu'au bout d'un moment, les couples mariés n'étaient plus excités, ou « chauds », par le simple fait d'être dans la même pièce. Lorsqu'ils pensent à faire l'amour ensemble, ils

→

sont généralement dans un état « froid » – ils sont en train de faire la vaisselle après le dîner ou de se laver les dents. Et cela signifie qu'ils sont moins susceptibles de donner suite à leur idée.

Loewenstein nous donne deux conseils pour garder la flamme allumée. D'abord, il faut établir une règle selon laquelle si l'un des conjoints veut faire l'amour, l'autre doit accepter. Le droit de veto n'existe pas. Ensuite, les conjoints doivent décider de la fréquence à laquelle ils auront des rapports sexuels et s'y tenir. « Le sexe est bon pour la santé et la relation de couple », a-t-il ajouté. Ce n'est pas nous qui dirons le contraire.

9 LES BULLES SPÉCULATIVES *(OU COMMENT FAIRE DURER LES BONS MOMENTS AVANT LE KRACH)*

Le principe

Il existe une histoire célèbre dans le monde du business. Aucun étudiant en première année de MBA n'y échappe. Vous la connaissez peut-être aussi. C'est l'histoire d'un engouement pour les tulipes.

À la fin du XVIe siècle, dans la ville allemande d'Augsbourg, un homme se promène dans le jardin d'un manoir ouvert au public quand, soudain, son regard est attiré par une fleur : une longue tige verte, bien droite, couronnée de pétales rouges, soyeux, en forme de turban. Une fleur aux formes parfaites. L'homme n'a jamais rien vu de tel auparavant. Il demande au propriétaire des lieux : « Quelle est cette fleur ? » Le propriétaire lui répond : « Oh ça ? C'est une tulipe. Elle est originaire de Constantinople. »

« C'est une belle fleur, dit l'homme. J'aimerais en offrir une à ma femme. »

« Je crois que je vais pouvoir faire quelque chose pour vous », dit le propriétaire en s'accroupissant pour cueillir la tulipe et l'offrir au monsieur.

Et le monsieur rentre chez lui avec une tulipe.

Quelques jours plus tard, ce monsieur reçoit la visite de l'un de ses amis. Cet ami voit la tulipe sur la table de la salle à manger et s'exclame : « Mais quelle est cette beauté délicate ? » L'homme lui répond : « C'est une tulipe. Ma femme en est folle. »

L'ami du monsieur décide, lui aussi, d'offrir une tulipe à son épouse, qui tombe sous le charme de cette fleur et en parle à quelques-unes de ses amies. Les amies en parlent à leurs époux, qui s'empressent d'aller acheter des tulipes. Au café, un type dit à ses copains : « Écoutez-moi ça : ma femme a tellement aimé la tulipe que je lui ai offerte qu'elle a couché avec moi. » Les potes du type en parlent à leurs potes, qui voient là un bon moyen de retrouver les faveurs sexuelles de leurs épouses... et c'est ainsi que naît la tulipomanie.

Elle se propage à la Hollande et les Hollandais ne tardent pas à en faire le commerce. À grande échelle. Les cultures de tulipes se multiplient comme des petits pains à travers tout le pays. Des clubs où les acheteurs se rencontrent pour comparer différentes stratégies d'achat des tulipes se créent. Les contrats à terme, qui permettent aux commerçants d'acheter des tulipes à une date ultérieure mais à un prix fixé d'avance, fleurissent. Dès 1634, une seule tulipe se vend le prix de 300 moutons. Une *Semper Augustus* – une variété particulièrement rare et délicate, blanche flammée de rouge sang – se vend 5 500 florins, soit l'équivalent de 46 bœufs. Dans tout le pays, l'activité industrielle s'arrête. Pourquoi faire réparer des chaussures si un bulbe de tulipe peut faire votre fortune ? Pourquoi construire des navires si l'on peut faire le commerce des fleurs ? Les notaires deviennent des notaires spécialisés en tulipes. La Hollande était vraiment devenue folle.

Puis, un jour de 1637, un marchand de tulipes arrive à son stand et expose ses tulipes sur son étal. Comme tous les jours. Il attend qu'un client passe lui offrir une somme exorbitante pour quelques bulbes. Il attend toute la journée, mais personne ne vient. Que se passe-t-il ? Il regarde le ciel, se demandant si la pluie annoncée dissuade les gens de sortir. Il se rend sur le stand de son ami Jan qui lui dit que lui non plus n'a eu personne de la journée. Le lendemain, toujours personne.

Une drôle de rumeur se propage dans la ville : les tulipes ne vaudraient peut-être pas le prix que les acheteurs les ont payées.

La panique. Les marchands de tulipes baissent leurs prix : de 2 000 florins... à 1 000 florins... puis à 500 florins. Aucun acheteur. Les contrats à terme ne valent plus rien et, du jour au lendemain, les marchands boivent un bouillon. Des milliers de personnes qui vivent de la tulipe, des cultivateurs aux négociants en passant par les importateurs et les banquiers, perdent leur emploi.

La bulle spéculative de la tulipe a éclaté.

Au lendemain de cette catastrophe, tout le monde a l'air idiot : les cultivateurs qui ont fait pousser trop de tulipes, les marchands qui les ont vendues trop cher, les acheteurs qui se sont ruinés pour en avoir, les médias qui ne se sont jamais interrogés sur cette « tulipomanie »*. Puis c'est l'heure de la traque des boucs émissaires et de la chasse aux sorcières : bannissons le type du manoir qui a vendu le plus grand nombre de tulipes ! Bannissons les tulipes, symbole de destruction et de cupidité, des jardins publics où jouent nos enfants ! Une longue et dure récession s'abat sur un pays jadis prospère.

***

Vous nous dites : mais attendez une seconde !... cette histoire me dit quelque chose. Ces prix de folie, cette fièvre collective, ce manque de garde-fous... mais oui, je sais ! L'éclatement de la bulle immobilière en 2006 et la dégringolade des cours de la Bourse en 2007. Sans oublier l'éclatement de la bulle Internet à la fin des années 1990 et la descente aux enfers des entreprises de la nouvelle économie. Et, bien avant, la bulle boursière aux États-Unis dans les années 1920... et encore avant, au XVIIIe siècle, la bulle financière des mers du Sud, la fameuse *South Sea Bubble*... etc., etc.

Les bulles ne sont pas propres à la Hollande et aux Hollandais. Elles sont propres à l'être humain. Et elles sont aussi prévisibles que la pluie.

Sur le plan technique, une bulle se forme quand le prix d'une chose grimpe bien au-delà de sa valeur réelle. Son prix grimpe parce que les individus sont convaincus qu'il va continuer de grimper, même si c'est pour atteindre un niveau qui n'a plus de sens. Et ces individus qui y croient encouragent les autres à y croire. Ils cherchent à se voir confirmer qu'ils ont raison et méprisent tout ce qui tend à leur prouver qu'ils sont complètement dingues.

* Il n'y avait peut-être pas de médias à l'époque, mais s'il y en avait eu, ils auraient été accusés, car croyez-nous, tout le monde accuse toujours les médias.

Et puis la bulle éclate. Il s'ensuit une longue et douloureuse récession. L'ensemble du processus s'appelle « le cycle économique ».

LE CYCLE ÉCONOMIQUE

Le marché boursier a connu une évolution en dents de scie tout au long du XXe siècle, dont un krach en 1987, l'effondrement des entreprises de la nouvelle économie basée sur Internet en 2000 et l'éclatement de la bulle immobilière en 2006, entraînant une grave crise financière en 2008.
Source : Standard and Poor's

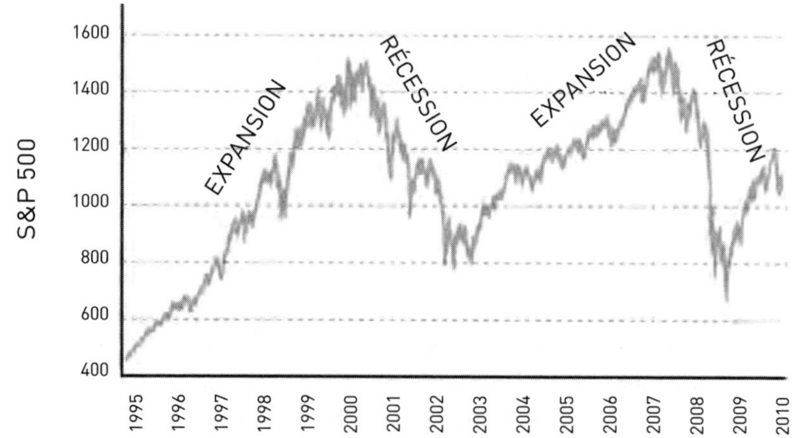

Figure 8 : La situation semble très négative à court terme…

UNE VISION PLUS GLOBALE

À long terme, les fluctuations du marché ne sont pas aussi spectaculaires qu'à court terme. Bien que les cours des actions puissent subir de fortes fluctuations d'une année sur l'autre, avec le temps, on constate qu'ils ont enregistré une hausse régulière.

Figure 9 : … mais plus positive à long terme

La figure 8 représente le S&P 500, un indice composé des 500 plus grandes entreprises cotées sur les bourses américaines. Les récentes périodes d'expansion et de récession de l'activité économique, les crises et les reprises, sont spectaculaires. Entre 1995 et 2000, le S&P 500 s'est envolé de 200 %. Au cours du krach qui a suivi, il a plongé de 49 %. Pendant la bulle immobilière, qui a commencé en 2002, le marché a bondi de 102 %. Lorsque les prix de l'immobilier ont chuté, les investisseurs ont paniqué et le marché s'est effondré de 57 %.

La bonne nouvelle ? Aussi douloureux que cela puisse paraître (et Dieu sait si ça fait mal de voir ses économies partir en fumée), le marché boursier a toujours tendance à progresser sur le long terme. Si vous observez la figure 9, vous constatez que même le krach de 1987, où la Bourse a chuté de 34 %, n'apparaît que comme un petit accident de parcours.

La question qui tenaille les économistes depuis près d'un siècle est la suivante : pourquoi de telles fluctuations économiques ? Pourquoi devenons-nous raides dingues d'une chose aussi débile qu'une tulipe surévaluée ?

Selon le grand économiste britannique John Maynard Keynes, la raison est simple : parce que nous sommes des êtres humains. Il écrivait en 1936, dans sa *Théorie générale de l'emploi, de l'intérêt et de la monnaie* : « À vrai dire, nous devons admettre que le savoir de base grâce auquel nous estimons la rentabilité pour les dix ans à venir d'une ligne de chemin de fer, d'une mine de cuivre, d'une usine textile, d'un brevet pharmaceutique, d'un paquebot transatlantique ou d'un immeuble dans la City de Londres s'élève à peu de chose, sinon rien souvent. » Puisque nous sommes incapables de prédire l'avenir, nous nous fions à notre instinct. Même si cette approche peut sembler aller de soi à quiconque a déjà accepté un deuxième rendez-vous galant ou pris la décision de se marier, elle se démarquait nettement de la pensée économique en vogue au début du XXe siècle qui voyait les êtres humains comme des créatures purement rationnelles cherchant à maximiser leurs propres profits.

Vous êtes en train de vous demander : « Mais quel rapport avec moi ? » Vous détestez les tulipes, vous n'avez pas mis tous vos œufs dans le même panier, échappant ainsi à la ruine lors de l'effondrement des valeurs technologiques et votre maison n'a pas été saisie. Vous avez acheté ce livre pour que votre vie conjugale se porte mieux, pas pour connaître la vie sexuelle des économistes.

Mais ce que vous ignorez, c'est que les bulles spéculatives sont aussi caractéristiques des relations de couple que des marchés financiers, et améliorer le fonctionnement de votre vie conjugale signifie savoir éviter les bulles spéculatives quand c'est possible, et quand c'est impossible, savoir sortir à peu près indemne d'un krach inévitable.

Voici comment fonctionne la bulle spéculative d'un mariage : la vie est belle, vous roucoulez tendrement comme deux tourtereaux, et vous plaignez toux ces couples mariés, les pauvres ! qui ne sont pas aussi heureux que vous. Vous sentez qu'ils vous observent, envieux de votre bonheur et des baisers que vous vous échangez à longueur de journée. Rien ne peut vous toucher et, par conséquent, vous ne craignez pas d'avoir un troisième enfant, de vous endetter en achetant une maison plus grande ou de déménager tout près de votre belle-mère à laquelle votre mari est si attaché.

Et maintenant, voici comment éclate la bulle spéculative d'un mariage : les facteurs de stress potentiels cités précédemment commencent à se faire sentir. L'un d'entre vous perd son emploi et votre nouvelle grande maison vous saigne à blanc. Vous vous disputez pour des problèmes d'argent. Vous vous disputez au sujet de vos disputes pour des problèmes d'argent. On découvre que votre belle-mère est atteinte de la maladie d'Alzheimer, ce qui oblige votre mari à l'accompagner à ses visites médicales et à la raccompagner chez elle. Puis elle se casse la cheville. Vous ne voyez plus votre époux, sauf quand vous le croisez près du domicile de sa mère au moment où vous emmenez les trois enfants à l'école en vitesse.

Que faire ? Vous lisez tout Keynes pour savoir comment sortir de la récession ? Vous dépensez tout votre argent dans des week-ends romantiques et des sexothérapies ? Vous investissez dans des travaux de réaménagement des toilettes au sous-sol en espérant qu'ils se répercuteront positivement sur l'économie du ménage ? Ou vous tentez le tout pour le tout en décidant d'avoir un quatrième enfant ? Les enfants soudent les couples, c'est bien connu…

C'est là que nous allons intervenir pour vous éviter de commettre le pire. D'abord, n'ayez pas un quatrième enfant. Ensuite, nous allons vous aider en vous expliquant les trois causes des bulles conjugales, en vous apprenant à identifier une bulle avant qu'elle ne devienne incontrôlable et, si nécessaire, comment survivre à son éclatement.

La première cause est ce qu'on appelle le « biais de confirmation d'hypothèse », notre tendance à chercher les informations qui confirment ce que nous pensons déjà et à ignorer celles qui ne le confirment pas. Comme le disait Francis Bacon : « C'est la curieuse et perpétuelle erreur de compréhension humaine d'être plus ému et excité par les affirmations que par les négations. » L'être humain veut toujours avoir confirmation de ce qu'il pense et, même s'il existe une multitude d'exemples du contraire, tous plus convaincants les uns que les autres, il les ignore. Par conséquent, ne croyez pas tout ce que vous entendez.

La deuxième cause est le « comportement grégaire », notre tendance à suivre la foule. Parfois, l'instinct grégaire est une bonne chose. Mais le plus souvent, il ne faut pas le suivre. Méfiez-vous si l'on vous recommande chaudement d'acheter des actions de cetteentreprisevavousrendreriche.com.

La troisième cause est l'excès de confiance en soi, notre tendance à penser que nous sommes plus intelligents, plus beaux et plus talentueux que les autres et que rien ne peut nous arriver, à nous ou à nos tulipes. Pourquoi nous embêter à assurer l'entretien régulier de notre vie conjugale, à assumer les tâches quotidiennes d'une vie de couple puisque rien ne peut ternir notre bonheur marital ?

Se shooter au keynésianisme

La prochaine fois que vous voyez surgir une nouvelle route à proximité de votre maison, remerciez John Maynard Keynes. Pourquoi ? Parce qu'il préconisait des dépenses massives de l'État pour sortir de la récession, même au prix d'énormes déficits courants. Les gouvernements, y compris le gouvernement américain, ont commencé par résister aux théories keynésiennes, refusant de toucher au sacro-saint équilibre budgétaire. Mais à la fin des années 1930, alors que la Grande Dépression plombait l'économie et que le chômage grimpait en flèche, le président Roosevelt décida d'appliquer les idées de Keynes. En 1938, lors d'une de ses causeries au coin du feu, Roosevelt expliqua que le gouvernement allait commencer à injecter de l'argent dans l'économie. Puis les États-Unis ont participé à l'effort de guerre, dépensant sans compter. Le chômage dégringola. →

À cette époque, Keynes était devenu une « rock star » auprès des décideurs économiques. Et comme toute rock star, il aimait bien provoquer un peu : il était ouvertement bisexuel et membre actif d'un cercle littéraire et intellectuel appelé le Bloomsbury Group. Jeune homme, il a eu une liaison avec le peintre Duncan Grant et l'écrivain Lytton Strachey. Plus tard, il s'est marié avec une danseuse russe particulièrement sexy.

En 1999, le magazine *Time* incluait Keynes dans sa liste des cent personnalités les plus importantes et les plus influentes du XXe siècle, lui attribuant le mérite d'avoir sauvé l'économie mondiale. Rien que ça. « Son idée radicale selon laquelle les gouvernements doivent dépenser de l'argent qu'ils n'ont pas a probablement sauvé le capitalisme. »

Étude de cas n° 1

Les acteurs : Lola et Daniel

Coucher avec ses professeurs : ça ne se fait pas. Lola en avait parfaitement conscience, mais s'en moquait éperdument. D'ailleurs, elle n'a jamais fait comme tout le monde. Entre 5 et 6 ans, elle allait à l'école déguisée en requin. À l'université, elle a goûté au lesbianisme avant de choisir finalement – enfin majoritairement – les hommes. À l'âge de 25 ans, elle avait déjà vécu dans trois pays différents et expérimenté les drogues les plus variées. Elle adorait faire la tournée des bars toute seule.

Daniel, 42 ans, était professeur de développement international. Il a rencontré Lola dans le cadre d'un cours sur le rôle des microcrédits dans les pays en développement alors que la jeune femme entamait la dernière année de son troisième cycle universitaire. « J'ai flashé sur lui dès son premier cours », nous disait Lola.

Daniel le savait. Elle était allée le voir durant ses heures de bureau pour « discuter » avec lui d'un travail de recherche, et elle lui avait demandé s'il voulait sortir avec elle.

Se disant que Lola n'était plus étudiante que pour quelques mois et qu'il n'était pas son conseiller ni son tuteur, ni quoi que ce soit d'autre, Daniel a accepté. Il était séduisant, mais timide. Il n'avait plus eu de petite amie depuis l'âge de 35 ans, et l'histoire s'était mal terminée – elle l'avait engueulé dans l'avion alors qu'ils revenaient de New Delhi, s'était dépêchée de faire ses valises et avait claqué la porte quelques heures après l'atterrissage. Depuis, il n'avait plus jamais eu de ses nouvelles. Être dragué par une femme aussi sexy que Lola, cela ne lui arrivait pas souvent.

« Si Lola ne s'était pas présentée, je serais resté célibataire le restant de mes jours », avouait Daniel.

Nul doute que Lola a rallumé la flamme chez Daniel. Ils faisaient l'amour dans son bureau, dans les toilettes du bowling et sur le terrain de foot derrière le gymnase. Un soir, Daniel a demandé Lola en mariage.

Leurs premières années de mariage ont été géniales. Elle aimait les amis brillants de son mari. Il aimait sa fantaisie. Lola est allée en Bolivie pour réaliser un documentaire sur une élection truquée, a suivi des cours pour devenir assistante sociale, envisageant de changer de métier, et a travaillé quelques mois sur la campagne politique d'un ami. Lorsqu'elle se décourageait parce que l'un de ses projets tombait à l'eau, Daniel l'aidait à trouver autre chose. Il avait un vaste réseau d'amis dans différents secteurs – politique, développement économique, aide humanitaire, droits de l'homme. « Il me donnait mille et une idées et, en général, il y en avait toujours une qui était à ma portée », nous expliquait Lola.

Daniel a pris une année sabbatique et ils sont partis au Kerala, en Inde, pendant trois mois. Lola prenait des photos et pratiquait le yoga pendant que Daniel travaillait à un projet de livre sur les sociétés matriarcales. Ils ont loué une maison près de l'eau et élevé des vaches dans le jardin de derrière. « Daniel s'immergeait totalement dans la vie du village. Il avait le don de mettre les gens en confiance, d'amener des hommes et des femmes qui étaient de parfaits étrangers pour lui et appartenaient à une culture radicalement différente à s'ouvrir et à lui raconter leur histoire », nous disait Lola.

Ils ont prolongé de trois mois leur séjour au Kerala.

Mais peu après leur retour dans leur deux pièces (ils étaient logés sur le campus universitaire), la bulle éclata.

Frustrée de voir que son mari avait un métier qui le passionnait alors qu'elle passait d'une activité à une autre sans but vraiment défini, Lola s'est mise à harceler Daniel. « Les professeurs, ça ne se prend pas pour rien ! Ils se réunissent tous pour parler de leurs travaux de recherche, alors que tout le monde se fout de savoir ce que portent les femmes zapotèques d'Oaxaca ou comment elles font à manger. » Elle s'en voulait d'être tombée sous le charme d'un professeur arrogant qui ne pensait qu'à ses recherches et au prestige d'être un jour titularisé. Et elle commençait à en avoir marre de sa condescendance, de son obsession à lui trouver une activité qui lui permette de s'épanouir. Il voulait qu'elle fasse absolument quelque chose de sa vie, et cela, Lola ne le supportait plus.

« Je ne veux peut-être rien faire du tout pour le moment. Tu n'as pas envisagé ça, hein ? » lui dit-elle un soir après qu'il lui eut suggéré de participer à une étude d'un ami à lui sur les tortues de mer aux Galápagos. « Je n'ai peut-être pas besoin que tu gères ma carrière. »

Daniel ne comprenait pas quelle mouche avait piqué Lola. Il lui dit qu'il savait qu'elle aimait les animaux, c'est pourquoi il avait pensé aux tortues.

Lola sortait de plus en plus souvent avec ses amies et ne disait pas toujours à Daniel où elle était et quand elle rentrerait. De plus, elle se mettait à boire davantage. Daniel pensait que Lola s'apitoyait sur elle-même. « Il arrive un moment où tu dois accepter le fait qu'il n'y ait pas de boulot parfait et te contenter de faire quelque chose. Tu n'es plus une enfant », lui avait-il dit un jour. Elle avait, bien sûr, fortement apprécié de s'entendre dire cela.

Le lendemain, elle s'envola à San Francisco pour rendre visite à son père et revoir de vieux potes à elle. Sans Daniel.

Daniel était épouvanté. Il imaginait Lola en train de faire la connaissance d'autres hommes, des hommes de San Francisco, des hommes qui faisaient certainement des fautes d'orthographe, mais qui étaient capables de donner des orgasmes aux femmes rien qu'en les regardant. Son meilleur ami lui suggéra de se changer les idées en se remettant à travailler sur un roman qu'il avait commencé lorsqu'il était étudiant et abandonné depuis longtemps. Mais Daniel opta pour la bouteille de bourbon.

Le problème : le biais de confirmation d'hypothèse

Daniel et Lola se complétaient parfaitement. Il était le yin de son yang à elle, la part féminine de sa part masculine. Ils étaient si heureux ensemble qu'ils se disaient souvent qu'il devait être difficile de ne pas être eux.

C'était bien là le problème. Car depuis leur premier rendez-vous, ils ne voyaient autour d'eux que des faits qui confirmaient que leur relation était bien au-dessus de toutes les autres – une tendance que les économistes appellent « biais de confirmation d'hypothèse » ou simplement « biais de confirmation ».

« Un mois après notre mariage, nous prenions notre petit déjeuner dans un charmant hôtel d'Istanbul et regardions les autres couples, nous disait Lola. Et je me rappelle avoir pensé que nous étions le couple le plus amoureux de tous les couples présents ici. »

Partout ils trouvaient confirmation de la supériorité de leur couple. Lors de soirées ou de sorties au restaurant, ils observaient les autres couples et avaient pitié d'eux. Ils étaient si conventionnels, si prévisibles, si codépendants. Leur couple à eux était animé par quelque chose de beaucoup plus fort, de beaucoup plus resplendissant. En fait, Lola et Daniel n'arrêtaient pas de chercher confirmation de ce qu'ils voulaient croire au lieu de se dire qu'ils étaient des humains, qu'ils avaient des défauts, comme tout le monde, et qu'ils n'étaient pas parfaits. D'ailleurs, les autres couples n'étaient peut-être pas du tout à plaindre...

Rappelez-vous la dernière fois que vous avez parlé politique avec votre beau-père. Avez-vous cherché tout ce qui pouvait infirmer votre opinion ou, au contraire, tout ce qui pouvait la confirmer ? La seconde proposition, n'est-ce pas ? Lorsque vous avez acheté une maison dans un quartier en pleine construction, avez-vous focalisé votre attention sur les terrains vagues et les seringues par terre ou sur le café branché où l'on peut rencontrer des gens sympas et acheter du café issu du commerce équitable ? Vous n'avez certainement pas ménagé votre peine pour vanter les mérites de ce café à vos meilleurs amis lorsqu'ils ont marché par hasard sur une seringue en se rendant chez vous.

Dans le cas de Lola, lorsqu'elle a cessé de voir Daniel comme un homme parfait, elle a commencé à voir uniquement chez lui les traits de caractère qui confirmaient qu'il était étouffant, paternaliste, trop sérieux et prétentieux. Et elle a ignoré tous les éléments qui n'allaient pas dans le sens de sa vision des choses, à savoir :

- qu'elle avait été heureuse avec lui pendant près de deux ans ;
- que son « paternalisme » lui avait permis de trouver certains jobs qu'elle avait vraiment appréciés ;
- que lorsqu'elle est allée en Bolivie, il lui a simplement dit « tu me manques » – ce qui est très loin de l'homme « étouffant » qu'elle décrit.

Les biais de confirmation éclipsent une partie de la réalité et aboutissent à des prophéties autoréalisatrices.

« Daniel s'est mis à représenter tout ce que j'avais toujours évité dans ma vie, nous disait Lola. La stabilité. La constance. La monotonie. Je commençais à étouffer dans l'existence que nous menions. Dans ce milieu universitaire que je ressentais comme une prison. Je ne voulais pas passer le restant de mes jours dans la même ville où tout le monde nous connaît et sait ce que fait Daniel. »

***

Lorsque les décideurs les plus intelligents veulent tester leurs idées, ils ne réunissent pas des gens qui pensent comme eux pour confirmer leur point de vue ; ils cherchent les esprits les plus dissidents et leur demandent de décortiquer leurs projets et de les critiquer. C'est ainsi qu'ils se retrouvent avec de meilleures idées. Les sociétés technologiques embauchent des pirates informatiques pour les aider à comprendre comment mieux protéger leurs systèmes des failles de sécurité. Les généraux d'armée sont adeptes des *wargames* les plus élaborés pour identifier les lacunes de leurs plans de bataille. Et les meilleurs PDG envisagent la réussite de leur entreprise tout en se préparant aux échecs les plus cruels.

Quelle approche terriblement peu romantique de la relation amoureuse ! Qu'y a-t-il de mal à tomber amoureux(se) et à penser que l'être aimé est parfait ? Rien, sauf qu'en faisant cela, vous risquez de créer une bulle et d'être terriblement déçu(e) en réalisant (si vous êtes l'épouse) qu'il ne peut pas toujours vous faire l'amour pendant des heures et (si vous êtes l'époux) qu'elle ne va pas tout le temps vous accueillir en porte-jarretelles lorsque vous rentrez de votre travail.

Après l'éclatement de la bulle, Lola devait procéder à une évaluation plus réaliste et moins manichéenne de la situation. Son séjour chez son père à San Francisco lui a fait le plus grand bien. Son papa l'a emmenée dans un bar et lui a présenté tous les arguments possibles et imaginables en faveur de Daniel – en se fondant sur des faits (les actions et le comportement de Daniel) et non sur le ressenti de sa fille (les biais de confirmation de Lola). Il lui a rappelé le jour où elle l'avait appelé pour lui dire combien Daniel était intelligent et doté d'une solide confiance en lui. À quel point ils s'entendaient bien et se complétaient parfaitement. Il lui a également rappelé que Daniel était loin d'être étouffant. Il avait acheté à Lola des billets pour la Bolivie, lui avait rendu visite là-bas et lui avait même proposé qu'elle reste plus longtemps puisque le documentaire sur lequel elle travaillait avait pris du retard. Il était patient et ne se montrait absolument pas dominateur. « Tu as connu ce genre de types, le style vantard et prétentieux, et tu sais bien que Daniel n'est pas du tout comme ça », lui disait son père.

Lola est rentrée chez elle, prête à donner une seconde chance à sa relation de couple. Mais le fait de mettre tout à plat avec Daniel n'a fait qu'envenimer les choses. « J'essayais de m'exprimer du mieux que je pouvais et d'accueillir ce qu'il me disait avec bienveillance, mais je n'y arrivais pas. »

La solution : la destruction créatrice

En 1942, Joseph Schumpeter, économiste autrichien passionné de chevaux et homme à femmes, a publié un livre pour exposer sa théorie : ceux qui innovent face au changement prospèrent, alors que ceux qui ne prennent aucun risque se détruisent à petit feu. Et c'est à travers ce processus de mort et de renaissance, de chaos et d'innovation – un cycle que Schumpeter appelle la « destruction créatrice » – que l'économie se régénère. Les crises et les ruptures dans le domaine économique ne sont pas seulement bénéfiques, elles sont nécessaires.

À l'occasion d'une conférence qu'il a donnée à Harvard au moment de la Grande Dépression, Schumpeter a affirmé, avec son accent viennois à couper au couteau : « Messieurs, vous vous inquiétez de la dépression. Il ne faut pas. Pour le capitalisme, la dépression est une bonne chose, une douche froide salutaire. »

Les bulles spéculatives récentes se sont terminées par des accès de destruction créatrice. La crise du crédit immobilier (appelée la crise des *Savings and Loan Associations*) qui a frappé les États-Unis dans les années 1980 a permis de réglementer un secteur qui en avait bien besoin. L'éclatement de la bulle de la nouvelle économie a permis l'émergence d'un Internet plus puissant et plus étendu, ainsi que d'une poignée d'innovateurs comme eBay, Amazon et Google. Suite à la crise des subprimes, le Congrès américain a pris des mesures pour réglementer le secteur des crédits hypothécaires et les Américains se sont mis à épargner un peu.

Le processus de destruction créatrice n'est pas toujours agréable. Les entreprises doivent licencier des dizaines de milliers de salariés pour se réinventer face à la concurrence. En 1920, par exemple, plus de 2 millions d'Américains travaillaient pour des compagnies de chemin de fer. Aujourd'hui, ils sont moins de 200 000. Les scieurs, les maçons et les mineurs comptaient parmi les métiers les plus courants aux États-Unis en 1900. Un siècle plus tard, ils ont été remplacés par les techniciens de laboratoire, les ingénieurs et les informaticiens, entre autres.

Mais la destruction créatrice contribue aussi à la bonne santé de nos économies. Ceux qui travaillaient dans les chemins de fer ne la voient pas d'un bon œil, forcément, mais elle fait le bonheur des petits génies de l'informatique qui révolutionnent les communications humaines. L'évolution est inévitable. Imaginez le PDG de Sony dire : « Ce téléviseur HD est le meilleur téléviseur qui ait jamais existé. Continuons à le fabriquer pendant dix ans encore et arrêtons le progrès. »

Autrement dit, vous ne pouvez pas passer votre temps à colmater les trous dans le mur et à accrocher des tableaux pour les dissimuler – un jour, il faut songer à abattre le mur et à le reconstruire.

Daniel a continué de broyer du noir quelques semaines après le retour de Lola mais, saturé de documentaires sur la Seconde Guerre mondiale, il a fini par éteindre la télé, ranger sa bouteille de bourbon et s'engager dans une destruction créatrice : reprendre l'écriture de son roman. Il a réorienté sa vie autour de cette activité, se levant de bonne heure pour y travailler, allant se promener pour s'éclaircir les idées et rencontrant ses amis pour recueillir leurs suggestions. Il a commencé à vivre comme quelqu'un qui n'était plus déprimé à longueur de journée. « Écrire m'a donné l'occasion de faire quelque chose que je pouvais maîtriser, nous disait Daniel. Parce que je ne pouvais rien maîtriser d'autre dans ma vie, et surtout pas ma vie conjugale. »

La nouvelle activité de Daniel a aussi permis à Lola de souffler un peu. Même si elle avait hésité à revenir, le fait que Daniel soit totalement pris par son livre signifiait qu'il n'allait pas l'obliger à prendre une décision, à suivre une thérapie ou à travailler. Leur mariage avait franchi un nouveau cap et leur relation était devenue étrangement calme, même s'ils savaient que tout restait à faire.

Un matin, quelques mois après son retour, Lola a trouvé Daniel dans son bureau, en train de travailler frénétiquement devant son écran. Elle a préparé deux cafés et s'est assise près de lui. C'est là qu'il lui a parlé de l'intrigue de son roman.

C'était la première fois depuis son retour qu'ils avaient passé un moment agréable ensemble, sans penser à leurs difficultés de couple. « Cela m'a rappelé la période où nous commencions à sortir ensemble ; nous discutions avec plaisir des choses qui nous passionnaient. C'était le Daniel que j'avais connu, mais mes sentiments pour lui étaient plus profonds qu'avant. Ils s'ancraient dans la réalité. Daniel n'est pas un homme parfait, il a des défauts, comme tout le monde. Est-ce que je peux faire avec et vivre heureuse avec lui, malgré tout ? Je crois que oui. »

Il a fallu des mois pour que Lola admette qu'elle avait été mue essentiellement par l'insécurité intérieure et la jalousie. Et pour que Daniel reconnaisse qu'il avait exagéré en voulant « sauver » Lola au lieu de la laisser trouver sa propre voie. « Je passais beaucoup de temps à m'inquiéter pour elle, à élaborer des projets à sa place, alors qu'elle est parfaitement capable de gérer elle-même sa vie », nous confiait Daniel.

Lola et Daniel ont cessé de chausser des lunettes roses, mais ils préfèrent leur vie de couple actuelle au petit nuage rose (une couleur vraiment appropriée ici) sur lequel ils ont vécu la première année. « C'était formidable tant que ça durait, mais ce n'était pas la réalité », concluait Daniel.

Ou, comme le disait Winston Churchill : « Un pessimiste voit la difficulté dans chaque opportunité, un optimiste voit l'opportunité dans chaque difficulté. » Autrement dit, les difficultés surmontées sont des opportunités gagnées.

JOSEPH SCHUMPETER, OU LE PHÉNIX QUI RENAÎT TOUJOURS DE SES CENDRES

Schumpeter n'a pas seulement parlé de destruction créatrice, il l'a vécue. Comme disait de lui l'un de ses biographes : « Pour le capitalisme et pour Schumpeter personnellement, rien n'était jamais stable. Le tumulte était leur seule musique. » Cet économiste autrichien a écrit des livres avant 30 ans, est devenu ministre des Finances de son pays avant 40 ans, puis s'est tourné vers le secteur bancaire où il a gagné un argent fou, mais tout perdu dans le krach boursier de 1929 avant d'émigrer aux États-Unis, d'occuper un poste à Harvard et de faire sensation (il aimait porter des capes, ce qui était plutôt original). Selon Thomas McCraw, son biographe, Schumpeter disait qu'il aspirait à être le meilleur économiste, le meilleur cavalier et le meilleur amant du monde, mais admettait que les choses n'allaient pas toujours comme sur des roulettes avec les chevaux.

Étude de cas n° 2

Les acteurs : Flora et Yan

Vous souvenez-vous de la limérence dans le chapitre sur l'aversion pour la perte ? Cette période d'amour fou, de passion aveugle, où tout est merveilleux ? C'est le souvenir que Flora et Yan ont gardé de leur mariage avant que madame ne décide de quitter son emploi et de détester monsieur. Mais reprenons l'histoire au début.

Flora et Yan se sont rencontrés vers 28 ans alors qu'ils s'entraînaient pour le marathon de Boston. Yan l'a trouvée hyper sexy dans sa tenue en Spandex et s'est faufilé pour la rejoindre et courir à ses côtés pendant 32 kilomètres.

« Au moins, les kilomètres passaient plus vite », nous disait Flora, qui a écouté Yan lui parler de sa jeunesse dans le Kansas, de l'époque où son père faisait du porte-à-porte pour vendre des cosmétiques, et de la société de logiciels qu'il avait récemment fondée. « Yan était suffisamment étrange et original pour être intéressant. »

Ils se sont donné rendez-vous le lendemain. Ils ont passé la soirée ensemble. Yan a invité Flora à prendre un verre chez lui et ils ont discuté (pas seulement discuté, selon Yan) jusqu'à 4 heures du matin.

Ils n'ont pas tardé à passer tous les week-ends ensemble et leurs vacances auprès de leurs familles respectives, en alternance. Lorsqu'ils ont décidé de vivre sous le même toit et de s'acheter une voiture, les amis de Flora ont pris peur. « Ils partaient du principe qu'on se mariait avant de s'acheter une voiture. Mais nous voulions une voiture et n'étions pas pressés de nous marier », nous disait Flora.

Flora terminait une maîtrise d'art moderne et souhaitait devenir conservatrice de musée. Elle passait ses soirées à étudier et ses journées à parcourir les magazines et les sites Web, ainsi qu'à visiter des galeries d'art dans l'espoir de découvrir des artistes inconnus qu'elle pourrait un jour rendre célèbres. « Elle était incroyablement ambitieuse », nous confiait Yan. Certains soirs, ils allaient se coucher en même temps et, une heure plus tard, Yan se réveillait et trouvait Flora assise à son bureau en train de griffonner un article pour une revue d'art moderne. « Vingt minutes de sommeil par nuit lui suffisent. »

Puis ils se sont mariés. Flora a décroché un job d'assistante auprès d'un galeriste new-yorkais. Yan envisageait d'introduire sa société en Bourse. Ils ont voyagé. Flora est tombée enceinte. Il n'a jamais été question qu'elle reste à la maison pour s'occuper du bébé. Ce n'était pas le genre de femme à abandonner ses rêves pour pouponner.

Ils bloquèrent une place en crèche bien avant la naissance de l'enfant.

***

Pendant son congé maternité, Flora s'est mise à fréquenter de nouvelles personnes : Alex, de la gym prénatale ; Liz, de l'aire de jeu ; sa mère, qui venait soudain la voir toutes les 45 secondes. Invariablement, les conversations tournaient autour de l'allaitement, des tire-lait, des techniques d'endormissement du bébé et de la reprise du travail.

« Ne vas-tu pas regretter de ne pas voir ton fils grandir ? » lui demandait sa mère.

« As-tu vérifié que la crèche n'a jamais fait l'objet de poursuites ? » lui demandait Liz.

« Tu travailles tard tous les jours. Crois-tu que tu vas tenir le coup ? » lui répétait sa mère.

« J'entends dire que la première année est magique. Je ne sais pas, moi j'ai travaillé tout le temps », lui disait la gérante du pressing.

La belle-mère de Flora, qui avait deux boulots bien payés et trois activités bénévoles, lui disait qu'elle s'était arrêtée de travailler pendant quelques années lorsque Yan et ses frères étaient petits. « Les enfants, ça grandit si vite… »

Même les blogs éducatifs lui mettaient la pression : l'un d'eux mentionnait une étude selon laquelle les enfants qui allaient à la crèche étaient plus stressés et plus agressifs que ceux qui restaient à la maison avec l'un des parents. Mince !

Flora a commencé à se demander si elle devait vraiment reprendre son travail. Son fils prendrait peut-être un mauvais départ dans la vie si elle ne restait pas à la maison avec lui. Elle était peut-être égoïste de vouloir être à la fois maman et découvreuse de talents. Pourquoi ne travaillerait-elle pas à temps partiel, comme certaines mères qu'elle connaissait ? Ou bien pourquoi n'essaierait-elle pas de rester à la maison quelques années ? Pour l'instant, elle adorait son rôle de maman, beaucoup plus qu'elle ne l'aurait pensé. Elle pourrait toujours reprendre son activité plus tard. Le monde de l'art n'allait pas s'arrêter de tourner parce qu'elle allait pouponner quelque temps.

Flora a demandé à son mari ce qu'il pensait de la situation et s'il pouvait envisager le fait qu'elle ne reprenne pas son travail. Il lui a répondu qu'il était complètement d'accord pour qu'elle reste à s'occuper de leur fils. « Ce sera génial pour lui ! » lui disait Yan. « Mais l'argent ? Tu crois qu'on va s'en sortir avec un seul salaire ? » lui demandait Flora. « On se débrouillera ! » répondait-il.

Flora a appelé son patron pour lui dire qu'elle ne reviendrait pas.

Elle avait enfin pris une décision. La bonne décision. Enfin, celle qui était bonne pour sa conscience et son enfant. Elle a suivi des séances de yoga mère/enfant et s'est inscrite à un cours de musique qui faisait de la pub pour apprendre aux enfants à distinguer Bach de Beethoven. Elle a appris le langage des signes pour les bébés et réussi à enseigner à son fils le signe du lait. Ses revues d'art s'entassaient dans un panier près de la porte. Elle n'en lisait plus aucune.

Flora avait sauté la tête la première dans la bulle de la mère au foyer.

Et au bout de huit mois, la bulle a éclaté.

Le problème : le comportement grégaire

Comportement grégaire : suivre la foule, même si ce que dit la foule est biaisé, peu fiable, voire complètement faux.

Comportement grégaire : être exagérément influencé par le bruit du marché – « Douze actions à surveiller de près ! Conseils financiers pour les femmes ! Devenez riche rapidement ! »

Comportement grégaire : ne pas vouloir faire moins bien que le voisin.

Comportement grégaire : décider d'être mère au foyer parce que les autres disent que votre enfant sera traumatisé à vie si vous ne l'êtes pas. Même si vous savez au fond de vous que ce sont des balivernes. Et même si vous aimez votre travail.

Comportement grégaire : l'une des causes de la formation de bulles.

Replongez-vous à la fin des années 1990, lorsque tout le monde a décidé que les dot.com, les entreprises de la nouvelle économie basée sur Internet, valaient des milliards de dollars, alors qu'elles ne valaient pas un clou, en réalité. Les foules se sont ruées sur des entreprises qui n'avaient pas fait leurs preuves, les acquérant pour des sommes tellement exorbitantes qu'elles en devenaient absurdes. Chaque acheteur a fait monter les prix, alimentant une bulle spectaculaire qui a fini par péter comme une bulle de chewing-gum en 2000. Pets.com a atteint la valeur démentielle de 82,5 millions de dollars lors de son entrée en Bourse et s'est effondrée moins d'un an après. Kozmo.com est montée jusqu'à 280 millions de dollars avant de retomber comme un soufflé. Webvan.com : 1,2 milliard de dollars à zéro dollar. Morale : plus vous montez haut, plus dure sera la chute.

Deux ans plus tard, alors que le marché se remettait doucement de l'explosion de la bulle Internet, le panurgisme des êtres humains les poussait à démarrer la gestation d'une nouvelle bulle : celle de l'immobilier. Séduits par des crédits hypothécaires attractifs, les discours des journalistes et des magiciens de Wall Street qui prétendaient que les prix de l'immobilier augmentaient toujours, des gens se sont mis à acheter et à vendre des maisons comme des actions cotées en Bourse. Les prix ont grimpé en flèche – jusqu'à ce qu'ils stoppent leur ascension fulgurante en 2006. Et la bulle a éclaté, laissant les moutons de Panurge endettés jusqu'au cou.

Voici ce que Warren Buffett pense du comportement grégaire : « Quand le cours d'une action peut être influencé par un mouvement de masse à Wall Street avec des prix fixés à la marge par la personne la plus émotive, la plus cupide ou la plus déprimée, il est difficile de défendre l'idée selon laquelle le marché est toujours valorisé de façon rationnelle. En réalité, les prix du marché sont souvent insensés. »

Concernant Flora, sa décision de rester à la maison a subi l'influence excessive des hordes de mères, de belles-mères et de mamans blogueuses qui l'ont entourée durant son congé maternité. Certes, elle aimait passer du temps avec son fils et elle se disait qu'il valait mieux être trop présente que trop souvent absente, mais elle aimait aussi son travail. « Si vous m'aviez demandé, alors que je n'étais pas sous influence hormonale, si j'avais l'envie et la patience de rester à la maison avec un bébé, je vous aurais répondu non tout de suite », nous disait Flora. Pourtant, elle a quitté son travail après avoir consulté, entre autres :

- sa mère, qui l'avait toujours encouragée à travailler, mais qui, pour une raison mystérieuse, l'encourageait maintenant à rester à la maison ;
- une sœur et une cousine qui étaient mères au foyer et croyaient dur comme fer que les mamans qui ne restaient pas à la maison négligeaient leurs enfants ;
- un groupe de copines, nouvellement mamans elles aussi, intelligentes et drôles, qui avaient pris la décision de ne pas travailler et semblaient heureuses.

Pas vraiment un échantillon de population objectif.

Alors que Flora restait à la maison avec son bébé, Yan se préparait à introduire sa société en Bourse et il était en déplacement toutes les semaines. Elle commençait à prendre en grippe les livres sur l'éducation de Bébé et la préparation des biberons. Les discussions, les échanges et les lectures sur l'art lui manquaient. Elle ruminait à longueur de journée. Que pouvait-elle faire d'autre que de reporter sa frustration sur la personne la plus proche d'elle, à savoir son mari ? Quand allait-il enfin rentrer à la maison ? Il n'était pas question qu'elle élève seule son enfant ! Pourquoi ne lui posait-il pas davantage de questions sur ses journées avec le bébé ? N'était-il pas curieux ? Ne s'intéressait-il donc pas à ce que son fils avait fait aujourd'hui ? Pourquoi ses téléconférences avaient-elles toujours lieu au moment du dîner ?

Flora est devenue parano. Pourquoi Yan ne lui demandait-il plus son avis ? Pensait-il qu'elle n'était pas aussi intelligente que les femmes avec lesquelles il travaillait ? Pensait-il qu'elle était en train de devenir un peu cinglée ? Devenait-elle un peu cinglée ? Tu sais, Yan, je lis les journaux et je suis au courant de ce qui se passe dans le monde. Etc., etc. Des ruminations en boucle.

« Je ne trouvais jamais grâce à ses yeux, nous disait Yan. Si j'étais en déplacement, je l'abandonnais. Si j'étais là, je n'en faisais pas assez. » Un dimanche, lorsque Yan annonça à sa femme qu'il avait une téléconférence de trois heures cet après-midi, Flora piqua une crise.

« Pourquoi m'as-tu encouragée à rester à la maison ? Je ne suis pas faite pour ça. »

Yan se rappelait que les choses s'étaient passées différemment. « Tu m'as demandé mon avis. Je t'ai répondu que tu devais faire ce que tu jugeais bon de faire. De faire comme tu le sentais. Si tu ne supportes pas de rester à la maison, retourne travailler. Mais ne me fais pas porter le chapeau.
– Je ne te fais pas porter le chapeau. Je te dis juste que tu aurais pu m'aider à réfléchir davantage avant que je décide de quitter mon poste. »

Yan en avait marre de jouer les boucs émissaires. Flora en avait marre de jouer les mères au foyer.

Qu'est-ce qu'une boucle de rétroaction ?

Une réaction en chaîne qui forme une boucle. Le marché boursier dégringole, alors vous vendez vos actions, ce qui renforce la chute du marché. Votre mari se conduit comme un con, alors vous vous demandez pourquoi il faut toujours qu'il fasse le con, et ça ne rate pas... il vous apparaît vraiment con la fois suivante (même s'il arrive avec des fleurs).

La solution : se regarder dans la glace

Un jour, alors que son fils commençait à marcher à quatre pattes, Flora s'est mise à fouiller dans sa penderie, passant en revue tous les vêtements qu'elle n'avait pas mis depuis plus d'un an, dont des tailleurs, des robes du soir et des chemises en soie. Qui était la femme qui portait ces vêtements ? Flora jeta un coup d'œil à ce qu'elle portait : un vieux T-shirt, un short en jean et des baskets. Comme hier et comme demain.

Elle avait quelques minutes avant d'emmener son fils à sa séance d'éveil corporel (faire des galipettes avec d'autres enfants de son âge). Elle se changea et enfila une adorable petite jupe à volants, un petit chemisier et une paire de chaussures à talons qu'elle avait achetée il y a deux ans en solde. Elle ajouta quelques bijoux – une nouveauté. Les autres mères penseront ce qu'elles veulent. Flora se regarda dans la glace : elle était encore belle.

Lorsque Yan rentra de son travail ce soir-là, il trouva Flora vêtue comme pour un vernissage. « Wahouuu ! Tu es magnifique ! C'est pour quelle occasion ?
– Quelle occasion ? Doit-il y avoir une occasion pour que je me fasse belle ? »

Yan alla chercher quelques biscuits à apéritif dans le placard de la cuisine et les mangea en silence en aidant son fils à faire un puzzle.

Le lendemain, Flora avait rendez-vous avec Alex et Liz à l'aire de jeu. Cette fois, elle enfila une jolie robe courte et moulante et passa du temps à se maquiller pendant que son fils rampait dans la salle de bains, se demandant probablement qui avait kidnappé sa mère.

Les jeunes mamans remarquèrent aussitôt la transformation de Flora. « C'est pour quelle occasion ? demandèrent-elles en chœur.
– Mais pourquoi est-ce que tout le monde pense qu'il faut une occasion pour se faire belle ?! J'en ai marre de ressembler à une mère au foyer, c'est tout ! Il n'y a pas de mal à ça, non ? »

En rentrant chez elle, elle essaya d'imaginer ce qu'elle ressentirait si elle était au travail à cet instant au lieu de conduire une poussette et de se faire du souci pour sa jolie robe parce que son fils venait de renverser du jus de fruit dessus et que la tache ne partait pas. Soudain, la poussette butta contre un obstacle, se renversa et éjecta le petit garçon sur le béton du trottoir. Il se cogna la tête et se mit à hurler. Flora aussi. Avait-elle oublié de lui mettre son harnais ? Elle essaya de le calmer, le tenant serré contre elle et l'examinant pour voir si tout allait bien. Apparemment, il n'avait pas de sang à la tête, ce qui la rassura.

Ce qui ne l'a pas empêchée de rester éveillée toute la nuit, surveillant la respiration de son cher trésor et se disant qu'elle était vraiment une mauvaise mère. Elle ne savait pas chanter. Elle était facilement distraite par ses pensées et, du coup, des événements fâcheux se produisaient – son fils qui tombe de la poussette, par exemple. La balançoire lui donnait la nausée, qu'elle soit dedans ou qu'elle la pousse. L'allaitement lui causait un ennui profond. Elle en voulait à son mari d'être devenue une mère.

« J'aurais dû m'en douter, lança Flora à Yan le lendemain matin. Tu aurais dû t'en douter.
– De quoi est-ce que j'aurais dû me douter ? » demanda Yan, prêt à subir une nouvelle attaque de sa femme. Mais cette fois, il avait son bouclier.

« Que je ne supporterais pas de ne pas travailler.
– Je vois. J'aurais dû être médium. J'aurais dû te dire de laisser notre enfant entre les mains d'étrangers parce que je préférais te voir te tourner les pouces à regarder des tableaux et à feuilleter des revues d'art toute la journée.
– C'est ça ! répliqua Flora. Je le savais ! Tu ne prends pas mon travail au sérieux. Contempler des œuvres d'art toute la journée, c'est ce que tu penses que je fais ? Je devrais peut-être rester rivée à mon écran en permanence ou lécher le cul des investisseurs pour qu'ils m'aident à démarrer ma nouvelle entreprise ?
– Ce n'est pas ce que je veux dire, et tu le sais bien ! lui répondit Yan en commençant à s'agiter. (Zut ! son bouclier avait lâché. Quel idiot !) Bien sûr que je prends ton travail au sérieux. Je te prends au sérieux. J'ignore juste ce que je peux faire pour te rendre heureuse. »

Flora a recommencé à s'en vouloir, à se faire des reproches et à faire des reproches à Yan qui, de son côté, n'a cessé de répéter à sa femme qu'il n'avait rien fait de mal, qu'il était une cible facile.

Flora aurait dû faire preuve de sagesse et arrêter de pester contre son mari pour écouter notre ami Warren Buffett qui a dit un jour : « Mon idée d'une décision collective est de se regarder dans la glace. »

Selon nous, l'idée de prendre une décision en se regardant dans la glace, autrement dit écouter sa petite voix intérieure, constitue un excellent conseil conjugal. Lorsque vous commencez à vous affoler en considérant la fréquence de vos rapports sexuels – très élevée ? très basse ? nulle ? – ou à désespérer en voyant que les autres couples semblent heureux, certainement parce que la femme reste à la maison pour s'occuper de tout, demandez-vous : est-ce ce que vous voulez vraiment ou est-ce ce que vous êtes censée vouloir si vous vous fiez à la majorité des autres femmes ?

Les personnes qui ont donné des conseils à Flora voulaient qu'elle prenne les mêmes décisions qu'elles avaient prises. Liz avait abandonné sa carrière d'avocate, mais elle détestait le droit et adorait le yoga. Alex avait renoncé à une carrière dans la mode, mais sa carrière s'était effondrée et elle attendait l'occasion de rebondir. En revanche, Flora aimait son métier. Elle avait travaillé dur pour en arriver là où elle était et n'avait jamais envisagé de tout abandonner.

Comme d'habitude, Yan était reparti en voyage d'affaires. Comme tous les jours, Flora consultait ses e-mails. Elle en ouvrit un qu'elle recevait chaque semaine, rempli d'offres d'emploi dans le secteur artistique. Depuis la naissance de son fils, elle supprimait systématiquement ces messages sans même les ouvrir. À quoi bon ? Mais ce jour-là, la curiosité fut la plus forte. Elle passa en revue les annonces et cela la déprima. Maintenant qu'elle était sortie du circuit, elle aurait trop de mal à y refaire sa place. Elle transféra l'e-mail à Yan en ajoutant : « Regarde la vie que j'aurais pu avoir. » Un peu mélo, non ?

En recevant ce message, Yan se dit qu'il allait prendre le taureau par les cornes. En rentrant, il fit asseoir Flora et commença par lui dire qu'il en avait vraiment ras-le-bol d'avoir une femme qui n'arrêtait pas de s'apitoyer sur son sort et d'essayer de le culpabiliser. Puis il ajouta : « J'ai une idée. Passe un coup de fil à ton ancien patron et demande-lui s'il serait libre un de ces jours pour déjeuner. Tu avais de bonnes relations avec lui. Profites-en. Dis-lui que tu es prête à reprendre du service. »

Flora n'était pas convaincue. Elle avait peur.

« Mais il est très occupé…

– Il déjeune, comme tout le monde », lui répondit Yan.

Flora se décida à l'appeler. Son patron semblait heureux d'avoir de ses nouvelles et accepta de déjeuner avec elle la semaine suivante. Le jour J, Flora choisit la tenue vestimentaire la plus « anti-maman » qu'elle possédait, pria pour que son patron ne la juge pas trop sévèrement en la voyant faire volte-face aussi rapidement et lui demanda s'il avait des conseils à lui donner, des pistes susceptibles de l'intéresser.

« Non, mais j'ai du travail pour toi, et si tu acceptes de travailler en free-lance à temps partiel, tu es embauchée ! » lui répondit-il.

Flora accepta. Elle ne gagnerait pas autant qu'avant et n'aurait pas d'avantages en nature, mais c'était un premier pas positif pour son retour à la vie active. Et si un poste à plein-temps se libérait, elle serait bien placée pour le décrocher.

Très rapidement, les tensions entre Flora et Yan se sont apaisées. Flora s'est remise à lire (des livres pour adultes) et à participer à des événements artistiques quand Yan était là pour garder leur fils. Elle a assumé de plus en plus de travail à la galerie, jusqu'au jour où son activité à temps partiel s'est transformée en travail à temps complet. Elle a cessé de mettre tous ses problèmes sur le dos de son mari. Certes, elle avait moins de problèmes, mais elle avait aussi pris suffisamment de recul pour se rendre compte que Yan ne voulait que son bonheur. « J'aurais aimé avoir les gènes qu'il faut pour rester à la maison, mais je suis une meilleure mère quand je vais travailler tous les jours », nous confiait Flora.

Lorsque nous les avons rencontrés, ils se préparaient à mettre leur fils en maternelle. Naturellement, l'entourage avait son idée sur la question. Une école privée était mieux qu'une école publique. Tel programme mieux que tel autre. Tel enseignant mieux que tel autre. Flora et Yan ont juré de n'écouter personne. Et pourtant… « Liz m'a parlé de cette école formidable dirigée par un groupe d'anciens acteurs, nous disait Flora. Étonnant, non ? »

Bonne chance, Flora.

WARREN BUFFETT ENVERS ET CONTRE TOUS

Warren Buffett peut suivre ses propres conseils. Par exemple, en 1987, il a envisagé d'investir dans Coca-Cola. Il aimait le produit, jugeait que l'entreprise reposait sur de solides bases financières et, surtout, se réjouissait qu'à l'époque, tout le monde pensât que l'action ne valait pas un rond. La guerre de Coca avec Pepsi avait fait tomber le cours de l'action à 38 dollars. Warren a donc fait son marché – il a commencé par investir 600 millions de dollars, puis est monté jusqu'à 1,2 milliard. Et, finalement, ses investissements se sont élevés à plus de 17 milliards de dollars.

Il a adopté à peu près la même stratégie avec le *Washington Post*, American Express et Goldman Sachs. Ignorer la foule et être plein aux as.

Étude de cas n° 3

Les acteurs : Louise et Justin

On peut dire que Louise et Justin ont passé leurs vingt-cinq premières années de mariage dans une bulle. Ils ont élevé trois enfants, acheté et rénové deux maisons. Autour deux, ils voyaient leurs amis divorcer, et se disaient que leur union était en béton.

Leur seule source de friction était l'église. À mesure que ses enfants grandissaient, Louise s'impliquait de plus en plus, assistait aux offices tous les week-ends, participait à des groupes de prière, à des repas à la bonne franquette et à des soirées jeux. Justin acceptait d'aller aux offices, mais sa contribution s'arrêtait là. « Il y a de nombreux jeux auxquels j'adore jouer, mais jouer au bingo avec les cinglés de la chorale, non merci ! »

En 2005, leur petit dernier est entré à l'université. « Nous ne pensions pas vraiment à ce que serait notre vie après le départ des enfants, disait Justin. Nous n'avions jamais le temps. Si vous m'aviez demandé ce que je pourrais ressentir à ce moment-là, je vous aurais peut-être répondu un sentiment de solitude. »

Eh bien pas du tout. Une nouvelle vie a démarré pour Louise et Justin. Ils faisaient la grasse matinée le samedi, multipliaient les rapports sexuels, lisaient les livres qu'ils voulaient lire depuis des lustres, allaient au cinéma quand ils le voulaient et louaient un camping-car pour partir en excursion à travers le pays. Louise, qui avait abandonné son poste de directrice d'hôpital à la naissance de son premier fils, s'est inscrite au club du troisième âge pour suivre des cours de philosophie. Elle a appris à cuisiner autre chose que des hamburgers. Et après avoir lu un livre sur le génocide au Rwanda – lecture qui attendait sur sa table de nuit depuis huit ans – elle s'est intéressée à l'Afrique. Elle s'est mise à suivre les événements qui se déroulaient au Darfour comme si c'était sa ville natale. « Il se passait des tas de choses dans le monde dont je n'avais jamais eu le temps de me préoccuper. Maintenant je peux », nous disait-elle.

Justin était très occupé, lui aussi. Il s'était inscrit à des cours de management au centre universitaire le plus proche, convaincu qu'apprendre les rudiments de la gestion financière lui donnerait confiance pour monter sa propre entreprise. Il avait un beau projet en tête et parlait d'investissement avec ses beaux-parents. Tard le soir, il se plongeait dans un magazine spécialisé dont l'abonnement lui coûtait 800 dollars par an. « Ça vaut la peine pour savoir comment lancer sa propre affaire. »

Louise et Justin se sentaient libres, totalement libres, et continuaient de vivre sur leur petit nuage – ou, plutôt, dans leur grosse bulle.

En 2006, Louise est partie avec une mission catholique visiter un camp de réfugiés des victimes du conflit au Darfour. Elle y a rencontré des femmes qui avaient vu leur mari tué devant elles et leurs enfants violés. « J'ai fait la connaissance d'une orpheline de 4 ans qui s'occupait de son petit frère de 1 an, nous disait-elle. Leurs parents ont été abattus sous leurs yeux. Il est difficile d'expliquer ce qu'on peut ressentir en voyant une telle misère et de telles horreurs. Ces gens n'avaient rien. Pas de toit, pas de famille, pas de nourriture. Rien. Je devais les aider. »

Il n'est pas venu à l'idée de Louise et de Justin que leurs nouveaux centres d'intérêt, particulièrement prenants, pouvaient nuire à leur vie de couple.

« Nous étions ensemble depuis si longtemps, je me disais que tout allait forcément bien se passer, nous confiait Louise. Ma mère disait toujours que la clé d'un mariage réussi était de se soutenir mutuellement, et c'est ce que nous faisions. Nous nous étions toujours encouragés l'un l'autre, durant toutes ces années. Pourquoi fallait-il que cela change avec le départ des enfants ? »

Mais quelques années après la période euphorique qui suivit le départ de leur dernier enfant, la bulle de Louise et de Justin a éclaté. À chaque nouveau voyage de Louise en Afrique – dorénavant tous les deux à trois mois –, Justin se désintéressait de plus en plus de la croisade de celle-ci en faveur des droits de l'homme. Et plus Louise était occupée, littéralement « bouffée » par la cause qu'elle défendait ardemment, moins elle remarquait les efforts de son mari pour créer son entreprise. Aux yeux de Justin, tout ce que Louise entreprenait concernait des gens à l'autre bout du monde. « Pourquoi l'Afrique ? Je veux dire, pourquoi pas les quartiers les plus démunis de Minneapolis, là où nous habitons ? »

Louise n'a guère remarqué que son mari ne la questionnait plus sur ses missions en Afrique. (Un bon conseil : si vous revenez d'un voyage de deux semaines au Darfour et que votre époux ne vous demande pas comment ça s'est passé, appelez tout de suite les urgences conjugales.) Elle était constamment affairée à organiser des collectes de fonds et de livres, à établir son calendrier d'allers-retours, à préparer ou défaire ses valises. « Je n'avais pas l'impression que ma vie était tellement différente, nous disait Louise. Je mettais toute mon énergie au service d'autres personnes, sauf que ce n'étaient pas les personnes qui vivaient avec moi. »

Ce qu'elle oubliait, c'est que la confiance totale qu'elle portait à Justin, la confiance aveugle qu'elle avait dans la solidité de sa vie de couple, l'incitait à considérer son mariage comme allant de soi. Elle croyait dur comme fer qu'elle et Justin resteraient ensemble le restant de leurs jours, quoi qu'il se passe, que leur vie continuerait de se dérouler sans trop d'efforts et que leur bonheur demeurerait au beau fixe. Dans l'esprit de Louise, leur relation était trop solide pour se briser. « J'aimais la sécurité du mariage. Mais je suis devenue trop sûre d'un lien que je considérais comme acquis. Je n'ai pas vu les signaux d'avertissement. »

Un matin, Louise arriva à la maison, posa ses clés sur la table et respira profondément. Après vingt-quatre heures d'avion, elle était vidée. En entrant dans la cuisine, elle a vu Justin qui l'attendait. « Cette vie conjugale ne me convient plus », lui dit-il.

Deux ans plus tard, après des milliers de dollars dépensés en thérapie, ils ont divorcé.

Le problème : une confiance excessive

Lorsque vous voyez Louise, vous ne pensez pas qu'elle risque de pécher par excès de confiance. Modeste, elle parle d'une voix douce et a passé la majeure partie de sa vie à s'occuper des autres. Mais s'agissant de son mariage, elle a fait preuve d'un optimisme exagéré.

« Cela va sans doute vous paraître fou, mais l'idée du divorce ne m'a jamais traversé l'esprit jusqu'à ce que Justin me dise qu'il me quittait. »

Des études montrent que nous sommes, pour la plupart d'entre nous, largement trop confiants. Dans le cadre d'une enquête réalisée auprès de 3 500 adolescents américains, garçons et filles étaient 72,5 % à se voir avec un diplôme universitaire à l'âge de 30 ans, alors qu'ils ne sont que 30 % à posséder effectivement un diplôme universitaire à cet âge. Dans une autre étude, un peu plus informelle, 82 % des étudiant(e)s à la Harvard Business School se trouvaient physiquement mieux que leurs camarades. Et dans un sondage réalisé auprès de 137 couples récemment mariés dans l'État de Virginie, la plupart se disaient conscients que près de la moitié des mariages se terminaient par un divorce, mais ne se sentaient pas personnellement concernés. Selon eux, il n'y avait aucun risque qu'ils divorcent un jour.

Aucun risque ? Nous sommes ravies que les couples soient aussi confiants en se mariant. Mais n'est-ce pas un peu présomptueux ? Personnellement, nous sommes parmi les personnes les plus confiantes que nous connaissons, et nous aimons nos maris, mais nous n'irions pas jusqu'à dire que nos chances de divorce sont nulles.

À l'occasion de notre propre enquête, nous avons posé la question suivante : « Croyez-vous que votre conjoint(e) ne vous trompera jamais ? » et 84 % des personnes interrogées ont répondu : « Oui, je le crois » ou « Oui, j'en suis certain(e) ». Et 78 % pensaient rester unis pour la vie.

Certes, il faut un minimum de confiance. Dans le business, la confiance aide les chefs d'entreprise à être convaincus qu'ils vont réussir, parfois envers et contre tout. Elle aide les commerciaux à se montrer suffisamment persuasifs pour vendre leurs produits. Dans la vie, la confiance est ce qui nous pousse à nous lever le matin.

Mais à haute dose, la confiance peut nous causer du tort. Une confiance excessive peut nous empêcher de préparer l'avenir – puisque tout baigne dans l'huile aujourd'hui, tout ne peut que baigner dans l'huile demain. Plus nous voyons le monde comme nous voulons le voir et non tel qu'il est en réalité, plus nous développons une confiance exagérée.

On peut voir les conséquences parfois désastreuses d'un excès de confiance dans les domaines les plus variés, dans le top management comme dans les sports extrêmes. Le 30 mai 2002, un groupe d'alpinistes a atteint le sommet du mont Hood, soit 3 429 m, dans l'Oregon. Ils se sont délectés de la beauté du paysage. Ils ont fêté l'événement. Ils se disaient sans doute que le plus dur était fait. Puis ils ont entrepris de redescendre. Le guide, Bill Ward, a été le dernier à descendre. Mais vu qu'il considérait l'exercice comme un jeu d'enfant, il n'a pas pris la peine de s'assurer, une précaution qui peut empêcher une catastrophe en cas de chute. Lorsqu'il glissa et tomba, il entraîna dans sa chute tous les autres alpinistes de la cordée. Trois d'entre eux décédèrent.

Même si nous ne sommes pas des alpinistes ni des chefs d'entreprise, nous pouvons succomber à un excès de confiance. Lorsque nous empruntons plus que nous ne pouvons rembourser, lorsque nous achetons des titres en Bourse que nous ne comprenons pas ou acquérons des maisons avec la conviction qu'elles prendront de la valeur, nous mettons toute notre confiance dans des choses sur lesquelles nous n'avons aucun contrôle.

Freek Vermeulen, professeur à la London Business School, compare les dirigeants trop sûrs d'eux à des Icares dont les ailes en cire ont fondu lorsqu'ils ont volé trop près du soleil : « C'est ce que nous voyons souvent chez des entreprises très performantes – elles réussissent quelque chose, mais leur réussite les rend exagérément confiantes et aveugles aux dangers qui les guettent dans ce qu'elles entreprennent par la suite. Ce comportement précipite souvent leur chute. »

On peut dire la même chose de Louise et Justin. « Nous menions une vie tellement géniale, il ne me serait pas venu à l'idée que Justin pouvait ne pas être heureux, nous confiait Louise. Une fois les enfants partis, nous avons entamé notre voyage ensemble, passé de formidables moments tous les deux, en amoureux, puis j'ai fait un détour sans me rendre compte que Justin ne me suivait pas. »

La solution : l'indice de confiance des couples mariés

Si vous saviez qu'un ouragan risque de frapper votre ville demain, vous feriez provision d'eau et de vivres, et vous vous barricaderiez dans votre maison en vous assurant que vos volets sont bien fermés, n'est-ce pas ? Vous seriez fou de ne pas le faire. Alors pourquoi ne pas prendre les mêmes précautions en cas d'avis de tempête dans votre couple ?

Poussons plus loin la métaphore météorologique. Si vous savez qu'il y a de fortes chances pour qu'un ouragan traverse votre ville demain, c'est parce que le responsable de la météo locale surveille régulièrement certains indicateurs clés et qu'il constate qu'aujourd'hui les indicateurs ne sont pas bons. La technologie lui permet de voir venir les ouragans, ce qui nous permet de nous y préparer.

Vous pouvez faire la même chose pour votre mariage. Aussi tue-l'amour que cela puisse paraître, vous pouvez développer certains indicateurs pour vous aider à prévoir ce que l'avenir vous réserve.

Les indicateurs économiques sont des outils de mesure ou des critères d'appréciation qui reflètent l'état de santé de l'économie. Le taux de chômage, la variation du PIB, l'inflation et le nombre de nouveaux logements construits dans une période donnée sont parmi les plus importants. Un indicateur très répandu est « l'indice de confiance des consommateurs », qui évalue la consommation globale des ménages et leur vision de l'avenir : si vous vous mettez à réduire fortement votre consommation et à penser que la fin du monde est pour demain, l'indice chute car il reflète la baisse brutale de votre confiance.

Un autre indicateur économique a été mis au point par l'économiste Robert Shiller : « l'indice de confiance en l'absence de krach » – comme son nom l'indique, il mesure le niveau de confiance des individus dans l'absence de krach boursier. Il montre que, quand les cours de la Bourse grimpent, les individus sont convaincus que la fête va continuer, et leur confiance en l'absence de krach boursier grimpe également. L'indice de Shiller a atteint son plus haut niveau historique en 2006 lorsque la Bourse continuait de s'envoler, mais juste avant qu'elle ne s'effondre. Et son plus bas niveau historique début 2009, alors que la reprise s'amorçait.

Cette idée de signaux avertisseurs qui vont au-delà des « il ne me parle pas, je me demande ce qui s'est passé » nous plaît bien, c'est pourquoi nous avons développé notre propre « indice de confiance des couples mariés ». Considérez-le comme un moyen de prendre le pouls de votre vie conjugale. Lorsque votre couple se porte relativement bien (vous n'êtes ni dans l'euphorie ni dans le désespoir), établissez un indice de base. Répondez aux questions suivantes. Faites le total. Puis reposez-vous les mêmes questions six mois plus tard. Le total est-il plus élevé (votre vie maritale se porte mieux) ou plus faible (votre vie maritale se porte moins bien) ? Comprendre où vous vous situez à un moment X ou Y dans le cycle de votre relation de couple vous aidera à identifier l'expansion, vous permettra d'anticiper la récession ou vous obligera à reconnaître que vous avez tous les deux besoin d'être aidés avant de finir comme Louise et Justin.

L'indice de confiance des couples mariés

♥ Sur une échelle de 1 à 5, comment évaluez-vous votre satisfaction à l'égard de votre vie de couple aujourd'hui ? (5 = Vous pensez à ce que vous pourriez faire pour le rendre encore plus heureux, par exemple emmener les enfants chez vos parents le week-end pour qu'il puisse jouer au golf avec ses copains. 4 = Vous aimez passer du temps avec lui et voudriez le faire plus souvent. 3 = Tout va bien, vous ne vous disputez plus autant qu'avant. 2 = Vous vous soûlez et frappez le barman. 1 = Vous maudissez votre mère de ne pas vous avoir prévenue que vos goûts en matière d'hommes laissaient à désirer.)

1	2	3	4	5

♥ Sur une échelle de 1 à 5, selon quelle fréquence passez-vous des moments de qualité ensemble ? (5 = Vous êtes comme cul et chemise. 4 = Les soirées et le week-end. 3 = Les dimanches après-midi. 2 = Une fois par mois, vous dînez ensemble, sous réserve que l'un d'entre vous n'oublie pas son rendez-vous. 1 = Vous avez sans doute échangé des paroles ces dernières quarante-huit heures, mais vous n'en mettriez pas votre main à couper.)

1	2	3	4	5

♥ Sur une échelle de 1 à 5, quelle est la fréquence de vos rapports sexuels ? (5 = Des lémuriens en chaleur. 4 = Un jour sur deux. 3 = Vous n'avez pas compté, mais suffisamment. 2 = Attendez une seconde, il faut que j'y réfléchisse… 1 = Vous vous refaites une virginité.)

1	2	3	4	5

♥ Sur une échelle de 1 à 5, quelle a été la gravité de votre dernière dispute ? (5 = Nous avons été en désaccord, nous nous sommes réconciliés et nous avons fait l'amour pendant cinq heures selon les principes du tantra. 4 = Le débat était très animé, mais nous n'avons rien dit de trop terrible. 3 = Nous avons échangé des paroles blessantes, mais trouvé un moyen de résoudre le problème. 2 = Nous avons hurlé, c'était horrible, mais maintenant, c'est la mi-temps. 1 = Il a failli y avoir mort d'homme – ou de femme.)

1	2	3	4	5

♥ Sur une échelle de 1 à 5, combien d'attentions avez-vous eues envers votre conjoint(e) cette semaine ? Et « attentions » ne signifie pas simplement lui dire bonjour ou au revoir, mais lui préparer un bon petit dîner ou lui demander comment sa journée s'est passée et écouter sa réponse. (5 = Trop pour retenir leur nombre, mais il (elle) le mérite ! 4 = Quelques-unes. 3 = Une ou deux.

2 = Aucune, je pense, mais je n'ai pas le temps d'y réfléchir. 1 = C'est quoi, au juste, des « attentions » ?)

1	2	3	4	5

♥ Sur une échelle de 1 à 5, lorsque vous êtes couché et pensez à votre conjoint(e), quel genre de pensées vous traversent l'esprit ? (5 = Rien que des pensées positives, dont des champs de lys qui se balancent doucement au vent et vous deux en train de pique-niquer nus au milieu des fleurs. 4 = Des pensées majoritairement positives, vous brûlez d'envie de lui faire cette « surprise spéciale » que vous lui aviez promise pour son anniversaire. 3 = Un mélange de pensées positives et négatives, car il (elle) n'est pas parfait(e), mais mieux que la plupart des gens. 2 = Des pensées majoritairement négatives, un voyage d'affaires serait le bienvenu dès demain pour arrêter de l'entendre rouspéter à longueur de temps sur les travaux de rénovation de la maison, la voiture et le paillasson. 1 = Si vous en aviez l'opportunité, vous l'exporteriez vers la Chine.)

1	2	3	4	5

Résultats

Si le total de vos réponses est compris entre 25 et 30 : alerte à la bulle ! La situation est très, très bonne, mais prenez garde : un krach est vite arrivé.

Si le total de vos réponses est compris entre 15 et 24 : continuez sur cette voie. Travaillez à témoigner votre gratitude envers votre conjoint(e) et rappelez-vous au bon souvenir de votre bonne étoile.

Si le total de vos réponses est compris entre 6 et 14 : lisez ce livre depuis le début.

À présent, cornez cette page. Et tous les deux à trois mois, refaites ce quiz. Si vos résultats sont en baisse, il est peut-être temps de faire une pause pour comprendre ce qui ne va pas. Et d'avoir une conversation franche et sincère avec lui/elle. Si vos résultats sont en hausse, faites le point sur ce qui fonctionne (compliments, affection, reconnaissance) et essayez de faire en sorte que votre couple continue de fonctionner. Et si vous obtenez le score maximal à chaque fois, ce qui vous incite à vous envoyer des fleurs, nous vous rappelons qu'Icare a vu fondre ses ailes.

10 LA THÉORIE DES JEUX *(OU COMMENT LA PENSÉE STRATÉGIQUE PEUT CONTRIBUER À LA RÉUSSITE DE VOTRE VIE CONJUGALE)*

Le principe

La crise de Cuba, ça vous dit quelque chose ? Lorsque les États-Unis et l'Union soviétique ont failli se détruire mutuellement ? Vaguement ? Un petit résumé pour vous rafraîchir les idées ? À l'automne 1962, les États-Unis ont découvert que leur pire ennemi était en train d'installer en secret des fusées nucléaires à Cuba. Le problème, c'est que Cuba n'est qu'à 150 km environ des côtes américaines et que les Américains n'auraient même pas le temps de répliquer en voyant s'abattre un missile nucléaire au-dessus de leurs têtes.

Que fit le président Kennedy ? Au lieu d'appuyer sur le bouton rouge et d'atomiser Cuba, il adopta une approche plus mesurée. Il décida le blocus des armes nucléaires livrées à Cuba par les cargos soviétiques. Ce blocus resterait en place tant que Khrouchtchev refuserait de faire machine arrière et de démanteler les installations nucléaires soviétiques sur l'île.

La situation s'envenima. Khrouchtchev demanda à Kennedy de lever son blocus ou il risquait de le regretter. Kennedy demanda à Khrouchtchev de retirer ses missiles ou il risquait de le regretter. Le dirigeant soviétique resta inébranlable. Kennedy plaça les forces armées américaines en DEFCON 2 – un niveau d'alerte très élevé, le niveau 1 correspondant à un état d'alerte maximal.

Pendant plusieurs jours, le monde retint son souffle, car aucune des parties ne semblait vouloir céder. Les Américains espéraient qu'il y aurait suffisamment d'abris atomiques et attendaient leur sort funeste.

Alors que les deux dirigeants gardaient le doigt sur le bouton rouge – juste au cas où ! –, des négociations secrètes étaient en cours, et au bout de trois semaines, la crise se dénoua : les Soviétiques acceptèrent de faire faire demi-tour à leurs cargos chargés de missiles et de démanteler leurs silos de lancement en échange de la garantie des Américains de ne pas envahir Cuba.

Le monde l'avait échappé belle en ces temps de guerre froide...

La crise des fusées est aujourd'hui largement utilisée comme cas d'étude dans la théorie des jeux, une branche des mathématiques qui analyse comment les individus, les entreprises et les gouvernements interagissent et prennent des décisions dans des situations stratégiques. La crise de Cuba est ce qu'on appelle en théorie des jeux « le jeu de la poule mouillée » : deux joueurs se défient et se poussent jusqu'au bord du précipice en espérant que l'autre va céder le premier.

À présent, remplacez Kennedy et Khrouchtchev par Alex et Sonia. Et les missiles nucléaires par le réfrigérateur d'Alex et de Sonia, qui est vide depuis trois jours. Ce couple est dans une impasse, aucun des deux ne voulant céder. Ils ont commandé des pizzas tous les soirs de la semaine et n'ont jamais aussi mal digéré de leur vie. Mais pour Alex, il est hors de question qu'il aille faire les courses – il est allé au supermarché ces cinq derniers samedis pendant que Sonia jouait au tennis. Quant à Sonia, il est hors de question qu'elle aille faire les courses – elle fait tout dans la maison, y compris plier les sous-vêtements d'Alex et régler les factures. À moins qu'il se mette à payer les factures en temps et en heure et à enlever ses affaires sales qui traînent sous le lit, il est condamné à aller faire les courses. Elle peut attendre. Elle a bien attendu jusque-là.

Peut-être formez-vous un couple plus mature que celui de Sonia et d'Alex. Peut-être ne restez-vous jamais campé(e) sur vos positions à attendre que l'autre fasse marche arrière. Peut-être ne cherchez-vous jamais à culpabiliser votre moitié si habilement qu'elle se décide finalement à faire ce que vous n'avez pas envie de faire. Peut-être ne vous tournez-vous jamais les pouces en attendant que l'être aimé cède et vous rende un petit service…

Peut-être.

Mais il est plus probable que vous ayez en vous un peu d'Alex et de Sonia, de Khrouchtchev et de Kennedy, et qu'en matière de vie conjugale, vous aimiez bien engager quelques bras de fer de temps en temps, remporter quelques batailles ou élaborer quelques stratégies pour parvenir à vos fins – autrement dit, nous vous suspectons d'être davantage adepte du jeu de la poule mouillée que vous voulez bien l'admettre.

C'est la raison pour laquelle nous pensons que vous pouvez tirer profit d'une petite leçon sur la théorie des jeux. Selon nous, la stratégie n'est pas forcément une mauvaise chose. Elle est souvent associée à de la froideur et du calcul, mais elle fait partie de la réalité, de la vôtre comme de la nôtre. Si vos copains d'enfance vous invitent à passer le week-end avec eux, sans les épouses, et que leur proposition vous tente, vous commencez tout naturellement à songer à comment vous allez pouvoir vous faire plaisir sans déplaire à votre compagne, non ? Vous vous demandez ce que vous pourriez lui offrir en échange, comment amener la conversation sur ce sujet, à quel moment, et quelles fleurs lui tendre lorsque vous vous déciderez à aborder la question avec elle.

Cela s'appelle élaborer une stratégie, et la théorie des jeux peut vous aider à vous améliorer considérablement dans ce domaine.

Nous avons gardé la théorie des jeux pour la fin parce qu'il s'agit d'un concept un peu plus complexe que les autres. Mais maintenant que la couplonomique n'a plus de secret pour vous, vous serez tout à fait capable de comprendre de quoi il s'agit.

***

Voici les quelques points communs entre la théorie des jeux et le mariage :

- Il y a deux joueurs (en réalité, il peut y avoir plus de deux joueurs dans la théorie des jeux, mais comme nous ne plaidons pas en faveur de la polygamie, nous en restons à des jeux qui se jouent entre deux joueurs).

- Chaque joueur essaie de tirer le meilleur parti de la situation dans son propre intérêt, mais se retrouve vite limité par le fait qu'il n'est pas seul. Il y a toujours quelqu'un d'autre dans l'équation – un concurrent, un rival extérieur, une épouse qui essaie, elle aussi, de tirer le meilleur parti de la situation dans son propre intérêt.
- Il existe des stratégies de coopération où les deux parties collaborent pour aboutir à une solution optimale pour elles deux, et des stratégies de non-coopération où chaque partie cherche à remporter la mise sans considération pour l'autre.
- En général, c'est la stratégie de non-coopération qui apparaît la plus séduisante et à laquelle il est le plus difficile de résister.
- En général, c'est la stratégie de coopération qui, au bout du compte, rend les deux parties plus satisfaites et plus heureuses.

Coopérer ne va pas de soi, semble-t-il

Beaucoup de personnes mariées qui ont participé à notre enquête ont avoué que la coopération était une stratégie très difficile à appliquer. Voici un échantillon de leurs réponses à la question « Qu'est-ce qui est le plus difficile à faire, à accepter ou à supporter dans le mariage ? » :

« Apprendre à vivre avec quelqu'un sous le même toit. »
« Devoir faire des compromis. »
« Accepter les divergences d'opinions. »
« Penser moins à soi et rien qu'à soi. »
« Ne pas toujours arriver à ses fins. »
« Accepter de ne pas être d'accord. »
« Partager le même point de vue sur l'éducation des enfants. »
« Négocier des objectifs différents. »
« Ne plus pouvoir faire tout ce qu'on veut quand on veut. »
« Partager les toilettes. »

Qui a inventé la théorie des jeux ? Certains l'attribuent aux Juifs, notamment aux auteurs du Talmud, une compilation de commentaires sur la Loi juive fixant l'enseignement des grandes écoles rabbiniques. Parmi les débats talmudiques impliquant la théorie des jeux : comment diviser la succession d'un défunt entre ses créditeurs en colère lorsque sa fortune est inférieure à ses dettes ; comment diviser un vêtement lorsqu'une personne affirme que la totalité du vêtement est à elle alors qu'une autre en revendique la moitié ; et, encore plus étrange, que faire lorsqu'un homme épouse la veuve de son frère, laquelle donne naissance à un fils huit mois plus tard, et que cet homme meurt à son tour, laissant ce fils (qui n'est sans doute pas de lui) et deux autres fils (qui sont bien les siens), et que le grand-père meurt, et qu'on se demande comment diviser sa succession (réponse : 41 $^{2}/_{3}$ va au fils mystérieux et 58 $^{1}/_{3}$ aux deux fils légitimes – ne nous demandez pas de vous expliquer).

Faisons un bond de 1 700 ans pour nous pencher sur la *Théorie des jeux et du comportement économique* publiée en 1944 par John von Neumann et Oskar Morgenstern. Von Neumann, considéré comme le plus grand mathématicien du XXe siècle, avait développé le « théorème du minimax » quelques années auparavant – un théorème qui, pour simplifier à l'extrême, montre comment minimiser les pertes potentielles dans un jeu à deux joueurs, ou comment tirer le meilleur parti d'une situation quand on ne peut pas tout avoir. Dans leur livre, von Neumann et Morgenstern développaient le concept du minimax, exposaient quelques jeux stratégiques et initiaient le monde entier à la théorie des jeux. Jusque-là, les économistes avaient utilisé la théorie des jeux pour mettre au point, entre autres, des politiques antitrust, des stratégies de dissuasion nucléaire, des salaires optimaux dans le base-ball et des programmes de rapprochement entre les étudiants en médecine et les établissements hospitaliers.

Qu'il s'agisse d'un problème de minimax ou du jeu de la poule mouillée, la théorie des jeux s'applique à des situations où vous ne pouvez pas tout avoir et où l'objectif est de trouver des stratégies destinées à obtenir les meilleurs résultats possibles en considérant les stratégies éventuelles des autres joueurs.

Notez ces trois mots magiques : meilleurs résultats possibles.

« Meilleurs résultats possibles » ne veut pas dire « obtenir ce que je veux » ou « avoir raison tout le temps », deux scénarios qui auraient la préférence de la plupart d'entre nous. S'il y a bien quelque chose que la théorie des jeux nous apprend, c'est que les relations interpersonnelles ne consistent pas à tout avoir, mais à avoir tout ce qu'on peut au vu de conditions données. Dans votre mariage, les « conditions données » incluent le fait, évident bien que souvent négligé, qu'il y a une autre personne impliquée : votre conjoint(e) –

un(e) conjoint(e) qui cherche lui (elle) aussi à obtenir les meilleurs résultats possibles pour lui (elle).

Comme le dit l'économiste Thomas Schelling en parlant de la théorie des jeux (il pourrait aussi bien parler du mariage) : « Deux individus – ou plus – ont des choix à faire, des préférences concernant les résultats et une certaine connaissance à la fois des choix dont chacun dispose et de leurs préférences mutuelles. Le résultat dépend des choix de chacun… Il n'y a pas de choix optimal dans l'absolu, mais un choix qui est le meilleur possible au vu de ce que l'autre fait. »

En gardant ce principe à l'esprit, voici trois stratégies générales que la théorie des jeux propose pour améliorer les résultats de situations conjugales potentiellement difficiles :

1. Anticipez. Comment l'autre va-t-il réagir à ce que je suis sur le point de faire ou de dire ? Et comment cette réaction devrait-elle influencer mon comportement ?
2. Tirez les leçons du passé. Comment a-t-il réagi la dernière fois que j'ai fait cela ? Comment puis-je faire les choses différemment aujourd'hui pour éviter un résultat identique ?
3. Mettez-vous à sa place. Cela ne veut pas dire considérer ce que vous feriez si vous étiez lui, mais ce que *lui* ferait s'il était lui – ce qu'il est.

Telle est l'essence de la pensée stratégique, quel que soit le jeu auquel vous jouez. Des conseils qui semblent aller de soi, et pourtant, combien de personnes font systématiquement le contraire ! Nous pensons que les économistes Avinash Dixit et Barry Nalebuff ont résumé à merveille la théorie des jeux : c'est « l'art de trouver des moyens de coopérer… l'art de convaincre les autres, voire de vous convaincre, de faire ce que vous dites. L'art d'interpréter et de révéler des informations. L'art de vous mettre à la place des autres de manière à prévoir et influencer ce qu'ils vont faire. »

Voici l'histoire de quatre couples, de quatre jeux auxquels ils ont joué sans le vouloir, et de quatre stratégies qu'ils ont employées pour transformer une destruction mutuelle assurée en mariage gagnant-gagnant.

Étude de cas n° 1

Les acteurs : Annie et Vincent

Le problème : la polarisation stratégique

Annie et Vincent étaient d'accord sur une chose : il fallait qu'ils déménagent. Leur appartement n'était plus assez grand pour eux deux et leur fils de 2 ans, particulièrement turbulent. L'endroit avait beaucoup de charme et le quartier de Brooklyn leur offrait tout ce dont ils avaient besoin, mais ils ne supportaient plus le stress de vivre les uns sur les autres.

« On avait l'habitude de se déchausser en arrivant, mais comme on n'avait pas de place pour ranger les chaussures, la première chose qu'on voyait en ouvrant la porte était un amoncellement de godasses sales – et surtout celles de Vincent, qui sentaient mauvais », nous disait Annie.

Annie et Vincent se sont mis à chercher un nouvel appartement. Ils pensaient que ce serait relativement facile puisqu'ils avaient des goûts similaires. Mais après plusieurs semaines de recherches, ils ne s'étaient mis d'accord sur rien. Et, chose surprenante, une constante émergeait : la plupart des appartements repérés par Annie étaient situés dans le quartier assez branché où ils vivaient actuellement, alors que ceux de Vincent étaient dans des quartiers plus abordables, mais moins tendance et plus loin de Manhattan où ils travaillaient tous les deux. Du coup, à chaque visite, Annie et Vincent échangeaient des politesses feintes avec l'agent immobilier et, dès que celui-ci avait le dos tourné, se fustigeaient du regard ou partaient dans des discussions animées, chacun cherchant à savoir pourquoi l'autre persistait à ignorer sa volonté et ses désirs.

Annie voulait rester dans le même quartier. Elle allait au marché bio, leur fils avait des compagnons de jeu dans le coin et le temps de trajet jusqu'à leur lieu de travail était raisonnable. Vincent lui expliquait qu'ils auraient bien plus d'argent s'ils étaient prêts à déménager un peu plus loin, à quelques stations de là. « Il n'était pas question d'aller jusqu'à Long Island, mais de choisir un quartier où la viande n'était pas hors de prix parce que les animaux avaient été nourris exclusivement à l'herbe », nous disait Vincent.

Leurs divergences de vues allaient en s'accentuant au fil des visites. Annie dénichait un appartement adorable dans un immeuble d'avant-guerre impeccable et Vincent lui faisait remarquer l'exiguïté du hall d'entrée ou le manque de placards dans la cuisine, zappant complètement la vue magnifique ou les arbres qui bordaient agréablement la rue. Se dépêchant pour aller rejoindre son mari dans un appartement qu'il avait repéré, Annie comptait le nombre de minutes qui séparaient cet endroit de son lieu de travail, puis se plaignait de la présence de la police au coin de la rue.

« C'est plutôt bien d'avoir la police près de chez soi, non ? lui disait Vincent. C'est un gage de sécurité.
– Je préférerais vivre dans un endroit où les rues n'ont pas besoin d'être protégées », lui répondait Annie.

Voilà comment des préférences quelque peu différentes au départ sont devenues des idées bien arrêtées. Annie et Vincent restaient inflexibles. Inébranlables.

« Nous nous disputions tous les soirs, nous disait Annie. C'était horrible. Il me suffisait de le regarder pour sentir la colère monter en moi. Il avait toujours été têtu, mais ça en devenait ridicule. Vouloir une troisième chambre me semblait complètement inutile pour le moment. Notre fils n'avait que 2 ans ! »

Vous ne serez pas surpris d'apprendre que Vincent ne voyait pas les choses ainsi.

« Annie a toujours eu tendance à être excessive. Elle dramatisait la question de la sécurité. La criminalité dans ce quartier n'était que très légèrement supérieure à celle de notre quartier actuel, je l'avais vérifié. Mais le vrai problème d'Annie, c'est qu'elle est snob et ne supporte pas l'idée de vivre au milieu de gens qui n'appartiennent pas à sa condition. »

Vous ne serez pas surpris d'apprendre qu'Annie n'était pas d'accord avec cela.

Annie et Vincent vivaient dans ce que les théoriciens appellent la « polarisation stratégique ». Chacun était devenu totalement intransigeant, polarisé, d'une volonté inébranlable. Ce qui est intéressant dans une situation de ce type, c'est que les deux joueurs ne sont pas opposés dès le départ, mais s'opposent progressivement. Annie et Vincent étaient d'accord sur ce qu'ils voulaient :

un bel appartement, plus d'espace, Brooklyn. Même au point de polarisation, si nous avions fait boire Vincent, il aurait avoué que son quartier actuel lui plaisait et qu'il serait heureux d'y rester. De même, Annie aurait reconnu que l'idée de déménager dans un autre quartier pour avoir davantage d'espace, notamment son bureau et une chambre pour leur fils, ne lui déplaisait pas et lui aurait certainement facilité la vie. Ils étaient capables de faire preuve d'empathie et de se mettre à la place de l'autre s'ils le voulaient (l'une des compétences d'un théoricien des jeux intelligent), mais ils ne l'ont pas voulu. Ils ont choisi une autre stratégie : rester campés sur leurs positions et attendre que l'autre cède.

Adam et Ehud Kalai (respectivement fils et père), qui ont baptisé ce jeu « polarisation stratégique », donnent l'exemple d'un mari et de sa femme, deux personnes extrêmement tatillonnes – le mari aime que le thermostat soit réglé à 20° C et la femme qu'il soit réglé à 22° C. Ils ont des pièces contiguës et chacun leur propre thermostat ; par conséquent, quelle que soit la température que l'un fixe, elle se mélange à celle de l'autre pour établir une moyenne. La température ambiante est donc de 21° C. Mais comme c'est trop froid pour elle et trop chaud pour lui, le mari règle son thermostat à 19° C et la femme à 23° C. Le problème, c'est que la température ambiante est toujours de 21° C ! Alors ils modifient encore leur réglage, lui à 18° C et elle à 24° C. Mais, de toute façon, ils reviennent à la case départ et la moyenne reste de 21° C.

« Ce qui n'est qu'une différence mineure au départ se termine en gigantesque polarisation », explique Ehud Kalai.

La polarisation complète est un type d'« équilibre de Nash », du nom du prix Nobel John Forbes Nash. Pour simplifier à l'extrême, disons qu'un équilibre de Nash est une situation où aucun des joueurs n'a intérêt à changer de stratégie parce qu'il n'y gagnerait pas étant donné la stratégie de l'autre.

Exemple : deux compagnies aériennes vendent des billets à 500 euros pour un vol entre New York et Rome. Désireuse de gagner des clients, la compagnie X décide de baisser le prix de ses billets à 400 euros. La compagnie Y n'a pas d'autre choix que de baisser elle aussi le prix de ses billets à 400 euros si elle ne veut pas perdre toute sa clientèle. Tant que la compagnie X maintient le prix de ses billets à 400 euros, la compagnie Y doit faire de même. Si la compagnie X décide de changer de stratégie et de vendre à nouveau ses billets 500 euros, elle va perdre ses clients, lesquels choisiront la compagnie Y, moins chère. Les deux compagnies aériennes sont désormais condamnées à vendre leurs billets 400 euros et à enregistrer des profits beaucoup moins élevés qu'auparavant. Encore plus problématique : que se passe-t-il si la compagnie Y décide de baisser le prix de ses billets à 300 euros pour écraser définitivement sa rivale ? La compagnie X est condamnée à suivre et à baisser ses tarifs, elle aussi.

Frustrant, n'est-ce pas ?

Cette situation s'explique notamment par le fait que les deux parties agissent indépendamment l'une de l'autre et ne coopèrent pas, alors qu'elles gagneraient à coopérer. (Même si des compagnies aériennes risquent, dans ce cas, d'être accusées d'entente illégale, mais c'est une autre histoire – elles ne sont pas mariées.)

Revenons à Annie et Vincent. Au vu de l'insistance de sa femme pour rester dans le quartier, Vincent sentait qu'il n'avait pas d'autre choix que d'insister pour qu'ils quittent ce quartier. Céder aurait signifié perdre la face et la bataille. Et au vu de l'insistance de son mari pour déménager Dieu sait où, Annie sentait qu'elle n'avait pas d'autre choix que de rester solidement campée sur ses positions.

« Il n'y avait pas de place pour la négociation », disait Annie. C'était tout ou rien.

La solution : l'entente

N'y avait-il vraiment aucune place pour la négociation ? Soyons réalistes : leur combat devait s'arrêter un jour ou l'autre s'ils voulaient rester mariés, ce qu'ils voulaient, en effet. Mais alors que faire ?

Lorsque nous avons parlé à Ehud Kalai de leur situation, il a proposé sa solution : la communication et la coopération. Deux individus polarisés doivent commencer par reconnaître leur polarisation, puis aboutir à un compromis et s'y tenir. « C'est là que la communication intervient », dit Kalai. Et que doivent-ils communiquer ?

Des informations, selon Kalai. Vous rappelez-vous le chapitre 7 ? Nous vous disions que l'information était un formidable outil économique pour mieux communiquer. Dans le cas d'Annie et de Vincent, aucun ne détenait les informations nécessaires pour aboutir à un compromis. Annie, par exemple, n'avait pas dit à son mari qu'elle accepterait de déménager dans un autre quartier s'ils dénichaient un bel immeuble et achetaient une voiture lui permettant de continuer à faire son shopping dans ses boutiques favorites. Mais en cédant, elle craignait de créer un dangereux précédent et de laisser croire à Vincent qu'elle céderait toujours. De son côté, Vincent n'avait pas dit à sa femme que s'il ne cédait pas, c'était en partie pour... devinez quoi ?... éviter de créer un dangereux précédent et de laisser croire à Annie qu'il céderait toujours.

Mais si Annie et Vincent avaient partagé l'information qu'ils se cachaient, chacun aurait pu se montrer plus souple à l'égard de l'autre et ils auraient certainement trouvé un moyen de coopérer.

Dans le monde de l'entreprise, partager des informations cruciales est considéré comme une entente illégale dans certaines conditions. Lorsque des entreprises supposées être en concurrence – comme les deux compagnies aériennes X et Y dont nous venons de parler – partagent des informations, le client est généralement le dindon de la farce et risque de payer 2 000 euros son billet entre New York et Rome. Bien sûr, c'est ce qui explique aussi pourquoi il est difficile de trouver une différence très significative dans le tarif d'un billet d'avion – chaque compagnie devant fixer ses tarifs en toute indépendance, elle réagit presque instantanément aux tarifs pratiqués par la concurrence.

Mais dans un mariage, l'entente n'est pas seulement légale, elle représente une bonne stratégie. Et c'est exactement ce que Vincent et Annie ont fait. Après avoir visité des dizaines et des dizaines d'appartements, et à court d'arguments nouveaux à avancer, ils n'avaient pas d'autre choix que d'adopter la pensée stratégique.

Annie s'est comportée sans le savoir comme une spécialiste de la théorie des jeux, se demandant comment Vincent réagirait si elle changeait de stratégie. Que se passerait-il si elle lui jetait un os à ronger en lui disant qu'il n'avait pas tort et que, peut-être, changer de quartier offrait quelques avantages, notamment économiser pour devenir un jour propriétaires de leur logement ou financer les futures études de leur fils ? « Vincent adore avoir raison et j'ai remarqué au fil des années qu'il suffisait qu'on lui dise qu'il avait raison pour qu'il se sente tout excité et dise amen à tout le reste », nous expliquait Annie.

De son côté, Vincent se demandait comment il allait s'y prendre pour obtenir satisfaction sur certains points. Il connaissait suffisamment bien sa femme pour savoir qu'elle était capable de faire des compromis – elle en avait fait tout au début de leur mariage en acceptant d'aller vivre à New York alors qu'elle souhaitait rester en Californie. Il a donc décidé de suggérer à Annie – juste lui suggérer – qu'il accepterait peut-être de rester dans le quartier s'ils trouvaient un appartement plus grand mais au même prix que l'appartement qu'ils louaient actuellement. « Dès l'instant où je lui ai dit que j'acceptais d'envisager l'idée de demeurer dans le quartier, j'ai vu qu'elle s'assouplissait. Elle est si prévisible », nous confiait Vincent. Comme il l'avait prévu, à peine lui fit-il comprendre qu'il était prêt à céder sur le quartier qu'Annie accepta volontiers de le laisser choisir l'appartement.

Annie et Vincent se sont donc retrouvés dans un appartement plus grand, mais dans le même quartier. Le loyer annoncé était moins élevé parce que l'immeuble était moins chic. Mais l'appartement était vraiment très spacieux et, période de récession oblige, Annie et Vincent ont même réussi à négocier un loyer encore moins cher que leur loyer actuel ! Cerise sur le gâteau : les propriétaires espéraient vendre leur appartement l'année suivante et donnaient la priorité à Vincent et Annie si une acquisition les intéressait. Comme quoi leur entente leur avait permis d'obtenir les meilleurs résultats possibles…

Étude de cas n° 2

Les acteurs : Sandra et Jérémy

Le problème : le dilemme du prisonnier

Sandra et Jérémy avaient un fils nommé Samuel qui détestait faire ses devoirs. C'était un enfant intelligent, au sourire chaleureux – lorsqu'il décidait de sourire. Mais les devoirs, ce n'était pas « son truc », comme il disait. Depuis qu'il avait 15 ans et que ses parents voulaient qu'il fasse des études supérieures, les devoirs posaient constamment problème.

Mais il y avait un autre souci : aucun des deux parents ne voulait jouer le rôle du père Fouettard lorsqu'il s'agissait de faire faire les devoirs. Sandra et Jérémy étaient stressés par leur travail, bossaient dur, et la dernière chose qu'ils souhaitaient en rentrant le soir, c'était de batailler avec leur fils pour que les devoirs soient faits.

« C'est un bon garçon », se disaient-ils pour se rassurer, tout en craignant qu'un jour il leur reproche de ne pas avoir été assez fermes avec lui.

Pour résoudre le problème, Sandra et Jérémy ont élaboré « la stratégie du gentil et du méchant ». Tous les soirs, pendant le dîner, le « gentil » demandait à Samuel s'il avait des devoirs à faire, lesquels et se proposait de l'aider.

Puis, à 21 heures, le « méchant » entrait dans la chambre de Samuel pour vérifier avec lui qu'il avait bien fait ses devoirs. Si ce n'était pas le cas, il était privé de télé, d'Internet et de jeux vidéo.

Être le méchant était un rôle ingrat qui, invariablement, impliquait une discussion épuisante avec Samuel – combien Samuel détestait ses professeurs et son école, pourquoi ses parents ne pouvaient pas le laisser tranquille, quel intérêt d'entrer à Harvard, à quoi sert l'algèbre, etc.

Sandra et Jérémy ont décidé de jouer alternativement le rôle du méchant. Cela fonctionna un moment. Jusqu'au jour où Sandra arriva le soir à la maison après une journée de travail particulièrement harassante. C'était son tour d'être le méchant et, cinq minutes après la vérification des devoirs de 21 heures, Jérémy la vit sortir de la chambre avec Samuel. Samuel dévala l'escalier pour se ruer sur la télécommande de la télé et Sandra se versa une demi-bouteille de vin rouge. Jérémy lui murmura : « C'est génial, alors il a fait ses devoirs ? »

Sandra marqua une pause et but une gorgée de vin. « Eh bien non. Je n'ai rien pu tirer de lui ce soir. »

Jérémy était décontenancé. « Attends une seconde. Nous avions conclu un marché.
– Je ne te vois pas en train de le forcer à regagner son bureau, lui répondit Sandra.
– C'est parce que ce n'est pas mon tour ce soir. Et tu sais quoi ? Ce ne sera pas mon tour non plus demain ni après-demain ! » Jérémy se disait que s'il ne pouvait pas faire confiance à Sandra pour appliquer les règles du jeu, il n'avait pas à les appliquer non plus.

Sandra et Jérémy jouaient sans le savoir au jeu du « dilemme du prisonnier ». Dans ce jeu, la meilleure option de chacun des deux joueurs au vu de la situation est de ne pas coopérer, même s'ils y gagneraient tous les deux en coopérant.

Prenons deux individus suspectés d'être complices d'un délit et retenus prisonniers dans des cellules séparées. Appelons-les Greg et Joe. La police qui les interroge les incite à se dénoncer mutuellement. Puisqu'ils ne peuvent pas se voir ni se parler, chacun doit prendre une décision sans savoir quelle sera celle de l'autre. Trois scénarios sont possibles :

1. Si l'un dénonce l'autre et que l'autre se tait, celui qui trahit est libéré et celui qui est trahi écope d'une peine maximale de dix ans de prison.
2. Si les deux se taisent, leur peine sera minimale – un an de prison – faute de pouvoir réunir des charges suffisantes contre eux.
3. Si les deux se dénoncent mutuellement, ils seront condamnés à une peine plus légère, soit cinq ans de prison.

La situation se présente ainsi :

	JOE NE DIT RIEN	JOE DÉNONCE GREG
GREG NE DIT RIEN	Un an chacun.	Dix ans pour Greg, la liberté pour Joe.
GREG DÉNONCE JOE	La liberté pour Greg, dix ans pour Joe.	Cinq ans chacun.

Il est clair que la meilleure stratégie pour Greg, si Joe ne dit rien, est de dénoncer son complice. Et que la meilleure stratégie pour Joe, si Greg ne dit rien, est de dénoncer son complice. La deuxième meilleure stratégie pour les deux est de ne rien dire. Le problème, c'est qu'aucun des deux ne peut prendre le risque de se taire par crainte que l'autre parle. N'oubliez pas que si l'un se tait et l'autre le dénonce, celui qui se tait en prend pour dix ans ! Ce qui signifie que, quoi que fasse l'autre joueur, la meilleure stratégie possible pour chacun est de dénoncer l'autre (et de prier pour qu'il le couvre). C'est ce que font les deux détenus avec, à la clé, cinq ans de prison chacun. Il n'existe pas d'autre moyen de contourner le problème. Pourquoi ? Parce que la dénonciation est la meilleure stratégie à adopter en considérant ce que l'autre est le plus susceptible de faire.

Le dilemme du prisonnier permet de mieux comprendre ce qui se passe dans certaines situations bloquées : la véritable meilleure stratégie est la coopération. Mais quand deux individus fonctionnent indépendamment l'un de l'autre, ils ne peuvent pas se faire confiance pour coopérer, ce qui explique pourquoi ils doivent chercher chacun à sauver leur peau et adopter la stratégie du « c'est toi ou c'est moi ».

Concernant la gestion du problème des devoirs, Sandra et Jérémy étaient clairement en situation de non-coopération. Ils étaient le Greg et le Joe de leur propre dilemme du prisonnier. Remarquez les deux signes indiquant que le jeu avait commencé : 1) chacun a adopté une stratégie de non-coopération pour éviter d'avoir à batailler avec Samuel, sachant que cela signifiait que l'autre allait faire la même chose (et que Samuel n'allait pas faire ses devoirs) ; 2) chacun y aurait gagné en coopérant parce qu'il aurait eu l'assurance que l'autre coopère et que Samuel fasse ses devoirs.

Rappelez-vous le piège du dilemme du prisonnier : la stratégie de non-coopération peut sembler être une meilleure solution pour l'un des joueurs sur le moment, mais elle se révèle une moins bonne solution pour les deux joueurs au final.

La situation de Sandra et Jérémy se présentait ainsi :

	JÉRÉMY JOUE LE MÉCHANT	JÉRÉMY JOUE LE GENTIL
SANDRA JOUE LE MÉCHANT	Samuel fait ses devoirs. Climat pacifique.	Samuel fait ses devoirs. Climat conflictuel.
SANDRA JOUE LE GENTIL	Samuel fait ses devoirs. Climat conflictuel.	Samuel ne fait pas ses devoirs. Climat conflictuel.

La stratégie optimale est sans aucun doute celle où les deux parents jouent les méchants, mais Sandra et Jérémy en sont finalement arrivés à ne pas jouer les méchants parce que Sandra refusait de passer sa soirée à se disputer avec Samuel alors que c'était à son tour de jouer le rôle du méchant, ce qui a incité Jérémy à ne plus vouloir jouer le rôle du méchant.

Heureusement, Sandra et Jérémy n'étaient pas Greg et Joe. Ils ne faisaient pas chambre à part, avec interdiction de communiquer. Et ils avaient plusieurs occasions de décider de coopérer ou non, alors que les deux détenus devaient faire le bon choix du premier coup. Le mariage de Sandra et de Jérémy n'était pas un jeu unique, mais ce qu'on appelle un jeu « répété ».

« Dans un jeu répété, les deux joueurs ont une histoire ensemble, explique Al Roth, économiste à Harvard. Dans un mariage, vous voulez investir dans cette histoire. Votre mari et vous devez être les historiens les plus dévoués de votre mariage. »

Toujours est-il qu'il est souvent bien tentant de ne pas coopérer. Mais alors, comment Sandra et Jérémy pouvaient-ils s'engager à coopérer ? Comment les deux joueurs pouvaient-ils sortir gagnants de ce dilemme du prisonnier ?

La solution : le dispositif d'engagement

L'une des solutions consistait à imposer un dispositif d'engagement, une stratégie dont nous avons parlé au chapitre 8 sur le choix intertemporel. Les dispositifs d'engagement vous assurent d'agir dans votre intérêt à long terme – fermer la porte du frigo à clé, par exemple, et donner la clé à votre mari pour éviter de vous jeter sur la crème glacée tous les soirs en rentrant du travail. Créez un dispositif qui vous incite à coopérer et élimine toute possibilité de manquement à votre engagement, et vous évitez le piège du dilemme du prisonnier. La tentation de ne pas respecter votre engagement peut subsister – nous ne sommes que de pauvres humains –, mais la possibilité de le faire a disparu.

Après avoir baissé les bras plusieurs fois, Sandra et Jérémy ont décidé de mettre en place un dispositif d'engagement, indispensable pour donner à leur fils de bonnes chances de poursuivre des études supérieures.

Ce dispositif, qu'ils ont appelé leur « nouveau plan », impliquait des conséquences. Celui (ou celle) qui se dérobait à son devoir de jouer le rôle du méchant serait contraint d'endosser ce rôle tous les soirs pendant une semaine – semaine durant laquelle l'autre était autorisé à sortir autant qu'il le voulait après son travail, laissant le méchant à la maison avec Samuel en veillant à ce qu'il dîne, fasse ses devoirs et soit au lit à 22 heures. Évidemment que que Sandra et Jérémy aimaient leur fils, mais gérer un adolescent de 15 ans n'était pas une mince affaire, ce qui rendait la perspective de sortir prendre un verre au bar d'autant plus séduisante.

Ce qui explique pourquoi leur dispositif d'engagement a fonctionné. Chacun savait pertinemment à quoi s'en tenir s'il manquait à son devoir. « Je savais que si j'esquivais mes responsabilités, Jérémy n'aurait aucun scrupule à me faire jouer le rôle du méchant pendant la semaine, nous disait Sandra. Il est comme ça. »

Étude de cas n° 3

Les acteurs : Ingrid et Richard

Le problème : être un passager clandestin

Ingrid et Richard étaient mariés depuis moins d'un an qu'Ingrid en avait déjà ras-le-bol. Comme Richard, elle avait un métier prenant. Elle travaillait dans la communication et gestion de crise pour de grandes entreprises, tandis que Richard venait de créer son propre fonds spéculatif. Comme Richard, elle devait entretenir son réseau social après le travail, notamment participer à des mondanités, et comme Richard, elle voulait faire des tas de choses en dehors de son travail, dont aller à la gym tous les 36 du mois, regarder des bêtises à la télé et voir ses amies.

Mais, contrairement à Richard, Ingrid se comparait à une femme au foyer des années 1950. Elle faisait la lessive, elle faisait le lit, elle changeait la litière du chat, elle ramassait les verres sales qui traînaient sur la table du salon et elle organisait les week-ends. Richard appréciait d'avoir du linge propre, un lit fait, un bac à litière qui sentait bon, une table basse rangée et des week-ends formidables, remplis d'activités ludiques et de réunions entre amis. « J'aimerais bien être à la place de Richard », se disait Ingrid.

Selon les économistes, Richard est un passager clandestin.

Les passagers clandestins restent tranquillement chez eux pendant que les soldats vont à la guerre. Ils conduisent des 4 x 4 et laissent aux propriétaires de véhicules hybrides le soin de se préoccuper de l'environnement. Ils ne vont pas voter, mais tirent profit du processus démocratique. Et lorsque les autres organisent une campagne de nettoyage des jardins de leur quartier, ils osent ne pas lever le petit doigt.

Au sein du couple, c'était devenu une seconde nature pour Richard de rester à regarder Ingrid s'astreindre aux corvées domestiques. Il avait développé cette stratégie et, pour être honnête, il en était assez fier, sachant que ce qu'il ne faisait pas dans la maison, c'était Ingrid qui s'en chargeait. En effet, elle faisait tout ce qu'il ne faisait pas, ce qui le confortait dans son statut de passager clandestin. « Je sens très vite quand je suis exploitée, nous disait Ingrid. Mais cela ne semble pas m'empêcher de tout faire quand même. »

La maison serait-elle devenue un vaste chaos si Ingrid s'était mise en grève ? Le couple aurait-il passé ses week-ends à jouer aux petits chevaux ? « Si je ne faisais pas cela pour moi, nous vivrions dans une saleté repoussante », nous confiait Ingrid.

Mais Richard affirmait qu'il finissait toujours par ranger la maison, vider la litière du chat et même organiser des sorties – simplement, il ne le faisait pas selon le planning des tâches de sa femme, digne d'un camp d'entraînement. « Elle est maniaque. Je n'y peux rien. »

La solution : la stratégie mixte

En vue de résoudre la situation (pas de façon optimale, mais du mieux possible), nous devions convaincre Ingrid d'adopter la pensée stratégique. Nous lui avons suggéré de se poser deux questions :

1. Quel était son résultat idéal et qu'était pour elle un résultat acceptable ?
2. Quel type de stratégie inciterait Richard à accomplir suffisamment de tâches ménagères pour satisfaire ce qu'elle considérait comme un résultat acceptable ?

L'idéal d'Ingrid ? Que Richard accomplisse la moitié des corvées domestiques en s'y prenant exactement comme elle et dans le laps de temps qu'elle souhaitait – ni avant, ni après. « On peut toujours rêver… »

Une situation acceptable pour elle ? Que Richard fasse la moitié du travail en s'y prenant comme il le souhaitait et quand il le souhaitait, même si cela impliquait d'attendre longtemps pour avoir des verres propres, de finir souvent au resto du coin et de voir davantage de crottes de chat dans la litière.

Autre scénario qu'elle jugeait acceptable : qu'elle continue de faire ce qu'elle faisait, mais que Richard se charge d'une partie du travail de temps en temps, voire qu'il endosse davantage de responsabilités dans d'autres domaines. Nous lui avons dit que cette situation pouvait équivaloir à accepter d'avoir l'avantage comparatif dans certaines tâches (vous vous rappelez certainement le chapitre 1) et donc de les effectuer elle-même. Ingrid a reconnu à contrecœur que nous avions raison.

Notre approche peut sembler évidente, mais dans le feu de l'action, les couples n'abordent pas souvent les négociations en termes de « résultat idéal contre résultat acceptable ». Ils veulent l'idéal, point. Mais comme nous le montre la théorie des jeux, le meilleur résultat dans une relation entre deux personnes est, par définition, le meilleur résultat possible au vu de la situation et implique de prendre en compte les stratégies de l'autre joueur.

Une fois qu'Ingrid avait défini quelques résultats acceptables, elle pouvait envisager une stratégie pour les obtenir. Elle devait faire en sorte que Richard ne soit pas tenté de jouer les passagers clandestins. Comment ? En passant d'une « stratégie pure » – tout nettoyer elle-même, organiser tous les week-ends – à une « stratégie mixte » – nettoyer certaines choses elle-même, organiser certains week-ends.

Une stratégie mixte signifie que vous mélangez différents ingrédients pour empêcher l'autre de se reposer sur ses lauriers. Cette stratégie est employée dans tous les domaines, aussi bien par les joueurs de tennis, qui essaient d'être imprévisibles sur leurs services coups droits et leurs services revers, que par le fisc – on ne sait jamais qui va être contrôlé et quand. Un bon moyen de maintenir les contribuables en alerte. La plupart des gens n'ont jamais été contrôlés, et pourtant ils continuent de déclarer tous leurs revenus – ou presque*.

Comment mettre en œuvre une stratégie mixte ? C'est aussi simple que cela : durant le week-end qui a suivi notre rencontre avec Ingrid et Richard, Ingrid s'est fait son programme et a laissé Richard se débrouiller tout seul à la maison. La semaine suivante, alors qu'elle avait encore du linge propre dans son armoire, elle a fait exprès d'oublier de faire la lessive, laissant son mari sans sous-vêtements ni chaussettes. Une autre semaine, elle a décidé de laisser la table basse du salon très encombrée. Elle a sélectionné les tâches qu'elle allait cesser d'effectuer par habitude pour voir comment Richard allait réagir.

Ingrid pratiquait l'anticipation : elle comptait sur le fait que Richard serait déstabilisé et réagirait en se ressaisissant et en décidant de prendre certaines choses en main. Elle avait vu juste, car c'est exactement ce qui s'est passé – enfin pas systématiquement, mais de temps en temps. Il arrivait à Richard de décrocher le téléphone pour organiser une sortie avec l'un de ses potes. Et de faire la lessive en s'apercevant qu'il allait manquer de sous-vêtements. Et parfois, il allait jusqu'à laver les verres d'eau.

* C'est aussi la raison pour laquelle Paula (coauteure de ce livre) ne dit pas à la personne qui promène son chien quand elle envisage de travailler à la maison. Sinon, comment pourrait-elle être sûre que cette personne fait son boulot ? Ce n'est pas son chien qui va lui dire : « Oui, elle est bien venue me promener »...

Même Ingrid devait admettre que, vu la nature de son mari, sa nouvelle stratégie aboutissait au meilleur résultat possible. Richard n'est pas soudain devenu le supermari de ses rêves, mais le mari de ses rêves acceptable. Elle était heureuse d'avoir joué les cobayes pour nous et de trouver plus souvent le bac à litière du chat bien propre en rentrant chez elle.

Étude de cas n° 4

Les acteurs : Marc et Jean

Le problème : la guerre des sexes

Marc et Jean étaient deux universitaires à la retraite qui sortaient rarement le week-end. Même en retraite, Marc était resté accro au boulot et passait tout son samedi et tout son dimanche à travailler en bibliothèque sur son dernier opus – une étude approfondie sur les papes du Moyen Âge. Jean, spécialisé dans les grands poètes du romantisme, vouait une passion sans borne à William Wordsworth et William Blake, ce qui ne l'empêchait pas d'avoir conscience que la vie était faite pour être vécue dans la réalité et pas seulement dans la tête. Il voulait sortir avec Marc le week-end, aller à la piscine, faire des petites escapades et voir du pays. Bref, profiter aussi de la vraie vie.

Jean n'arrêtait pas d'embêter Marc, l'incitant à travailler moins et à sortir davantage, mais il n'avait jamais gain de cause. « Je n'ai jamais vu quelqu'un d'aussi têtu que Marc. C'est comme si je lui demandais de sortir boire un verre à la cafétéria de l'hôpital avant une coloscopie. »

« Qu'allons-nous faire ce week-end ? demanda Jean un jeudi soir, avec un air innocent.
– Faire ? lui répondit Marc.
– Pourquoi n'irions-nous pas au cinéma ?
– Peut-être dimanche, si mon travail avance bien. »

Et dimanche arrivait. Et Marc se plaignait qu'il faisait trop chaud dehors, ou trop froid, ou qu'il avait encore mal aux genoux après sa promenade de l'autre jour. Alors Jean se forçait à travailler lui aussi, mais sans conviction, faisait un tour dans le jardin ou consultait les billets d'avion les moins chers pour l'Europe. Pendant ce temps-là, Marc se concentrait sur ses recherches et réécrivait avec colère les articles de Wikipédia sur les grands penseurs du Moyen Âge.

Qu'est-ce qui ne va pas dans la vie de Marc et de Jean ?

Beaucoup de choses, mais nous n'en retiendrons qu'une : le fait que Jean veuille sortir mais ne le fasse pas. Et pourquoi ne le faisait-il pas ? Parce que Marc ne voulait pas sortir. Si Jean voulait être avec Marc, il devait rester à la maison.

Marc et Jean jouaient à un jeu appelé « la guerre des sexes ». Dans ce jeu, deux joueurs veulent s'adonner à des activités différentes, mais ce qu'ils veulent encore plus, c'est rester ensemble et ne pas être séparés. (Ne soyez pas troublé par le fait que Marc et Jean sont deux hommes et que la guerre des sexes implique un homme et une femme – c'est simplement que les spécialistes de la théorie des jeux prennent pour norme les hétéros.)

Supposons que vous adoriez regarder *Autant en emporte le vent* et qu'il préfère *La Guerre des étoiles*. Vous lui cédez parce que vous n'avez pas envie de regarder la télé toute seule dans votre chambre. C'est cela, la guerre des sexes.

Voici comment un théoricien des jeux pose les choses :

	JEAN RESTE À LA MAISON ET TRAVAILLE	JEAN VA AU ZOO
MARC RESTE À LA MAISON ET TRAVAILLE	3, 2	0, 0
MARC VA AU ZOO	0, 0	2, 3

Les chiffres représentent le degré de satisfaction de Marc et de Jean dans chaque situation, 0 correspondant à un état de tristesse et 3 à un état de bonheur. Lorsqu'ils font des choses séparément – l'un va au zoo et l'autre reste à la maison –, ils sont tous les deux tristes et se sentent seuls. Mais s'ils restent tous les deux à la maison pour travailler, Marc est totalement heureux puisqu'il fait ce qu'il veut tout en ne restant pas seul (degré 3), tandis que Jean est quand même heureux d'être avec Marc, mais préférerait être au zoo avec lui (degré 2). De même, Jean serait extrêmement heureux d'être au zoo avec Marc, tandis que Marc serait heureux quand même d'être avec Jean, mais préférerait être à la maison pour travailler.

Contrairement à d'autres jeux, la guerre des sexes commence avec des joueurs qui souhaitent réellement coopérer. Mais quelle que soit l'activité qu'ils choisissent, l'un des deux sera un peu moins heureux que l'autre. Une solution qui pourrait marcher : tirer à pile ou face. Sérieusement. L'idée a été lancée par Robert Aumann, un récipiendaire du prix Nobel. Selon lui, lorsque deux joueurs ne peuvent pas se mettre d'accord pour faire telle ou telle chose, ils peuvent demander à une tierce personne de décider à leur place. Cette tierce personne peut être une pièce de monnaie ou un médiateur.

Voilà ! vous avez trouvé la solution à tous vos problèmes : tirer à pile ou face. Nous vous avions bien dit que l'économie était la voie la plus simple pour aboutir à un mariage heureux.

La solution : l'avantage au premier entrant

Il n'est jamais venu à l'esprit de Jean de tirer à pile ou face, et même s'il y avait pensé, Marc n'aurait jamais accepté de s'en remettre au hasard. Alors Jean a décidé de changer de stratégie et de prendre les choses en main en décidant lui-même de leurs week-ends.

Un samedi, Jean s'est levé et a préparé le café comme à son habitude. Marc est venu rejoindre son ami dans la cuisine, comme d'habitude, et les deux se sont mis à lire le journal, comme d'habitude. Puis Jean annonça à Marc qu'il avait réservé pour eux deux une visite guidée dans une réserve naturelle d'environ une heure en dehors de la ville et qu'ils devaient être prêts dans une demi-heure. Il n'avait pas prévenu Marc parce qu'il ne voulait pas lui donner la moindre chance de protester.

« Je savais que si je lui avais posé la question, il m'aurait répondu non et il aurait trouvé une excuse pour rester à la maison », nous disait Jean. Il a ajouté, s'adressant à Marc : « Le travail que tu avais prévu de faire aujourd'hui peut bien attendre demain dimanche, non ? »

Au grand soulagement de Jean, Marc accepta, non sans hocher la tête en signe de légère protestation.

« Attends, si nous allons dans une réserve naturelle, il va y avoir des moustiques. As-tu acheté de la lotion antimoustique ?
– Oui, lui répondit Jean.
– Ai-je le temps d'aller prendre une douche ?
– Oui, mais ne traîne pas.
– Serons-nous rentrés à temps pour regarder le documentaire sur l'histoire des religions qui doit passer ce midi à la télé ?
– Nous ferons de notre mieux. »

Jean avait pris l'avantage – un avantage qu'on appelle « l'avantage au premier entrant ». Dans la théorie des jeux, celui qui joue le premier détient un avantage sur les autres joueurs parce qu'il est le premier à jouer, tout simplement. Israël avait pris l'avantage dans la guerre des Six Jours parce qu'il avait attaqué l'Égypte de façon préventive. Marc avait longtemps détenu « l'avantage au premier entrant » en s'enchaînant tous les jours à son bureau. Jean, qui aimait bien être auprès de Marc, s'en était accommodé – jusqu'au jour où il s'est réveillé et a pris l'initiative d'être le premier à jouer.

Et il ne s'est pas arrêté là. Pour continuer à sortir avec Marc, il a pris un abonnement au théâtre. Comme Marc détestait gaspiller de l'argent, il irait au théâtre avec Jean puisque les billets avaient été achetés d'avance.

« Jean me connaît bien, ce qui n'est pas toujours une bonne chose », nous confiait Marc.

Cette stratégie a fonctionné pour Marc et Jean. Mais il existe une autre solution à la guerre des sexes dont nous nous devons de vous parler : changer les règles du jeu. Contrairement à son nom, la guerre des sexes ne s'applique pas uniquement à des conjoints. Elle a lieu à chaque fois que deux personnes ne veulent pas les mêmes choses, mais veulent aussi coopérer. Prenez l'exemple de deux auteures qui veulent écrire un livre ensemble. L'une aime écrire sur l'économie, l'autre sur le mariage. Si chacune reste sur ses préférences, elles ne peuvent pas écrire de livre ensemble. Mais aucune des deux ne veut écrire un livre seule. Ce qui signifie que l'une des deux doit céder.

Si elles sont intelligentes, elles vont changer les règles du jeu et faire quelque chose de complètement inédit : combiner leurs passions et écrire un livre sur l'économie *et* le mariage. C'est ce que nous avons fait et nous nous en félicitons !

IL Y EN A TOUJOURS UN QUI CÈDE...

Marc et Jean n'étaient pas les seuls à être dans le pétrin. Parmi les autres plaintes que nous avons entendues de la part des couples que nous avons interrogés :
« Nous ne faisons l'amour que le matin parce qu'elle préfère le matin. »
« Nous passons plus de temps avec ses amis qu'avec les miens. »
« Nous allons toujours aux trois mêmes restaurants. »
« Nous passons toutes nos vacances en famille. Pourquoi ne pas partir chacun de notre côté de temps en temps ? »

Vous remarquerez que dans tous les cas, il y en a toujours un(e) qui cède. C'est ce qu'on appelle la guerre des sexes. L'un des partenaires renonce à suivre ses préférences parce qu'il préfère quand même ne pas faire cavalier seul.

INDEX DES PERSONNALITÉS CITÉES

REMERCIEMENTS

Si ce livre a pu voir le jour, c'est grâce à la contribution de près de 2 000 personnes – économistes, psychologues, amis, amis d'amis, collègues, parents, frères et sœurs, étrangers, assistants de recherche, baby-sitters, directeurs de publication, conjoints et bébés.

Un immense merci à Gary Becker pour ses encouragements de la première heure. À David Laibson, David Hirshleifer et Howard Rachlin qui nous ont aidées à aller dans la bonne direction. Nous remercions d'autres professeurs, dont Alvin Roth, Shelly Lundberg, Claudia Olivetti, Raymond Fisman, Ulrike Malmendier, Casey Mulligan, Bart Lipman, Andrew Postlewaite, Devin Pope, Sergiu Hart, Ehud Kalai, Robert Frank, Betsey Stevenson, Justin Wolfers, Ernst Fehr, Uri Gneezy, Colin Camerer, Robert Shiller, Emir Kamenica, Allen Parkman, Daniele Paserman, Claudia Goldin et Daniel Hamermesh.

Dans le domaine de la vie conjugale, John Gottman et Julie Schwartz Gottman nous ont offert un week-end d'une utilité inestimable pour notre livre et nos conjoints. (Paula continue de travailler sur sa patience, Jenny sur le ton qu'elle emploie.) Thomas Sexton, Peter Kramer, Stephen Konscul, Jonathan Bloch, David Tannenbaum, Connie Feutz, Gerald Weeks, Lois Braverman et John Buri nous ont donné des leçons supplémentaires sur l'amour et les compromis au sein de la vie de couple.

Notre grande enquête sur le mariage et la vie conjugale est le fruit des efforts de Mike Brezner et Gil Bugarin de United Sample, ainsi que de la coopération d'un nombre impressionnant d'hommes et de femmes qui ont bien voulu répondre à 63 questions très indiscrètes (qu'ils nous pardonnent !) sur leur vie privée. Michael Luca, notre assistant de recherche, s'est montré d'une détermination à toute épreuve – pas un seul mystère économique qu'il n'ait réussi à résoudre ! Nous avons déjà contacté la Royal Swedish Academy of Sciences pour l'inscrire sur la liste des candidats au prix Nobel…

Notre agent, Amy Williams, est sortie péniblement de son congé de maternité et s'est battue de toutes ses forces pour promouvoir ce livre alors que nous vivions la pire crise financière depuis la Grande Dépression. Susan Kamil nous a choisies et a cru en nous, n'hésitant jamais à nous le rappeler à chaque fois que nous en avions besoin (c'est-à-dire souvent).

Merci à Andy Ward – éditeur, thérapeute, sauveur, visionnaire, comique et ami. Grâce à toi, notre projet a abouti !

Paula remercie...

Tom Weber, qui a fait des efforts surhumains pour aller rencontrer les théoriciens des jeux à Long Island. Charles Duhigg, qui a tenté le sort et s'est chargé des présentations. Mia Steinberg, pour ses conseils en psychologie. Jessie Knadler, lectrice perspicace et grande danseuse spécialiste de la transe. Shirley Nord, Nancy Cuervo, Alice Proujansky, Natalie Hall, Laurie Saft Ginsberg, Stacy Lewin-Farber, Dan Farber, Marisa Milanese, Mo Lee, Rob Baedeker, Laura Scholes, Bunny Finley, Gale Wilson et Michael Williams, qui ont contribué à « l'infrastructure » de ce livre.

Jeff et Sonya, ses correspondants au Moyen-Orient, spécialistes du sous-titrage et de la vidéographie, qui lui ont servi de modèle.

Ses parents, Lenore et Mark, dont le mariage bat à plates coutures tous les autres mariages !

Nivi, son époux, pour lui avoir donné sans le vouloir l'idée d'un livre, pour se réveiller avec elle à 5 h 30 du matin, pour l'avoir encouragée, pour l'avoir épousée, pour l'aimer comme il l'aime.

Ida, aussi douce que le cidre, qui a toujours été là.

Jenny remercie...

John Leonard, pour lui avoir laissé l'espace dont elle avait besoin, Alex Michel, provocateur extraordinaire, Hal Lux, homme sage et éditeur incisif. Charles

Duhigg, pour le rendez-vous arrangé. Emily Miller, Amy Noonan, Laura Lafave et Amy Williams pour les amis formidables qu'ils lui ont fait connaître.

Ben et Tickie, Richard et Charlie, ainsi que Ben et Jackie, chez qui Paula et elle étaient toujours les bienvenues.

Larry Ingrassia et *The New York Times* pour lui avoir laissé du temps alors que son organisation laissait beaucoup à désirer.

Susana, toujours inébranlable face aux tempêtes que Paula et elle ont déclenchées. Elles se sentent toutes les deux bénies de l'avoir dans leurs vies.

Ses parents, pour lui avoir montré les ingrédients nécessaires à un mariage réussi : de l'amour, beaucoup d'efforts et deux éviers. Imogen et Richard, l'équipe parfaite dont elle apprécie le travail tous les jours.

Thorold, son époux, pour la bonne volonté infinie dont il a fait preuve à l'égard de ce livre. Pour faire de chaque flaque d'eau et de chaque place de parking une aventure. Elle le remercie de l'aimer comme elle a besoin d'être aimée et de s'être lancé dans l'aventure de leur mariage.

Ella, une lumière plus brillante que le soleil. Elle est comblée d'être sa maman. Et Tess (alias « Boris »), pour avoir attendu si longtemps l'achèvement de ce livre.

Toutes les deux, nous remercions...

Les gens qui ont partagé leur histoire avec nous. Vous êtes toutes et tous le cœur vivant de ce livre. Lorsque nous avons commencé notre voyage couplonomique, nous savions que la vie conjugale impliquait des compromis. Mais vous nous avez appris que les compromis les plus difficiles, lorsqu'ils sont négociés avec sagesse et amour, produisent aussi les plus belles récompenses.

TABLE DES MATIÈRES

Achevé d'imprimer en mars 2012
par EDIPRO GROUPE
Dépôt légal : avril 2012
N° d'impression : 203252

Imprimé en France